国家自然科学基金项目（72262021）成果

新生代员工创新效能研究

Research on Innovative Effectiveness of New Generation Employees

侯烜方◎著

经济管理出版社
ECONOMY & MANAGEMENT PUBLISHING HOUSE

图书在版编目（CIP）数据

新生代员工创新效能研究/侯烜方著．—北京：经济管理出版社，2023.11
ISBN 978-7-5096-9436-7

Ⅰ.①新…　Ⅱ.①侯…　Ⅲ.①人力资源管理—研究　Ⅳ.①F243

中国国家版本馆 CIP 数据核字(2023)第 222735 号

责任编辑：王格格　张玉珠
责任印制：许　艳
责任校对：张晓燕

出版发行：经济管理出版社
（北京市海淀区北蜂窝 8 号中雅大厦 A 座 11 层　100038）
网　　址：www. E-mp. com. cn
电　　话：(010) 51915602
印　　刷：唐山昊达印刷有限公司
经　　销：新华书店
开　　本：720mm×1000mm/16
印　　张：13.75
字　　数：273 千字
版　　次：2023 年 12 月第 1 版　　2023 年 12 月第 1 次印刷
书　　号：ISBN 978-7-5096-9436-7
定　　价：88.00 元

前　言

新时代新征程，我国加快实施创新驱动发展战略，各级组织正以激发自主创新潜能为目标，培育鼓励创新、包容创新的深厚土壤，在创新实践中发现人才，在创新活动中培育人才，在创新事业中凝聚人才，走好人才驱动创新的宽广道路，不断提升创新效能，释放创新动力。随着“90后”“00后”新生代员工逐步成为各级组织的人才主体，他们的创新管理问题成为学界和业界关注的热点。作为互联网时代、数字化时代的“原住民”，新生代员工具有多元文化特征和创新导向价值观，他们想法新颖、思维敏锐，正担当起组织创新的关键角色。同时，受到原生家庭和社会环境的影响，不少新生代员工存在情绪不稳、韧性不足、耐心不够等问题，而创新又是一项高风险的投资，充满复杂性和不确定性，需要创新者拥有坚定自信、坚强意志和乐观心态。新生代员工的创新实践往往遇到诸多挑战。因此，在我国组织情境下开展新生代员工创新效能研究具有重要的理论意义和实践意义。

近十年来，国内外关于新生代员工管理研究已日趋成熟，主要聚焦其个性特征及其引发的离职管理、激励机制等方面的问题，而围绕新生代员工创新管理的研究总体比较分散，缺少多维视角及系统整合。笔者长期以来针对新生代员工创新效能开展了系列研究，主要关注我国组织文化及领导风格情境下，新生代员工及其团队在创新过程中表现出来的心理特征和工作行为，如情绪智力、工作价值观、创新行为（含越轨创新）、创造力、前摄行为等。本书涉及八项子研究，分别基于资源保存、情感事件、社会比较及基本心理需求等理论，运用质性和量化实证研究方法，从个体、领导、团队及组织等多维视角全面探析新生代员工创新效能的影响机制，并据此提出了相应的研究启示，旨在完善新生代员工创新效能研究的整体性和系统性，为组织创新管理提供理论参考。

第一，个体视角。第一章和第二章分别研究新生代员工富有时代特征的心理特质——情绪智力、工作价值观，以及这些心理特质对工作行为、越轨创新的影响机制。

第一章 新生代员工情绪智力结构及其对工作行为的影响机制。基于扎根理论方法，通过搜集分析新生代员工情绪方面的网络评论，得出了新生代员工情绪智力结构及“情绪—态度—行为”模型。结果表明：新生代员工情绪智力结构包括自我认知、关系管理和情绪调节三个因素，工作投入中介了新生代员工情绪智力对工作行为的影响，组织支持在情绪智力与工作投入的影响关系中起到调节效应。此外，本章对如何开展基于新生代员工情绪智力的管理实践提出了参考建议。

第二章 新生代员工工作价值观对越轨创新的影响机制。基于基本心理需求理论，聚焦343个新生代员工样本数据，全面探析新生代员工工作价值观对越轨创新的影响机制。结果表明：新生代员工工作价值观对越轨创新具有正向作用，而心理授权在此影响过程中发挥中介效应；新生代员工情绪智力和任务互依性分别在工作价值观与心理授权、心理授权与越轨创新的关系中起到调节作用。这不仅拓展了价值观和创新理论，还为破解新生代员工越轨创新的动因和改进组织创新管理提供了多样化视角。

第二，领导视角。第三章和第四章分别研究破坏型领导、新生代员工情绪智力对创新行为的多层次影响机制，尤其关注基层领导的“阴暗面”对创新的危害。

第三章 基层破坏型领导、新生代员工情绪智力对创新行为的影响机制。基于资源保存理论的“资源收益”和“资源损耗”双向视角，运用纵向配对研究设计，以215名新生代员工及其基层领导为研究对象，探析了基层破坏型领导、新生代员工情绪智力对创新行为产生的具有调节作用的中介影响。结果表明：基层破坏型领导、新生代员工情绪智力都通过心理资本的中介效应对创新行为产生显著影响；情绪智力负向调节了基层破坏型领导对新生代员工创新行为的消极影响。这不仅验证了情绪智力对创新行为的多角度积极效应，还为强化新生代员工的情绪管理，管控基层领导的破坏行为，进而促进新生代员工的创新行为提供了启示。

第四章 破坏型领导对新生代员工创新行为的多层次影响机制。基于情感事件理论，以32个工作领导团队为研究对象，探析了破坏型领导对新生代员工创新行为产生的多层次影响。结果表明：团队破坏型领导和个体感知破坏型领导都通过个体情感反应的中介作用对新生代员工创新行为产生负向影响；团队情感基调中介了团队破坏型领导对新生代员工创新行为的跨层负向影响。本章揭示了情感事件在破坏型领导与新生代员工创新行为关系的多层次价值，为管控破坏型领导的“阴暗面”和激发新生代员工创新行为提供了启示。

第三，团队视角。第五章和第六章分别研究团队竞争、团队多样性对团队创造力、前摄行为的影响机制，关注团队差序氛围下竞争感知对行为的差异化影响。

第五章 团队差序氛围下团队竞争对前摄行为的双元影响机制。基于资源保存理论，采用层级回归方法对 274 份有效样本数据（主要由新生代员工构成）进行分析，揭示团队竞争对前摄行为的双中介作用机理。结果表明：团队竞争正向影响前摄行为；学习目标导向与地位威胁感知中介了团队竞争对前摄行为的关系；团队差序氛围在团队竞争对学习目标导向和地位威胁感知的关系中分别起到调节作用，并构成具有调节的中介效应。这为新生代员工如何在组织“关系”情境下应对不断加剧的团队竞争及实施主动创新行为提供了启示。

第六章 团队反思下团队多样性、团队竞争对团队创造力的双元机制影响。基于社会比较理论，以 82 个团队为研究对象（主要来源于新生代员工），深入探析了团队多样性对团队创造力的双元影响机制。结果表明：团队多样性正向影响团队促进型竞争和防御型竞争；团队多样性通过促进型竞争对团队创造力产生积极作用，通过防御型竞争对团队创造力产生消极影响；团队反思在团队多样性与团队竞争的关系中起到调节作用，并且团队反思调节了团队多样性通过团队竞争影响团队创造力的中介作用。这为团队反思下的团队多样性建设及创造力开发提供了理论参考。

第四，组织视角。第七章和第八章探究组织政治对新生代员工创新行为的影响，其中既包括组织政治氛围的情境效应，也涉及组织政治知觉的直接效应。

第七章 组织政治氛围下员工情绪智力、创新过程投入对创新行为的影响机制。运用 237 份领导与员工（多数为新生代员工）的分时点配对数据，探析了员工情绪智力对创新行为的影响关系，并引入组织政治氛围和创新过程投入作为调节变量和中介变量，构建了一个具有调节的中介模型。结果表明：员工情绪智力对创新行为具有积极影响，其中创新过程投入存在中介效应；组织政治氛围不仅调节了员工情绪智力对创新过程投入的影响，还调节了创新过程投入在员工情绪智力与创新行为影响关系中的中介作用。这为加强员工情绪管理、构建组织政治新生态以促进员工创新效能提供了理论参考。

第八章 组织政治知觉对新生代员工创新行为的影响机制。聚焦 300 份新生代员工数据，深入探析组织政治知觉对新生代员工创新行为的内在机制。结果表明：心理资本和创新过程投入分别中介了组织政治知觉对新生代员工创新行为的关系。其中，情绪智力分别调节了组织政治知觉对心理资本、创新过程投入的负向关系。此外，情绪智力还将分别调节心理资本、创新过程投入在组织政治知觉对新生代员工创新行为关系中的中介效应。这不仅拓展了我国新生代员工的创新效能研究，也为新生代员工情绪管理实践提供了多样化视角。

综上所述，本书通过四个视角、五个理论、两种方法、八项研究全面系统总结了笔者开展新生代员工创新效能的系列研究，力求从多层次、多视角、多方法深入剖析我国新时代背景下个体鲜明特质、基层领导风格、团队互动模式、组织氛围感知对新生代员工创新效能的影响机制。其中，新生代员工情绪智力、破坏型领导、团队竞争成为本书研究的核心变量，多次检验其直接效应、中介效应、调节效应、多层效应，旨在全方位、多路径探明新生代员工创新效能影响的核心内涵，为人才创新推动组织高质量发展奠定更扎实的理论基础。

本书由国家自然科学基金项目（72262021；71562021）资助出版，笔者的工作单位是江西师范大学。非常感谢江西师范大学商学院人力资源管理系的科研团队成员——邵小云、李文琦、袁巧、胡凯林、刘蕴琦、黄蓉、周彦杉、蔡心瑜、程皓等研究生对本书完成给予的大力支持和帮助。特别感谢江西师范大学商学院为笔者提供的教学科研平台，国家自然科学基金委员会对本书出版的资助，以及经济管理出版社为本书完善给予的专业指导。虽然笔者严格按照社会科学研究范式开展系列研究，但每项研究依然存在局限和不足，这也是未来研究的改进方向。同时，笔者在编写的过程中力求不出纰漏，但不足之处在所难免。如果读者发现任何问题，或者对本书有任何建议与意见，欢迎随时与笔者联系，谢谢支持！

目　录

第一章　新生代员工情绪智力结构及其对工作行为的影响机制 …………………… 1

第一节　引言 …………………………………………………………………………… 1
第二节　文献回顾 ……………………………………………………………………… 2
一、新生代员工 ………………………………………………………………………… 2
二、情绪智力 …………………………………………………………………………… 3
三、组织支持 …………………………………………………………………………… 9
四、工作投入 …………………………………………………………………………… 10
五、工作行为 …………………………………………………………………………… 12
第三节　研究设计 ……………………………………………………………………… 12
一、资料收集 …………………………………………………………………………… 12
二、研究样本 …………………………………………………………………………… 13
三、数据整理 …………………………………………………………………………… 14
四、研究方法 …………………………………………………………………………… 14
第四节　新生代情绪智力影响的模型构建 …………………………………………… 15
一、开放式编码 ………………………………………………………………………… 15
二、主轴编码 …………………………………………………………………………… 17
三、选择编码 …………………………………………………………………………… 19
四、理论饱和度检验 …………………………………………………………………… 21
第五节　新生代员工情绪智力结构及其影响模型机理分析 ………………………… 21
一、“情绪”结构模型 …………………………………………………………………… 22
二、“情绪—态度”模型 ………………………………………………………………… 23
三、“情绪—态度—行为”模型 ………………………………………………………… 25
第六节　结论与启示 …………………………………………………………………… 26
一、主要结论 …………………………………………………………………………… 26

二、研究启示 …… 27

第二章　新生代员工工作价值观对越轨创新的影响机制 …… 29

第一节　引言 …… 29
第二节　文献综述 …… 31
一、越轨创新 …… 31
二、工作价值观 …… 33
三、心理授权 …… 35
四、任务互依性 …… 38
五、基本心理需求理论 …… 40
第三节　研究假设 …… 41
一、新生代员工工作价值观与越轨创新 …… 41
二、心理授权的中介作用 …… 42
三、情绪智力的调节作用 …… 43
四、任务互依性的调节作用 …… 44
第四节　研究方法 …… 45
一、研究样本与程序 …… 45
二、研究工具 …… 45
第五节　研究结果 …… 46
一、区分效度检验 …… 46
二、描述性统计分析 …… 47
三、假设检验 …… 48
第六节　结论与启示 …… 51
一、主要结论 …… 51
二、研究启示 …… 51

第三章　基层破坏型领导、新生代员工情绪智力对创新行为的影响机制 …… 54

第一节　引言 …… 54
第二节　文献回顾 …… 56
一、创新行为 …… 56
二、新生代员工情绪智力 …… 60
三、基层破坏型领导 …… 62
四、心理资本 …… 64
五、资源保存理论 …… 66

第三节 研究假设 …… 69
一、新生代员工情绪智力与创新行为 …… 69
二、基层破坏型领导与新生代员工创新行为 …… 70
三、新生代员工情绪智力的调节作用 …… 71
四、心理资本的中介作用 …… 71
第四节 研究方法 …… 73
一、研究样本与程序 …… 73
二、测量工具 …… 73
第五节 研究结果 …… 74
一、同源方差和区分效度检验 …… 74
二、描述性统计分析 …… 74
三、直接效应与调节作用 …… 75
四、心理资本的中介作用 …… 76
第六节 结论与启示 …… 77
一、主要结论 …… 77
二、研究启示 …… 78

第四章 破坏型领导对新生代员工创新行为的多层次影响机制 …… 80

第一节 引言 …… 80
第二节 文献回顾 …… 81
一、团队情感基调 …… 81
二、情感事件理论 …… 84
第三节 研究假设 …… 87
一、破坏型领导与新生代员工创新行为 …… 87
二、个体情感反应的中介作用 …… 88
三、团队情感基调的中介作用 …… 88
第四节 研究方法 …… 89
一、研究样本和程序 …… 89
二、测量工具 …… 90
三、聚合检验 …… 90
四、解析技术 …… 91
第五节 研究结果 …… 91
一、描述性统计分析 …… 91
二、假设验证 …… 92

第六节　结论与启示 …… 93
一、主要结论 …… 93
二、研究启示 …… 94

第五章　团队差序氛围下团队竞争对前摄行为的双元影响机制 …… 96

第一节　引言 …… 96
第二节　文献回顾 …… 98
一、前摄行为 …… 98
二、团队竞争 …… 103
三、学习目标导向 …… 106
四、地位威胁感知 …… 109
五、团队差序氛围 …… 111
第三节　研究假设 …… 112
一、团队竞争与前摄行为 …… 112
二、学习目标导向的中介效应 …… 113
三、地位威胁感知的中介效应 …… 114
四、团队差序氛围的调节效应 …… 115
第四节　研究方法 …… 116
一、研究样本与程序 …… 116
二、测量工具 …… 118
第五节　研究结果 …… 119
一、同源方差和区分效度检验 …… 119
二、描述性统计分析 …… 120
三、假设检验 …… 121
第六节　结论与启示 …… 125
一、主要结论 …… 125
二、研究启示 …… 127

第六章　团队反思下团队多样性、团队竞争对团队创造力的双元机制影响 …… 128

第一节　引言 …… 128
第二节　文献回顾 …… 130
一、团队创造力 …… 130
二、团队多样性 …… 132

三、团队反思 …… 134
四、社会比较理论 …… 135
第三节 研究假设 …… 137
一、团队多样性与团队竞争 …… 137
二、团队竞争的中介作用 …… 138
三、团队反思的调节作用 …… 138
四、有调节的中介作用 …… 140
第四节 研究方法 …… 140
一、研究样本与程序 …… 140
二、测量工具 …… 141
三、聚合分析 …… 142
第五节 研究结果 …… 143
一、描述性统计分析 …… 143
二、聚合效度与区分效度检验 …… 143
三、假设检验 …… 147
四、实验结果讨论 …… 150
第六节 结论与启示 …… 150
一、主要结论 …… 150
二、研究启示 …… 150

第七章 组织政治氛围下员工情绪智力、创新过程投入对创新行为的影响机制 …… 153

第一节 引言 …… 153
第二节 文献回顾 …… 155
一、组织政治氛围 …… 155
二、创新过程投入 …… 156
第三节 研究假设 …… 157
一、情绪智力与创新行为 …… 157
二、创新过程投入的中介效应 …… 158
三、组织政治氛围的调节效应 …… 159
四、有中介的调节效应 …… 160
第四节 研究方法 …… 161
一、研究样本与程序 …… 161
二、测量工具 …… 161

第五节　研究结果 …… 162
一、区分效度检验 …… 162
二、描述性统计分析 …… 162
三、假设检验 …… 163
第六节　结论与启示 …… 165
一、主要结论 …… 165
二、研究启示 …… 166

第八章　组织政治知觉对新生代员工创新行为的影响机制 …… 168

第一节　引言 …… 168
第二节　研究假设 …… 170
一、心理资本的中介作用 …… 170
二、创新过程投入的中介作用 …… 172
三、情绪智力的调节作用 …… 173
第三节　研究方法 …… 175
一、研究样本与程序 …… 175
二、研究工具 …… 176
第四节　研究结果 …… 176
一、区分效度检验 …… 176
二、描述性统计分析 …… 177
三、假设检验 …… 177
第五节　结论与启示 …… 183
一、主要结论 …… 183
二、研究启示 …… 184

参考文献 …… 186

第一章　新生代员工情绪智力结构及其对工作行为的影响机制

第一节　引言

近些年，由于新生代员工情绪智力问题导致的职场冲突现象不断受到人们的关注。根据前程无忧发布的《离职与调薪调研报告》，情绪智力低是导致新生代员工离职的重要原因。大量管理实践表明，新生代员工面对工作困境和压力时存在情绪不稳、韧性不足、自我调控能力低等问题（侯烜方等，2022；Twenge et al.，2010）。因此，新生代员工的情绪智力是否存在普遍特征？其结构内涵到底发生了哪些改变？情绪智力又是如何通过个体和组织因素对新生代员工的工作行为产生影响的？这些问题的破解都将为全面探析新生代员工的情绪智力提供理论参考。

Salovey 和 Mayer（1990）认为情绪智力反映个体对情绪和情感的认知、促进、理解和管理能力。目前，学术界通常从能力、混合、胜任力和人格特质四个方面对情绪智力的结构内涵进行解释。尽管四大结构模型已经很成熟，但各模型间的分歧和对立是真实存在的。尤其是众多独生子女和留守儿童成长起来的新生代员工，其情绪智力特征显然与老一辈存在差异。此外，Joseph 和 Newman（2010）认为情绪智力具有本土化特点，可能受到文化、种族和情境的影响，国外已有的情绪智力理论在我国也可能存在适用性问题。因此，聚焦中国情境下的新生代员工群体是探索情绪智力本土化研究的重要尝试。

关于情绪智力与工作行为的相关研究，Guy 和 Lee（2013）认为情绪智力能够影响员工行为，拥有高水平情绪智力的员工是企业在追求卓越成绩过程中必不可少的因素。首先，现有研究主要探索情绪智力对积极工作行为的影响，如情绪智力对组织公民行为、创新行为等因素的影响关系，其中涉及自我效能、组织公平感、工作满意度的中介或调节作用，但鲜有学者探讨情绪智力与消极工作行为的影响机制。其次，情绪智力的相关研究多数以领导或管理者为研究对象，还有部分是针对在校学生或医学病人，而对员工情绪智力的研究较少，尤其聚焦新生代员工情绪智力的研究更为鲜见。最后，大量的情绪智力实证研究主要基于认知理论、公平理论、资源保存理论等开展定量分析，本章认为采用开放式的定性方法将会是科学探索中国新生代员工情绪智力相关研究的重要补充。

综上所述，本章将从以下方面进一步完善现有研究：①以网络评论作为样本来源，运用扎根理论构建新生代员工情绪智力结构模型；②探析新生代员工情绪智力对积极和消极工作行为的影响，厘清个体和组织因素可能存在的作用效应；③基于新生代员工情绪智力特征，为企业开展科学有效的情绪管理提供相应的人力资源管理建议。

第二节　文献回顾

一、新生代员工

（一）概念内涵

进入 21 世纪，我国劳动力市场发生了悄然变化，出生于 20 世纪 90 年代的新生代员工已进入就业高峰期，并逐步成为我国劳动力市场的主力军。作为新兴工作群体，学术界对新生代员工的认识尚未达成一致。Weiss（2003）研究认为出生在 1977~1994 年之间的劳动群体和其他时期的员工在工作态度和工作行为上有着明显区别，并将其定义为“Y 代”（Generation Y），由此展开此类群体的研究。同时，国外还将新生代定义为“千禧一代”（Millennial Generation）、“网络一代”（Net Generation）、“新生代”（New Generation）等。国内对于“新生代”的定义来源于国务院文件中的“新生代农民工”。近几年，学者主要将新生代员工定义为 20 世纪 90 年代后出生并已进入职场的工作群体（Hou et al.，2020；侯烜方、卢福财，2018）。自此，新生代员工的界定逐渐被学者们接受，相较于“千禧一代”“网络一代”“新世代”等，“新生代”成为主流定义名词。

（二）相关研究

国内外学者对新生代员工开展的相关研究主要包括以下方面：

第一，研究新生代员工的心理行为特征，如价值观、满意度、敬业度、幸福

感（赵宜萱、徐云飞，2016）。新生代员工成长于信息技术快速发展、经济全球化的时代，也处在一个快节奏、不断变化的社会。他们拥有较强的适应能力、多任务处理能力、团队合作能力、自我认知能力、批判性思考能力，其中运用各种技术能力完成多个任务是新生代员工区别于其他员工的重要特点。

第二，研究新生代员工的工作特征。有国内学者认为新生代员工创新意识较强，但工作满意度、忠诚度较低；他们渴望立竿见影式的回报，缺乏耐心、不喜欢循规蹈矩的工作；他们通常具有较高的计算机水平和信息处理能力，但缺乏与他人沟通、倾听他人意见及时间管理等方面的技巧；他们看重领导是否具有良好的个人修养与管理能力，但有时会漠视权威；他们注重工作的乐趣、体验与意义，追求自身发展和价值实现，渴望达到工作与生活的平衡（侯烜方等，2022；李一苇，2021）。

第三，研究新生代员工的管理对策。例如，卢敬路（2018）通过分析新生代员工的性格特质，强调企业文化、工作环境、晋升通道、激励措施等方面的重要性。李一苇（2021）认为，既要加强对新生代员工职业观和劳动观教育，又要构建硬管理和软管理相结合的管理模式。杨丽伟（2021）表示根据新生代员工自主、率性的特征，管理者要充分给予尊重，采用民主领导的方式，使新生代员工能够参与日常的项目决策和管理，并使他们获得更多的授权，从而提高他们对公司的忠诚度和归属感。顾霏雨和汤琪（2022）表示可通过加强文化建设、完善激励机制、加强沟通交流来积极响应新生代员工的各类诉求。

二、情绪智力

（一）概念内涵

在情绪智力这个专业术语被提出之前，学者们始终将情绪和智力作为两个领域来进行研究。有学者提出了多重智力理论，包含内省智力和人际智力两种情绪维度成分。内省智力的核心是要知道和了解自己的情绪，人际智力是了解他人情绪和意图的能力。社会智力、内省智力和人际智力从某种程度上来说都凸显了情绪智力的含义，只是当时学者们还没有明确提出情绪智力。在这之后，可能基于企业更新速度不断加快，情绪智力理论得到了空前的发展。

Mayer（1990）最早提出“情绪智力”概念，将其定义为个体监控自己及他人的情绪和情感，并识别、利用这些信息指导自己的思想和行为的能力。他认为情绪智力由三部分组成，依次为个体鉴定和表达自我情感的能力、调整自己情感的能力和利用情感解决问题的能力。随着研究的不断深入，Mayer先后对该概念进行了三次调整，形成了四级有先后次序并不断深入的四维度概念，包括情绪的知觉、鉴赏和表达能力，情绪对思维的促进能力，对情绪的理解、分析能力，对情绪的成熟调控能力。前三种能力是个体成功运用第四种能力的基本前提，后续很多研究都是基于情绪处理过程的这四种能力展开的，因此该理论也被称为能力模型。

Bar-On 的胜任力模型将情绪智力理解为影响个体有效应对环境要求的一系列情绪的社会知识和能力，并对高度相关的情绪智力和社会智力进行了严格区分。他把情绪智力看成个人管理能力（如冲动控制），把社会智力看成一种关系技能。Bar-On 将情绪智力和环境、压力联系起来，认为人格特征和认知能力也属于情绪智力的一部分。他认为情绪智力是决定一个人能否取得成功的重要因素，直接影响人的心理健康。情绪智力高的人，在满足环境需求和应对压力方面更容易取得成功。和智力不同的是，Bar-On 指出情绪智力可以通过培训、规划和治疗得到提高，属于胜任力范畴。

Goleman（1996）认为情绪智力是一个人在情境中，在适当的时候经常以有效的方式展示构成自我意识、自我管理、社会觉察和社会技巧的能力。与 Mayer 不同，Goleman 将一些理解和表达情感的社会和沟通技巧如乐观主义、动机、自我意识等加入情绪智力范畴。相对于能力模型，这种关于情绪智力的划分显得比较宽泛。Goleman 在 Mayer 的四因素模型基础上对其进行了扩展，认为情绪智力由认识自身情绪的能力、妥善管理自身情绪的能力、自我激励、认识他人的情绪和人际关系管理五大能力组成，他把人格特质纳入情绪智力概念中，后人将其称为混合模型。该混合模型将情绪智力视为一种社会技能，因此该模型被迅速应用到商业管理中，使越来越多的企业开始关注情绪智力。

部分学者认为情绪智力是一系列人格特质的总和。Petrides（2001）将情绪智力定义为“根植于较低人格层级的特质和自我知觉能力的一个集合”，他认为情绪智力包含社会智力、认知智力、自我意识和人格特征等因素，并通过因素分析将 15 个方面的特质聚合为情感性、社会性、自我控制和幸福感四个维度。上述就是目前主流的情绪智力理论，后续学者的研究都是以此为基础进行拓展的。以上定义分别从胜任力、情绪能力、混合模式、人格特质等方面解释了情绪智力，尽管这些理论模型已经很成熟，但它们对于情绪智力的解释确实存在很大的差异。国外情绪智力理论汇总情况见表 1-1。

表 1-1 国外情绪智力理论研究

理论模型	定义	特点
胜任力模型 Bar-On（1988）	有效应对环境要求的一系列情绪的社会知识和能力	情绪智力是个人管理能力，社会智力是一种关系技能

续表

理论模型	定义	特点
能力模型 Mayer（1990）	个体监控自己及他人的情绪和情感，并识别、利用这些信息指导自己的能力	严格将其限定在情绪范畴
混合模型 Goleman（1996）	以有效的方式展示构成自我意识、自我管理、社会觉察和社会技能的胜任力	范围宽泛，包含具体的社会沟通技巧如乐观主义
特质模型 Petrides（2001）	根植于较低人格层级的特质和自我知觉能力的一个集合	包含社会智力、认知智力、自我意识和人格特征等因素

国内学者对于情绪智力的研究起步较晚，大多数研究只是在国外研究的基础上进行了归纳总结或者本土化外延国内有关情绪智力的研究，见表1-2。

表1-2　国内情绪智力研究

模型类别	研究者	定义
能力取向	许远理、李亦菲（2000）	加工、处理情绪信息和解决情绪性问题的能力
	卢家楣（2005）	个体成功完成情绪或情感活动所需的个性及心理特征
混合取向	张进辅、徐小燕（2003）	使自己的身心更健康、生活更幸福、学习和工作更有成效并能最终导向成功的一种能力
	凌文辁、张辉华（2008）	在工作和交往过程中表现出来的理解、驾驭情绪及与情绪相关的心理和行为的能力（针对管理者）

关于能力取向，许远理和李亦菲（2000）一开始借鉴Goleman的定义方法，从“对象”和“操作”两个维度进行组合，“对象”包括内省情绪智力、人际情绪智力、生态情绪智力，“操作”则由感知和体验情绪的能力、表达和评价情绪的能力、调节和控制情绪的能力三个部分组成，进而形成了9种情感智力标准化情商量表，可对个体情绪智力进行测量。许远理等（2004）又针对9种因素情绪智力量表进行改进，在原基础上增加了内容维度，内容维度由积极情绪和消极情绪构成，形成了三个维度的18种情绪能力三维结构理论。

卢家楣（2005）认为情绪智力属于智力范畴，但与一般的认知性智力不同。他认为情绪智力的操作维度包含观察、理解、评价、预见、体验、表达、调控七个方面；对象维度则从你、我、他三个角度考虑对自己、他人的情感理解。但是，基于这种理论建立的模型带有很强的主观色彩，并不能很好地对什么是情绪智力进行说明，规范性不强。

对于混合取向，张进辅和徐小燕（2003）参照Bar-On（1997）中的情绪智力因素对西南师范大学学生进行访谈，得出了大学生情绪智力的理论模型。他们认为情绪智力是人的诸多能力中的一种，并将情绪智力分为情绪知觉力、情绪评价力、情绪适应力、情绪调控力、情绪表现力，这些能力层层递进、环环相扣，可以理解成大学生的情绪产生和作用过程。凌文辁和张辉华（2008）的情绪智力理论则主要针对管理者，具体包括关系处理、工作情智、人际敏感和情绪调控四个因素。

（二）相关研究

Goleman 将人际关系、自我知觉等人格特征纳入情绪智力概念后，各大企业开始意识到情绪智力的重要性，试图通过提升员工的情绪智力来提高其工作绩效。知识和技术不再是提高绩效的唯一指标，高水平的情绪智力员工是企业在追求卓越成绩中必不可少的因素（Guy & Lee，2013）。情绪智力高的领导可以更好地理解别人的想法，并知道如何跟员工保持良好的关系，使员工朝着对组织有利的方向行动；确保员工在面对压力、组织变革时更好地调整自己的心态，在工作中取得优异成绩（Salleh & Rahman，2014），因此情绪智力可以为企业选拔领导者提供依据。情绪智力在作用于员工工作时究竟扮演什么样的角色？本章从直接作用和间接作用两方面对已有研究进行梳理。

1. 关于直接作用的相关研究

已有研究表明情绪智力对工作绩效、工作满意度、工作投入、工作行为等都有直接影响（Joseph & Newman，2010；张辉华、王辉，2011）。具体而言，Bailey 和 Sass（2004）证明采用情绪智力预测领导能力排名要比采用大五人格、认知智力等表现出更高的准确性，情绪智力维度中的情绪知觉能力和情绪理解能力与工作绩效显著相关，情绪智力的总体水平与工作绩效高度相关。冯玢珊（2009）以保险营销人员为研究对象，发现员工的情绪智力对工作绩效、任务绩效均有正向影响，而情绪自我激励这个维度对其关系绩效具有正向的显著影响。冯玢珊认为能够合理运用情绪进行自我控制的员工在工作中更善于识别和调解自己和他人的情绪，因而在工作中更加得心应手。

张辉华和王辉（2011）对来源 75 项研究的 87 个独立样本的元分析也得出了类似结论，情绪智力对情境绩效的影响要大于任务绩效，这表明任务绩效更多地依赖于智商和专业技能，情境绩效更多地依赖于情绪智力。Joseph 和 Newman（2010）的元分析表明在需要情绪劳动的服务行业（零售、保险等），情绪智力对工作绩效有很好的预测性。之后，Oboyle 等（2011）基于情绪智力的三种理论模式（能力、自我报告、混合）分别进行研究，结果均证明情绪智力能够正向预测工作绩效。

Tram 和 Hara（2006）基于一家餐厅的调查数据发现，领导情绪智力和员工的满意度有着直接的联系。Ealias 和 George（2012）的实证研究也表明情绪智力与工作满意度之间存在很高的正相关，并提出积极的行动除了需要理性的思考，必要的情绪调控能力也是需要的。不同情绪智力水平的员工在处理情绪问题时所采用的策略是不同的，拥有高情绪智力水平的员工相对于低情绪智力水平的员工而言一般较少表现出不利于组织的反生产力冲动行为（Mikolajczak & Luminet, 2007）。

2. 关于间接作用的相关研究

社会认知理论中的自我效能感通常被学者作为情绪智力和工作绩效的中间变量。张辉华和凌文辁（2008）运用自己开发的基于中国文化背景的管理者情绪智力量表，采用管理者自评和他评的方式分三次收集数据研究管理者情绪智力与绩效的关系。研究结果证实，自我效能感和领导力在管理者情绪智力和绩效间起中介作用。杨慧芳和顾建平（2007）采用团体测试的方式对 211 名企业管理者的情绪智力、自我效能感进行研究，得出情绪智力、自我效能感对处于不同层次、不同岗位、不同地区的管理者绩效均有不同的预测力。

社会交换理论中的领导—下属交换在情绪智力影响中的中介作用也引起了学术界的重视。余琼和袁登华（2008）基于 30 家企业的配对数据从任务绩效和情境绩效两个角度证实了领导—下属交换的中介作用，从理论上证实了情绪智力通过影响社会交互方式来影响领导与成员的交换关系。高质量的上下级关系会换来下属积极努力地工作和高绩效，低质量的上下级关系会降低员工绩效。

工作压力、公平氛围、工作满意度等也常常被用来解释情绪智力的作用机制。刘小禹和章凯（2008）分析考察了工作压力在情绪智力与工作倦怠关系中的中介作用，表明在情绪智力影响情绪衰竭的过程中，工作压力是一个完全中介变量；但在情绪智力与工作倦怠的其他两个维度（玩世不恭和成就感低落）的关系中，工作压力仅有部分中介作用。朱仁崎等（2013）证实这一结论并提出组织可以通过培养员工情绪智力，最大限度减轻乃至消除工作压力的负向作用，从而整体上提高员工的工作效率。情绪智力和工作满意度高度相关，工作满意度可以部分中介情绪智力和工作偏差行为（Ealias & George，2012）。公平氛围在领导的情绪智力对团队绩效和态度间起到中介作用，团队权力距离调节了情绪智力和公平氛围的关系（容琰等，2015）。

国内外众多研究表明情绪智力与许多工作变量存在重要关系。在积极工作变量方面，学者们较多研究情绪智力与工作绩效、有效领导、员工创新、工作满意度和组织承诺等的关系。例如，Oboyle 等（2011）从社会心理学或社会网络视角探明情绪智力能够正向预测工作绩效。其中，自我效能感、团队信任感、公平氛围、团队权力距离等变量被证实在两者间起到中介作用或调节作用。然而，情绪智力与积极工作变量的研究结论也存在争议。例如，有学者实证研究表明情绪智力的潜在人际角色与创新行为存在联系，并运用情绪智力的特征和复合模型去解释其对创新的影响，但也有学者认为情绪智力与社会智力相关而与创新没有明显关系（Mayer et al.，2004）。另外，情绪智力与工作满意度、组织承诺的关系研究显示其正相关或不相关。同时，在消极工作变量方面，已有研究结论较为统一。例如，张辉华和黄婷婷（2015）认为情绪智力与工作倦怠、工作压力、员工离职都存在负向关系。

3. 评述

通过对国内外已有情绪智力研究成果的分析和整理，发现国外的情绪智力理论较为成熟，已经形成了典型的理论模式，但不论是理论视角和研究方法还有进一步拓展的空间。同时，国内的相关研究大多是在国外研究成果的基础上进行延伸和拓展的，鲜有结合中国情境、企业现状、员工群体进行深入探究。因此，国内外关于新生代情绪智力的相关研究还可从以下方面进行完善：

第一，情绪智力的内涵结构研究尚存在争议。无论国内还是国外，情绪智力的内涵似乎已经很明确，但情绪智力各大理论之间对于情绪智力内涵结构的理解仍然存在较大的差异，情绪智力现有理论模型间的分歧和对立是真实存在的（Cherniss，2010）。针对各具特色的情绪智力理论，有些学者并不接受情绪智力现有概念（Landy，2005），也有学者接受不同情绪智力理论的共性（Joseph & Newman，2010），或者试图从中找出一种并证明是最佳情绪智力的理论（Matthews，2006）。然而，由于理论本身的侧重点不同，对后续测量或者实证研究带来了阻碍，因此迫切需要对现有研究进行整合。

第二，缺乏聚焦新生代员工情绪智力的研究。现有情绪智力研究多数针对特定管理群体或特定情绪服务性行业，如 Karimi（2015）将研究群体限定为社区护士，侯敏等（2014）将研究群体限定为中小学老师。这些特定行业人员的情绪智力固然值得探讨，但新生代员工分布在不同的领域和岗位，并已逐渐成为职场的主力军，是企业未来创造价值和保持竞争优势的主要驱动力，因此以新生代为研究主体具体重要意义。由于经济形势、社会环境和家庭背景的差异，新生代与老一代员工的情绪智力现状可能存在较大差异，这在当下的管理实践中也得到了普遍反映。当前因情绪智力因素引发的新生代员工管理问题日益突出，所以开展新生代员工的情绪智力研究势在必行。

第三，还需进一步检验情绪智力的本土适用性。情绪智力受社会情境、文化背景等意识形态方面因素的影响（Oboyle et al.，2011）。同时，情绪智力与工作绩效的关系强度受不同因素影响会发生小幅度变化，其中文化差异对它们之间关系的影响最为明显（张辉华、王辉，2011）。中国悠久的历史文化积淀造就了独

特的社会组织文化形态，国外的理论和量表不一定适用于中国本土企业的管理情境。例如，已有学者研究发现了情绪智力理论在不同种族之间存在差异，并对多重情绪智力量表（MEIS）的信度和结构效度进行了实证检验，结果显示这些量表并不可靠（Joseph & Newman，2010）。因此，以中国本土企业的样本和数据来验证情绪智力在中国情境的适用性则更加准确。

第四，情绪智力的关系研究缺乏系统性。一是现有情绪智力的关系研究通常以单一工作结果变量为研究对象，缺少积极与消极工作变量的整体模型探讨，而新生代员工易于表现出不稳定的情绪状态，由此可能导致工作行为的多样性，这更需要全面探析。二是现有关于情绪智力的关系研究的中介或调节机制主要从组织层面的变量切入，如组织公平、信任感知等，而新生代员工管理注重情感体验和个性关怀，因此将组织和个体层面的影响要素进行综合评价更加符合现代管理情境。

三、组织支持

（一）概念内涵

Eisenberger 等（1986）基于组织支持理论从感知的角度对组织支持进行了定义，组织支持特指组织支持感，即员工感知到的组织认同他们的价值观的程度。组织支持理论认为员工对组织的承诺不应该是单向的，因此要想增加员工的工作投入度，提高员工的忠诚度，组织必须为员工提供相应的支持。在组织支持理论之前，以往对于员工的激励主要从员工自身需要、动机出发，组织支持的提出为企业激励员工提供了一个新的视角。

除了部分员工感知到组织支持外，还有另外一部分员工没有感知到组织支持，主流研究都隐含着组织支持能被员工感知这个假定。在 Eisenberger 等看来，没有感知到组织支持不能激发员工的回馈意愿。刘智强等（2015）从组织给予角度进行了研究，其认为组织支持由组织支持感（感知到的组织支持）和组织支持获得（组织实际付出但未被感知）两部分构成，只要组织提供支持，不管员工是否感知，都能促进员工绩效（Maise & Gable，2009）。没有感知到的组织支持能够为员工提供工作所需的资源、手段和条件（Amabile et al.，2004），假如员工自己没有感知到组织支持，也会通过别人的态度了解到组织对自己的重视，进而激发工作热情（刘智强等，2015）。

（二）相关研究

学者从员工感知和组织给予两方面定义组织支持，其既受到人格特征、年龄、所受教育等人格统计变量的影响（Hutchison，1997），也和公平程度、领导支持、同事支持、组织奖赏和工作环境氛围有关（Eisenberger et al.，2002；

Allen et al., 2008；韩翼、刘竞哲，2009）。从某种意义上来说，它是组织对员工投入的一种回馈。

组织支持能够正向影响组织公民行为、组织承诺、工作绩效、工作投入等（宗文等，2010；梁庆国，2015；孙健敏等，2015）。宗文等（2010）从组织层次和动态传递视角建立了三维组织层次理论模型，将组织支持感的获得划分为来自组织、同事和主管支持的自上而下的三维结构，其认为组织支持是通过人的心理感知作用于组织公民行为的，但是他们却没有对模型进行验证。田喜洲和谢晋宇（2010）利用来自721家企业的有效数据的实证分析证实了心理资本在组织支持感和组织公民行为间起到完全中介作用，对员工行为起到部分中介作用。组织支持感对员工工作投入有直接效应，也能通过心理资本、自我效能感间接对员工工作投入产生影响（Sulea，2012；Caesens，2014；梁庆国，2015）。组织支持感和工作投入并非简单的线性关系，情感承诺起到显著的调节作用。情感承诺高的员工只有当组织支持感超过一定水平时才能增加他们的工作投入，后续研究应该关注员工个人特质、工作特征等情境变量（孙健敏等，2015）。

组织支持已经被广泛应用于预测员工的行为绩效等方面，但作用机制并不完善。近年来，组织支持感作为中介和调节变量是学者们关注的焦点。孙健敏等（2011）研究表明组织支持感在工作投入与工作家庭冲突的关系中起到调节作用。大多数研究都以感知到的组织支持也就是组织支持感作为研究对象，但不被员工感知到的组织支持也是真实存在的（Maisel & Gable，2009），组织支持被证实能够通过内部人地位认知影响创新行为（刘智强等，2015）。因此，本章研究的组织支持既包括员工感知到的组织支持也包括员工没有感知到的组织支持。

四、工作投入

（一）概念内涵

工作投入是组织成员控制自我以使自我与工作角色相结合的一种动态过程（Kahn，1990）。当员工工作投入度高时，个体会积极投入角色行为中，并在角色中展现自我；当员工工作投入度较低时，个体则会将自我抽离于工作角色之外，以避免自己创造出工作角色所需要的绩效，并有可能产生离职意愿。Maslach（1997）从工作怠倦的对立面出发定义工作投入，其认为工作投入包含精力、卷入和效能感三大特征。

Britt（2001）从责任角度出发，其认为工作投入是个体对自己的工作绩效的强烈责任感和承诺意愿，并感到工作绩效的优劣与自身关系重大。Schaufeli（2002）在已有研究的基础上，从幸福感的角度出发将工作投入视为一种积极的、充实的、与工作相关的，具有活力、奉献和专注特征的心理状态。我国学者在进

行工作投入相关研究时多倾向于 Chaufeli 和 Bakker 的定义（刘得格等，2011；江红艳等，2012）。

除 Britt 外，其他学者都认为工作投入发生于日常工作中，并能通过个体的具体工作行为或其他角色活动表现出来。Britt 从员工个人层面强调工作投入是个人对工作的一种责任感，也就是员工对于工作的态度，而较少涉及工作行为本身。国内有关工作投入概念的研究仍不成熟，胡少楠和王泳（2014）综合不同角度的工作投入理论提出了一个整合概念，认为它是个体面对工作而产生的一种持久的心理行为状态，具体表现为个体在工作中积极的情绪体验、专注的认知和高度激发的体能状态的整合。

（二）相关研究

工作投入会影响企业绩效（Bakker et al.，2012），因而对工作投入影响机制的研究具有很强的实践价值。工作投入既可以作为前因变量又可以作为结果变量。作为前因变量，工作投入主要是通过影响员工满意度、幸福感等和情绪有关的因素进而影响企业绩效。大多数学者倾向于将工作投入作为结果变量，如员工个性、核心自我评价、组织支持、领导行为都对工作投入具有影响。如果对这些影响因素进行归类的话，可以划分为个人特质（个性、年龄、价值观）、情境因素（组织支持、工作资源）及个人特质与情境因素的结合。

一般来讲，个人特质和工作情境的结合更能够反映出企业现实问题，更具有针对性，Harter 和 Schmidt（2002）认为必要的工作资源、信息反馈和社会性肯定支持，能够刺激员工的能动性，提升企业竞争力。孙敏（2012）通过对员工的访谈提出要尊重员工的个人能动性，使员工乐于为企业效力。近年来有关工作投入的代表性研究见表 1-3。

表 1-3　工作投入相关研究

研究者	主要贡献
Mauno 等（2007）	通过对 409 名健康中心人员的问卷调查发现，工作投入在两年内是基本趋于稳定的，工作资源对工作投入存在影响
Xanthopoulou 等（2007）	自我效能感、组织支持、乐观在工作资源和工作投入间起到调节作用
孙敏（2012）	结合社会角色理论，自我调节理论提出要对员工的角色投入进行激励，当员工无法在角色中实现目标时，其工作态度便会发生改变
Kataria 和 Rastogi（2013）	工作投入正向预测组织公民行为

五、工作行为

员工的工作行为直接影响企业的绩效，这一直以来都是企业关注的问题，从某种意义上来说它直接关系到企业的绩效和竞争力。关于工作行为，有多种分类，如组织公民行为和反生产力行为、角色内行为和角色外行为、积极在职行为和消极偏差行为等。Lehman 和 Simpson（1992）将员工在组织中的在职行为分为积极工作、心理退行、生理退行、对立工作四大类。积极工作包括员工在工作中主动进取、帮助他人、追求自我实现等有利于组织绩效和企业长远发展的行为。心理退行（工作走神）、生理退行（迟到、旷工）和对立工作（和同事与领导发生冲突）都可以认为是对组织不利的一种消极行为。

目前，对于工作行为的研究多倾向于角色内行为、建言、组织公民行为、离职、反生产力等具体的行为类型，它们其实都是积极在职行为或消极离职行为的组成部分。涂乙冬等（2012）基于社会交换理论和社会认同理论发现领导—下属交换能够促进员工对领导的认同，并且员工认同对其角色内行为有着显著影响。职业认同和组织认同都有利于提高员工的工作满意度，进而对员工建言行为具有积极作用（李燕萍等，2016）。另外，李旭培等（2011）以北京六家机关单位的219 名工作人员为调查对象，发现组织认同对建言和组织公民行为都具有预测作用。同样，组织公平对反生产力和离职两种消极行为都呈负相关关系（刘景龙，2012；杨春江等，2014）。

综上所述，本章从研究目的出发，对研究所涉及的概念、理论和前人已有的研究进行了回顾和总结，重点从国内和国外两个视角对情绪智力的内涵结构及相关作用机制进行了梳理和探析。此外，本章对新生代员工、工作行为及构建出的新生代员工“情绪—态度—行为”模型中的“态度”变量即组织支持（组织层次的态度）和工作投入（个人层次的态度）也进行了相应的总结，该部分为后续具体展开研究和解释“情绪—态度—行为”模型中的“黑箱”提供了方法和思路。

第三节　研究设计

一、资料收集

《中国互联网络发展状况统计报告》显示，截至 2022 年 12 月，我国网民规

模达 10.67 亿人，互联网普及率为 75.6%。新生代员工伴随互联网的发展而成长，他们热衷于在网上发帖子或利用新闻论坛的评论窗口来表达自己的情绪。Ogan（1993）研究指出，论坛使用者虽然没有办法决定其他使用者所提供信息的正确性，但是由于任何使用者均可以自由散布信息，当不正确信息出现时，其他使用者会出面提供较为正确的信息，从而在无形中形成一种系统内自我检查与自我平衡的机制，这使得信息的正确性得以维持在一定的水平上。因此，网络上的二手数据具有网络覆盖广、参与者可自愿和匿名发言、群体思考和可保存性等优势，被学者运用于多种研究领域，如李燕萍和侯烜方（2012）利用权威媒体的评论报道构建了新生代员工工作价值观理论模型。

以往收集数据通常采用问卷调查法，但该方法在开展新生代员工情绪智力对工作行为影响研究时存在一定的缺陷。首先，所取样本覆盖面较窄，新生代员工分布在不同的区域、行业、职业、岗位。其次，问卷信度有待验证。情绪智力对工作行为的影响具有适时性，新生代倾向于第一时间通过网站、媒体表达自己的情绪情感。最后，问卷本身可能存在缺陷。新生代员工情绪智力结构具有时代背景和文化情境性，问卷设计缺乏理论基础。因此，本章以网络上权威媒体对于新生代员工情绪相关的报道及新生代发表的帖子和评论作为数据来源。

二、研究样本

为了全面准确地获得新生代员工情绪智力对工作效能影响的二手资料，本章在选取报道评论时遵循下列原则：一是样本评论时间应控制在近三年，对新生代员工群体的实时性评论来源应具有可信度；二是选取的报道和评论要兼顾媒介的专业性，只有权威报道的数据和评论才有可抓取性；三是样本来源具有代表性，报道需要从正反两方面对新生代员工进行客观评价，减少因评论者主观因素造成统计上的误差，保证学术的严谨性。

谷歌可以对搜索到的网页超链接进行定量分析，并对其搜索结果进行排序（朱雷，2006）。按照以上样本选择原则，本章通过谷歌输入关键词“90 后”“职场”，接着对近三年的相关报道进行检索，并对相对权威网站的超链接总数进行统计。结果表明，相关报道数量由多到少排序为中国人力资源开发、新浪、腾讯、前程无忧、智联招聘、百度贴吧等。

经过对报道的逐一分析，本章发现中国人力资源开发、新浪和前程无忧的报道最具有借鉴性和参考价值。腾讯关于新生代员工方面的报道虽然比前程无忧多，但大部分报道只是对就业趋势、新生代面临问题的简单描述，并且其他网站超过 70%的报道都是从这三个网站转载的。因此，本章的候选样本大部分来自中国人力资源开发、新浪和前程无忧网站，包括调查报告、报纸、杂志和贴吧的时评信息。报道涉及的评价主体包括人力资源管理者、主管领导、“90后”员工及相关的专家学者。部分样本来源情况见表1-4。

表1-4 部分样本来源及示例

编号	来源	报道主题	有效信息数量	用途
1	新浪网	《掌握这4点，管理90后不再难》	5	建模
2	中国人力资源开发网	《HR拿什么来吸引“90后”职场主力军》	3	建模
3	新浪网	《人民日报刊文称90后来了：并非哪儿钱多哪儿去》	3	建模
4	中国人力资源开发网	《“新生代”给人力资源管理的三个思考》	3	检验
5	中国人力资源开发网	《管理者如何才能和90后愉快地玩耍?》	4	建模
6	红网	《“90”后职场元年》	5	建模
7	前程无忧	《求职者心态变化：“70后”挣钱“80后”求变“90后”随缘》	3	建模
8	中国人力资源开发网	《企业的参与式管理》	4	检验
9	新浪网	《青春尚在心已老“初老症”赖上职场80后》	2	建模

三、数据整理

通过中国人力资源开发、新浪网和前程无忧网站的搜索平台，以“90后、职场”为关键词，共得到相关评论报道1223篇。报道大多数集中于近三年，这期间越来越多的新生代员工开始进入职场。刚从学校步入社会的他们或许开始出现各种不适应，不断地冲击着企业管理环境。此时正负面报道开始涌现，不断引发人们对新生代员工群体情绪特征的关注和思考。

根据本章研究目的，对收集到的相关报道符合以下情形的评论进行“删除”：一是发帖者仅表达情感或发泄情绪，没有涉及新生代员工的情绪智力（如纯粹抱怨性的评论）；二是关于新生代员工特殊群体（如创业精英）个人经历的相关报道，不具备新生代员工的普遍性；三是专家或管理者的建言评论，与新生代员工的情绪智力并无太大联系；四是重复转载的评论。通过以上原则进行整理，历时一个月，共得到895篇评论报道，其中665篇（随机抽样）用于建模，230篇用于检验饱和度。

四、研究方法

本章运用扎根理论方法开展质性探索研究。和一般性的建立假设、搜集资料

到验证假说的线性过程不同，扎根理论要求研究者在研究初期树立明确的目标意识。它的核心在于对真实资料的不断整理和分析，是一个循环往复逐渐完善的过程。扎根理论的目的在于从理论层次上描述现象的本质和意义，从而建立一个适合于本章资料的新理论。其难点在于从一系列看似杂乱无章的资料或众多数据中找出本章需要的原始资料，并对其进行不断筛选和处理。正是由于一开始的资料来自现实而不是相关研究，因此适合新现象、新问题的质性研究探索。

新生代员工情绪智力属于研究中的新问题、新领域，以往关于情绪智力的研究不一定适用于新生代这类特殊群体；此外，我国新生代情绪智力具有文化情境性，因此笔者摒弃了以往常规的根据已有理论提出假设进而实证考察的研究方法，而是利用扎根理论工具通过搜集网络媒体关于新生代情绪智力的评论，直接从最直观的二手资料出发展开研究。本章研究的具体流程见图 1-1。

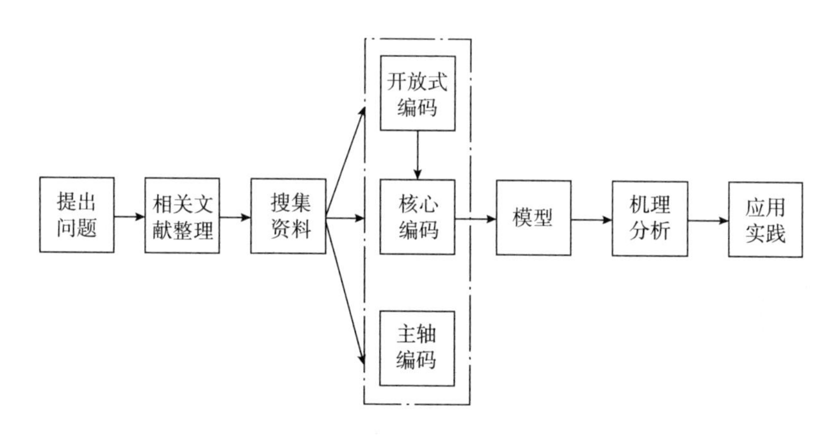

图 1-1　本章研究流程

第四节　新生代情绪智力影响的模型构建

一、开放式编码

为了更好地分析报道中每句话的内容，同时又保留报道中每句话的顺序，本章进行了开放式编码，按照“报道编号—评论主体—文中段落—具体句数顺序”编码。其中，评论主体分为三类：“A”为管理实践者评价，包括直接主管、部门主管或中高层管理者针对新生代情绪智力问题的看法；“B”为员工自我评价，包括新生代员工针对情绪问题的自我剖析、期待和意愿；“C”为专家学者评价，包括管理专家、学者对新生代情绪智力问题的解读。

如果一篇报道中出现多位管理者评论，则用“A1，A2，…，”来区分。例如，编码“24-A3-17-1”表示编号为24的评论报道，第三个管理者对文章第17段第一句话进行了评价。通过对有效信息截取条目，经过多次反复贴标签和整理、概括，最后形成了12个范畴，见表1-5。

表1-5　开放式编码形成的范畴

主范畴	概念
自我导向	自我意识、兴趣爱好、与众不同、大材小用、享受生活、自尊心强、追求自由、个性化需求、自己认为对的方式、个人英雄主义、忠诚自己、坚持自我、孤傲、自以为是
情绪意识	快乐、厌烦、反感、失落感、浮躁、挫败感、压抑、心理落差、幸福感、抱怨多、抵触、枯燥乏味、职业焦虑、敏感、怀旧、失落、无趣、士气低落、高压文化、自卑易怒、情绪懈怠
人际和谐	沟通障碍、人际交往经验缺乏、互动、配合活动、排斥、代际差异、缺乏互信、不愿复杂、关系碎片、不善交往、封闭和孤僻、团队氛围问题、心智简单、谦虚谨慎、关系僵硬、情感饥渴、人情世故
人际需求	情感要求、工作氛围、相互尊重、融入团队、注重交流、情感维系、不愿对立、领导关怀、员工关怀、渴望尊重、归属感、渴望接触、活动拓展、网络交流、语言沟通、互动联谊、业余沟通
冲动控制	立刻走人、过激报复、抗压性不够、内心脆弱、不爽、逃避、无法适应、迷惘、自我疏导、冲动、气馁、放弃、理性、不服从、情感表达直接、没规矩、唱反调、换位思考、逆反、心理健康
工作期望	弹性工作体验、创意、有挑战的工作、私人空间、快乐工作、工作强度、工作环境（空气状况、交通、工作舒适）、品质、求稳、内容多样化、柔性管理（失恋假期、创意政策）、下午茶、自由度
公平一致	平等、讲事实、讲道理、信息公开透明、淡化权威、绝对公平、民主和开放、摆脱控制、纪律性、内幕潜规则意识、权利义务对等、人际公平、反官僚制度、明察秋毫、薪酬制度、信息透明
价值认可	尊重和理解、充分讨论和沟通、参与需求、荣誉和精神感受、充分授权、自我成就感、存在感、自我管理、安全感、及时回馈、支配权、接纳、倾听、赞美、支持、鼓励、指导、内心需求、赏罚分明
工作生活平衡	不加班、工作和生活分得清、理想的工作时间安排、私人时间、尊重时间价值、轻松快乐的工作氛围、弹性工作、权利与契约意识、节假日、健康生活方式、只做分内事、业余生活

续表

主范畴	概念
工作状态	自主决策、主动学习、创新性、进取心、不勤奋、敬业度低、全力以赴、工作拖拉、倦怠、尝鲜思想、过渡性工作、敷衍时间、不思进取、不进则退、吃苦耐劳、奉献、活力、高效、随遇而安、潜能、被动
积极主动	自主学习和培训、目标导向、追求自我价值、机会和挑战、发展空间、持续成长、学习欲望、自我实现、再教育、海外工作机会、能力提升、工作前途、长期回报、职业生涯发展、新技术、新技能、共赢、合作
消极偏差	流动率高、忠诚度不够、责任心与使命感低、频繁跳槽、盲目跳槽、工作满意度低、随意离职、人才流动、短期利益、裸辞、缺乏热情、冲动离职、职业承诺度低、缺乏责任感、任务偏差、网络消极评论

二、主轴编码

主轴编码是为了将开放式编码中被分割、独立的资料或范畴通过类聚分析，在不同范畴之间建立关联。在建立关联时，需要寻求一定的线索，从而分析各个范畴在概念层次上是否存在潜在的联结关系。为此，笔者将开放式编码中能够呈现不同范畴之间联系的帖子逐一分析，反复归纳和演绎，试图找出其潜在的脉络或者因果关系，经过反复思考和推敲后进行归类，最后本章获得了以下七个大类的关系，见表 1-6。

表 1-6　主轴式编码

关系类别	影响关系的范畴	关系的内涵
自我认知	自我导向（1-C-6-1，13-A-1-3） 情绪意识（106-C-8-1，106-A1-9-1）	新生代员工有较强的自我意识和独立人格；他们的团队协作以独立主体为前提，注重工作自由度、个人喜好，对自己想要什么具有明确的意识；正因为这种强烈的自我导向，在生活和工作中具有较强的价值主张，敢爱敢恨、随性自我，顺境时往往纵情释怀，逆境时易于浮躁失落、焦躁不安
关系管理	人际和谐（22-A1-2-2，50-A2-6-1） 人际需求（35-C2-8-1，44-C2-8-1）	大部分新生代员工是独生子女，从小备受疼爱，很少遭遇挫折，合作能力薄弱，缺乏角色转换意识和技巧，组织社会化过程面临较大挑战；然而新生代员工重视与同事保持良好沟通，反对压抑和埋头苦干，渴望同事之间拥有真正的情谊

续表

关系类别	影响关系的范畴	关系的内涵
情绪调节	情绪意识（47-A2-26-2，56-A1-1-2，92-A2-10-3） 冲动控制（5-A-9-1，137-B1-4-1）	新生代员工不喜欢重复而乏味的工作，高压文化下的工作状态容易导致职业焦虑和情绪敏感；这种情绪体现在工作中便是职业成熟度较低，如果他们犯错时对其进行严厉批评，往往会激起较强的逆反情绪，他们不仅不接受批评，还可能做出过激的行为，如不服从管理、唱反调
组织支持	工作期望（114-A-11-2，128-A-8-2） 公平一致（88-A1-7-1，94-A2-7-1） 价值认可（46-A1-4-21，19-A-13-2）	新生代员工希望在工作中获得持续发展，内部调岗、工作轮换都可以提高他们对组织的忠诚度；追求平等公正，人际和制度公平、薪酬透明都能切实地提高他们对组织的认同感；在工作中渴望领导认可其对工作付出的价值，这有助于加强他们对组织的归属感
工作投入	工作生活平衡（7-A1-36-2，76-A3-12-1） 人际和谐（49-C-9-1，72-A4-16-1） 工作状态（76-A3-11-2，101-A6-28-1）	新生代员工追求快乐生活和工作，注重工作与生活的平衡，渴望弹性工作体验；沉闷的办公室氛围不能满足他们对人际和社交的渴望；如人际需求得不到满足、缺乏情感关怀的新生代员工很难全身心投入工作，导致踩点、急盼下班成为工作常态；如果人际需求得到满足，他们能够利用自己的人力资本获取更多的工作资源，表现出高投入工作状态，并追求自我价值实现
积极在职行为	自我导向（10-C-9-2，11-A-29-2） 工作期望（55-A2-18-1，69-A-7-3） 积极主动（71-A-14-3，138-A-8-1）	新生代员工具有强烈的自我意识，注重工作与兴趣爱好、职业性向的匹配；持续的学习机会、明确的发展空间和完善的晋升通道是组织留住和激励新生代员工的重要因素；当设计和组织好这些要素，新生代员工在职场中会表现出主动学习、追求挑战、勇于创新等积极工作行为
消极离职行为	自我导向（99-A1-6-1） 冲动控制（109-B2-9-1，148-A1-2-1） 消极偏差（88-A1-7-1，93-A2-10-3）	新生代普遍强调自我感受和价值主张，但往往好高骛远，对工作的期望太高；由于缺乏应有的情绪管理能力，当工作本身或职场关系遭遇挫折时，新生代员工的情绪波动较大，抗压能力较差，易于表现出不讲规矩、和领导对着干、裸辞等不计后果、对立冲动的消极偏差行为

第一，新生代员工情绪智力的自我认知因素。由自我导向（自我意识、坚持自我）、情绪意识（快乐、职业焦虑、挫败感）范畴组成。

第二，新生代员工情绪智力的关系管理因素。由人际和谐（人际交往经验缺乏、不善交往）、人际需求（渴望接触、情感维系）范畴组成。

第三，新生代员工情绪智力的情绪调节因素。由情绪意识（失落感、自卑易

怒）、冲动控制（过激报复、自我疏导）范畴组成。

第四，组织层次的态度——组织支持。由工作期望（内容多样化、工作环境）、公平一致（人际公平、民主和开放）和价值认可（尊重和理解、充分授权）范畴组成。

第五，个体层次的态度——工作投入。由工作生活平衡（私人时间、权利与契约意识）、人际和谐（不愿复杂、缺乏互信）和工作状态（主动学习、创新性）范畴组成。

第六，新生代员工的积极在职行为。由自我导向（兴趣爱好、坚持自我）、工作期望（弹性工作体验、柔性管理）和积极主动（学习欲望、自我实现）范畴组成。

第七，新生代员工的消极离职行为。由自我导向（孤傲、自以为是）、冲动控制（立刻走人、过激报复）和消极偏差（工作满意度低、随意离职）范畴组成。

三、选择编码

选择编码是指选择核心范畴，将前面编码所形成的范畴聚合起来，以“故事线”方式描述行为现象和脉络条件，验证其间的关系。选择性编码更加抽象，通过对主轴编码不断分析整合，本章将核心问题范畴转化为新生代员工情绪智力结构及其对工作行为的影响机理，下文将其简称为“情绪—态度—行为”模型，见图 1-2。

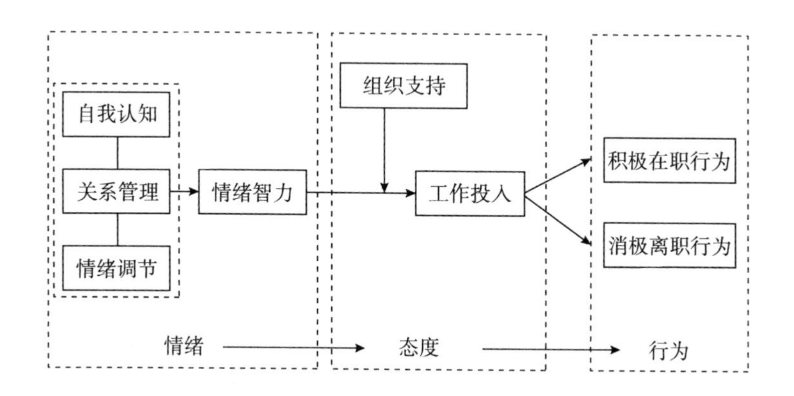

图 1-2 新生代员工情绪智力结构及其对工作行为影响机理

该模型包括两个子模型：一是符合中国文化情境和时代背景的新生代员工情绪智力的结构模型，由自我认知、关系管理和情绪调节三因素构成。二是新生代员工对工作行为的影响机制模型。在组织支持的调节作用下，新生代员工情绪智力通过工作投入的中介效应对积极或消极工作行为产生影响。本章基于个体与组织视角，开展新生代员工情绪智力结构及其对工作效能影响的整体探讨。

本章研究的关键是探讨核心范畴能否统领其他范畴，具体如下：

（1）新生代员工情绪智力的结构内涵。从新生代员工情绪智力的三个维度来看，首先，“自我认知”反映出新生代员工有较强的自我意识和独立人格，注重工作自由度和个性化需求，具有清晰且明确的价值主张；敢爱敢恨、随性自我，在生活和工作中遇到顺境时往往充满希望、纵情释怀，逆境时易于浮躁失落、焦躁不安。其次，“关系管理”表明，众多身为独生子女的新生代员工一方面个性十足、标新立异，另一方面也渴望情谊、尊重和关怀。虽然从小备受疼爱，很少遭遇挫折，缺乏角色转换意识和技巧，但他们重视与同事的沟通，反对压抑和埋头苦干，愿意维系良好的人际关系。最后，“情绪调节”反映出新生代员工在“自我认知”和“关系管理”的情绪特征中寻求平衡时的情绪表现，既要坚持个体的自我情感状态，又要维护群体间的和谐关系。然而，现实中新生代员工通常愿意增强交流以维系情感，但面对压力或逆境时往往较难自我疏导和调节，易于导致职业焦虑和情绪敏感，甚至出现逆反情绪或过激行为。

（2）工作投入的中介效应。工作投入是个体对工作的一种积极、充实的情感认知状态和认同感知，属于个体层面员工对组织的态度，在“情绪—态度—行为”模型中存在中介效应。面对日益激烈的职场竞争环境，高情绪智力的新生代员工具有较高的自我认知和情绪调节能力，善于维系良好的团队关系和实施有效的压力管理，这将有利于构建积极的工作情感状态，强化员工对工作的投入程度，从而促进新生代员工表现出主动学习、追求挑战、勇于创新等积极的工作行为。相反，低情绪智力的新生代员工面对工作压力和困境时，易于焦躁不安、情绪不稳，这将消极影响其工作的投入程度和认同感知，从而导致新生代员工不讲规矩、过激冲突、频繁离职等不计后果、对立冲动的消极偏差行为。

（3）组织支持的调节效应。组织支持是组织对员工投入的一种回馈，为员工创造更多的资源、手段和条件，属于组织层面对员工的态度。在“情绪—态度—行为”模型中存在调节效应。在强组织支持环境下，新生代员工具有更强烈的自我价值认知、人际和谐倾向和情绪管控意识，这无疑促进了新生代员工获得更加积极的工作情感状态和认同感知，从而加强员工的工作投入程度。相反，在弱组织支持环境下，新生代员工的情绪认知和管理能力将受到更大的挑战，波动加剧的情绪状态进一步影响其工作情感状态，进而弱化了他们的工作投入程度。

综上所述，新生代员工情绪智力结构及其对工作行为的整个机理过程是：自我认知因素、关系管理因素、情绪调节因素构建了新生代员工的情绪智力，而情

绪智力的高低将引发新生代员工的积极在职行为和消极离职行为。其中，工作投入和组织支持分别作为个体层面的态度和组织层面的态度对上述影响关系产生中介效应和调节效应。

四、理论饱和度检验

为了验证“情绪—态度—行为”模型，本章需要对其进行饱和度检验，也就是检验除了上述范畴之外是否存在其他的新范畴。笔者对预留的230条评论重新进行编码，并没有形成新的范畴。由于报道和文献太多，以下列举三条为证：

第一，新生代以自我为中心，要求工作单位应该对自己的每一点成绩都明察秋毫，追求绝对公平。取得的成绩不能得到及时的肯定，就会影响他们的情绪，如果感到付出和获得回报不匹配就会产生不满。希望受到更多的关注而不重视责任心与使命感（19-A-6-1“自我导向—公平一致—价值认可”）。

第二，“90后”普遍喜欢参与式管理、参与式决策，不管企业出台什么政策，都要事先征得“90后”员工的同意，而不是想怎么干就怎么干，否则就会出现“上有政策，下有对策”（110-A-13-1“价值认可—工作状态”）。

第三，我市去年企业非正常离职率达6%~7%，多数离职者为新生代员工。业余生活单调、用工单位管理严、心态浮躁、自我意识突出等是他们离职的主要原因（209-A1-5-1“工作生活平衡—自我导向”）。

经过对剩下的230条评论重新进行编码和分析，发现没有产生新的概念，也没有产生新范畴、形成新关系，因此可以认为上述模型饱和。

第五节 新生代员工情绪智力结构及其影响模型机理分析

“情绪—态度—行为”模型很好地诠释了情绪智力是如何作用于员工的工作行为的。新生代员工的行为受到工作投入的影响，而组织支持感在新生代员工情绪智力作用过程中起到重要的调节作用，又影响着员工的工作投入。但该模型具体是如何实现的，中间经历了怎样一个“黑箱”？这些问题还需进一步探析。

本章将从以下三个方面对“情绪—态度—行为”模型进行剖析：①“情绪”结构模型。国内外情绪智力结构有什么不同？新生代员工的情绪智力结构和老一辈相比是否存在差异？②“情绪—态度”模型。情绪智力在组织支持感的调节作用下作用于工作投入，组织支持感为什么能充当调节变量？③“情绪—态度—

行为”模型，工作投入是如何充当中间变量的？这些问题都将从以下方面分析。

一、“情绪”结构模型

（一）国内外员工情绪智力结构内涵比较

目前，对于情绪智力结构最大的分歧在于人格特质是否应该纳入情绪智力，一种是以 Mayer（1990）将情绪智力严格限定在情绪的知觉、理解和应用的能力模型为代表的观念，另一种则是混合情绪智力派的将情绪智力视为用来处理外界问题的情绪、人格和人际能力的综合观点（Walter et al.，2012）。此外，情绪智力和文化、情境有关（Joseph & Newman，2010；隋杨等，2015），我国新生代员工情绪智力结构和已有结构也许存在差异。

综合上述问题，本章从真实数据出发，对有关新生代员工的情绪智力报道进行整理，构建了符合我国文化和时代特点的新生代情绪智力模型。该模型将情绪智力划分为自我认知、关系管理和情绪调节三个维度。下面将分别从这三个维度对国内外情绪智力结构差异进行区分。

第一，自我认知维度。自我认知和人格特质有一定的联系，该模型将自我认知定义为员工基于对自己情绪的理解而形成的一种认识。和 Mayer（1990）将情绪智力将其严格限定在情绪的知觉不同，该模型的自我认知是在对情绪理解基础上经过思考加工后形成的一种认知，而能力模型更多的是倾向于情绪知识而不是智力（Brody，2005）。观点采择应该包含在内（Matthews，2006），如新生代员工在入职之初都会对自己的职业生涯制定规划，这个规划就是新生代员工在对自己内心想要什么的基础上形成的认知，外在显现出来的就是对工作的期望（工作环境、公司发展前景等）。Petrides（2001）就特别强调情绪智力中自我意识和认知的作用。

第二，关系管理维度。该模型的关系管理是员工在对自己和他人情绪理解的基础上所呈现出的一种外在表现。Goleman（1996）将认识他人的情绪和人际关系纳入情绪智力。相对于人际关系，关系管理显得更为准确。人际关系是工作环境、价值观、家庭教育、情绪智力等多方面因素共同作用的结果，不能将它们都纳入情绪智力范畴，这就类似于离职倾向不等同于离职行为（翁清雄、席酉民，2013）。

第三，情绪调节维度。情绪调节指员工对自己情感的控制程度，如自我激励、冲动控制等。与 Mayer（1990）建立的有先后次序的能力模型相类似，情绪调节是建立在自我认知和关系管理基础上，能力模型不能解释移情和自我控制（Matthews et al.，2006），但本章建立的模型包含移情和自我控制。混合模型中包含乐观主义、幸福感，其范围太过宽泛，是多种因素共同作用的结果，它们和情绪智力相关，但不能将它们等同于情绪智力。Robots 等（2010）就指出混合模型和大五人格相关性太高，模糊了情绪智力的概念。

从上面分析可以看出，基于我国文化背景得出的情绪智力模型，对于人格特质是否应该纳入情绪智力范围这个关键问题具有准确的把握，它既不同于能力模型，又和混合模型存在本质区别。该模型认为情绪智力不应该包含所有人格方面的变量，也不能单纯地只限定在情绪这个领域，这和情绪智力迫切需要整合的方向是一致的（陈猛，2012）。

（二）不同年代员工情绪智力结构内涵比较

新生代员工在工作价值观、心理资本、心理契约、工作动机较老一代员工都存在明显的差异（李燕萍、侯烜方，2012；张海涛、钱士茹等，2015）。情绪智力作为影响员工绩效的重要因素，是否也存在代际差异？下面依然从自我认知、关系管理和情绪调节三个维度对新老员工的情绪智力分别进行比较。

第一，自我认知维度。相对于老一代员工，新生代员工更加追求自我，思想独立且个性张扬，注重自我感受（Whiteoak et al.，2006）。由于大部分新生代员工属于独生子女，对短期经济利益不太计较，更关注自己的兴趣，不愿意干平凡的工作，希望在工作中获得价值和刺激。大部分新生代员工能够较清晰地明白自己以后要干什么，对职业生涯有相对明确的规划。因此，在自我认知维度上较上一代员工水平要高。

第二，关系管理维度。新生代员工伴随着网络成长，也备受家庭宠爱。他们心智简单，不愿意拐弯抹角，沟通能力较低，合作意识较差，不愿意接受职场中复杂的人际关系。正因为这样，很多新生代员工在进入职场时会觉得压抑，不善沟通导致他们在职场中出现各种人际障碍，希望得到同事的关心和领导的支持。总之，新生代员工在关系管理这个维度上和上一代员工相比明显偏低，他们中的大多数不善于处理职场中的各类关系，职场氛围、职场关系是否和谐已经成为年轻人就职的重要因素。

第三，情绪调节维度。对于工作的高期待和沉闷的办公室氛围导致新生代员工在工作时会出现各种不适应（如焦虑和抱怨）。自我认知和关系管理决定了软性工作环境直接影响新生代员工的情绪。从网络评论信息可以得出新生代员工往往不能很好地对自己的情绪进行调节。他们在工作中直接表达情感，不愿意接受上级的批评，经常和上级唱反调，并且抗压能力较低。

二、“情绪—态度”模型

（一）情绪智力与工作投入

Kahn（1990）将工作投入划分为生理、认知和情绪三个维度。综合开放式编码中的工作生活平衡、人际和谐和工作状态三因素类别可以判断出一个人对于工作的投入状况。人际和谐可以认为是个人对情感的投入，工作生活平衡体现员工对工作的卷入度，工作状态则是综合的外在表现，是生理、认知和情绪的结合体。工作投入是个体对工作的一种积极的、充实的情感认知状态，是对工作的强认同感（Schaufeli & Bakker，2004），因此可以理解成个体层面的员工对于组织的态度。

新生代员工有很强的权利契约意识。大多数新生代员工觉得加班是不合理的，希望保持生活与工作之间的平衡（Twenge et al.，2010）。由于大部分新生代员工是独生子女，他们心智简单、抗压能力低，在人际交往方面往往得不到满足，渴望得到友谊却不敢和同事进行过多的交谈，不能很好地处理职场关系，一遇到难题就容易退缩、心烦。这是大部分新生代员工在入职初期时的状态，并且当这种行为或态度受到同事或者领导批评时，他们可能会直接离职，不愿意接受别人的意见。从主范畴来看，也存在另外一种情况，有些新生代员工有着明确的职业生涯规划，对自己的认识较为准确，一旦他们进入自己感兴趣的领域，他们则愿意加班，主动学习新知识。

从上述两种情况可以看出，新生代员工情绪智力会影响工作投入，情绪智力低的员工对自己没有清晰的认识，在职场中由于不能很好地处理职场关系，工作投入度往往不高。情绪智力高的员工在职场中能够将私人情绪和工作分开，拥有良好的人际关系，通常表现出对工作更高的投入度。这和李永占（2016）得出的教师情绪智力和工作投入正相关的结论类似。

（二）组织支持的调节作用

凌文辁等（2006）对我国南方人才市场进行实证研究后得出，我国员工感受到的组织支持主要由工作支持、员工价值认同和关心利益三个维度构成。本章将开放式编码中的工作期望、公平一致和价值认可归纳为组织支持，这和凌文辁等学者在中国文化背景下研究得出的组织支持三维度结构模型大体一致。从组织支持理论来看，组织支持作为组织对员工投入的一种回馈，属于组织层面对员工的态度。

从社会交换视角来看，大部分新生代员工情绪智力不高，在工作中不能很好地控制自己的情绪，在压力、焦虑或是心烦的情况下其工作投入度往往不高。在情绪智力一定的情况下，如果组织能够给予他们一定的支持，满足他们对工作的期望，公平对待他们或者对他们的价值给予认可，那么他们便会增加工作投入度。组织要采取柔性管理的方式，让员工在一个舒适的环境下工作，做到公平对待每一个人，关心和支持员工。员工在感受到组织的支持后对工作的投入度会明显增加，他们也会摒弃以前那种眼高手低的姿态，对工作环境和待遇的要求也会适当降低。

我们可以认为员工工作投入态度的改变是员工对组织支持态度的回馈。从社会交换的角度来看，员工一开始不能很好地适应职场，但当员工感受到来自组织的支持时，便会产生回报组织的意愿（杨婷婷，2013）。这种回报的方式可能是增加工作投入，投入的多少由员工感受到的组织支持态度的强弱所决定。

从工作需求—资源视角来看，工作需求—资源模型被广泛用来解释工作投入的前因变量。该理论认为所有的工作特征都可以划分为工作需求和工作资源，满足员工的工作需求或提供必要的工作资源就能提高员工的投入度。情绪智力可以被看作心理资本的重要组成部分（Luthans，2005；吴伟炯，2012），属于心理资源。组织支持被认为是一种工作资源（孙健敏，2015）。因此，情绪智力和组织支持感都与工作投入正相关（Bakker et al.，2011；梁庆国，2015；李永占，2016）。

在员工情绪智力一定的情况下，组织提供的支持越多，员工就越愿意加大工作投入。一是组织支持本身会为员工提供更多的资源、手段和条件（Amabile et al.，2004），既满足了员工对工作的期望又提供了资源；二是当员工感知到组织支持后，会形成内部人知觉（刘智强等，2015），心理需求则得到满足。这就是为什么新生代员工情绪智力普遍不高、职场关系淡薄，但如果上级认可他们，给予他们工作和生活上的支持，情况就会改善很多的原因。Christian（2011）认为工作资源能够缓冲需求对工作投入的影响，因此组织支持在情绪智力和工作投入间起到中介作用。

三、“情绪—态度—行为”模型

（一）情绪智力与工作行为

情绪智力能够预测工作绩效已经得到学者们的认同（余琼，2008；张辉华，2011）。绩效从某种程度上来说是一种行为（Murphy，2006）。大多数新生代员工自我意识强，人际关系淡薄，对自己的情绪控制力较弱。他们刚进入职场时，对工作环境、工作内容期待过高，想象中自由弹性的工作制度、轻松快乐的职场氛围和现实形成了反差，因此便会出现抱怨、焦虑等一系列情绪问题，这些情绪问题可能会直接导致员工的消极离职行为。但新生代员工中也有少数高情绪智力水平的人，他们在职场中拥有和谐的人际关系，能够获得更多的社会资本。社会资本能够促进员工高效率的实现工作目标，有利于员工成长和发展（王祯等，2012），社会资本充足的员工会表现出一系列积极在职行为。

从情感事件视角来看，情感反应可以直接影响员工行为，也可以通过影响员工的态度间接影响员工行为。前者称为情感驱动行为模式，后者则是判断驱动行为模式（段锦云等，2011）。我们可以将情绪智力与工作行为的直接关系理解成情感驱动行为模式。大部分新生代员工不能很好地对自己的情绪进行调控，一旦遭遇领导批评或在工作中遇到新问题，就容易受到事件的影响，产生消极情感，表现出情感驱动行为（如裸辞、正面冲突、表达直接等）。

（二）工作投入的中介作用

新生代员工相较于老一代员工，情绪智力在关系管理和自我调节两个维度水平偏低，他们渴望人际沟通，不能妥善处理压力，遇到沉闷的工作氛围便会焦躁。这种心情可能会直接作用于他们的行为，也可能先影响他们的态度，再作用于行为，这也是前文所论述的判断驱动行为模式。

从主范畴来看，情绪智力通过工作投入作用于工作行为，实际上也就是“情绪—态度—行为”作用模式。其中，工作投入是员工个体层面对组织的一种态度，组织支持是组织层面对员工的态度。组织支持作为组织层次的态度调节情绪智力与工作投入（个人层次员工对组织的态度）之间的关系。

从情感事件视角来看，假设员工的情绪智力水平是一定的，职场的工作环境特征则是情感事件中事件形成的原因，如压抑的办公室环境通常和领导不愿听取下属意见有关。在工作环境特征一定的情况下，这种由情绪智力控制的员工的情感会影响员工对工作的态度（即工作投入）（Miner & Glomb，2010），即判断驱动行为模式。例如，员工离职行为有可能是因为冲动，但更多的可能是由于长期处于一种不能满足自己需要的环境而使工作满意度降低，进而导致员工的离职（Weiss，2002）。

一般来讲，拥有高情绪智力水平的员工在工作中善于调整自己的情绪，因此他们拥有良好的人际关系（Daus & Ashkanasy，2005），工作更加得心应手，对工作表现出高投入（Rajah & Arvey，2011），其工作绩效也相对更高（Bakker et al.，2012）。高绩效是一系列积极在职行为的结果，是过程和行为的综合（Murphy，2006）。因此，工作投入在情绪智力影响工作行为的过程中起到中介作用。

第六节　结论与启示

一、主要结论

本章运用扎根理论方法，构建了新生代员工情绪智力结构及“情绪—态度—行为”影响模型，具体包括：

（1）采用扎根理论收集和分析数据的方法，客观、真实地反映出新生代员工在职场中的情绪智力特征和行为表现。已有相关研究主要基于认知、公平、资源保存等理论开展定量的实证检验，而本章扎根于中国现代管理情境，以网络评价为样本来源，运用开放式定性方法，深入探析了中国新生代员工在自我管理、人际互动、社会适应等方面表现出的典型情绪智力特征和工作行为。

（2）构建了符合中国文化情境和时代背景的新生代员工情绪智力结构，包括自我认知、关系管理和情绪调节三个因素。其中，“自我认知”强调自我意识和独立人格，“关系管理”反映标新立异和渴望关怀，“情绪调节”注重情感体验和人际和谐。在现有情绪智力的代表结构模型中，以情绪识别和管理为维度的能力模型，以及整合了情绪与社会智力的混合模型都以西方文化为背景，而中国的多数新生代员工经历了改革开放发展、独生子女政策等社会环境和家庭背景，这些模型并不适应中国情境。因此，本章得出新生代员工情绪智力结构模型更符合中国文化与时代背景。

（3）形成了“情绪—态度—行为”理论模型。在组织支持的调节作用下，新生代员工情绪智力通过工作投入的中介效应对积极或消极工作行为产生影响。在该理论模型中，工作投入和组织支持分别代表了个体和组织层面的“态度”。当面对强弱各异的组织支持环境，具有高低不同情绪智力水平的新生代员工，会通过差异化的工作投入程度对工作行为表现产生积极或消极的间接影响。

二、研究启示

（一）理论启示

本章的理论启示主要包括：

一方面，拓展了情绪智力结构研究的情境适用性。以往的情绪智力结构大都建立在国外情绪智力理论基础上，研究结论往往存在情境适用性问题。受到文化情境和成长背景的影响，中国新生代员工的情绪智力具有典型的时代特征。本章研究从近几年网络新闻关于新生代情绪智力评论出发，得出适合时代发展和情境文化的新生代情绪智力结构。另一方面，丰富了组织行为学领域关于情绪智力对工作行为的关系研究。目前，不论国内还是国外，情绪智力对工作行为的影响研究还处于起步阶段。已有研究大多是针对特殊岗位（教师、护士等）和人群（管理者），并且得出的结论也存在差异。随着新生代员工逐渐成为职场主力军，探析中国情境下新生代员工情绪智力对工作效能的影响机制引发关注。本章在新生代员工情绪智力网络评论的基础上利用扎根理论方法，经过层层筛选，三次编码和反复分析和归纳，构建了新生代员工情绪智力结构及其对工作行为的影响机制模型。

（二）管理启示

基于本章的理论发现，提出以下管理启示：

（1）运用情绪智力测评，提升员工招聘效用。情绪智力对工作场所的关系管理和行为表现的重要影响已经得到有效验证。因此，在新生代员工的招聘中，除了考虑能力、智力、学历、资历等因素外，还应将情绪智力纳入招聘甄选指标中，尤其是市场、销售等工作压力较大、人际互动频繁的岗位，以及移动互联、现代服务等行业注重消费情感体验、个性化定制需求的岗位，更应该重视情绪智力的测试。例如，本章研究和西方学者都得出了情绪智力的“情绪调节”维度，在上述行业和岗位性质的员工招聘中可以对其赋予更高的权重和评价影响。这项评测指标既可以在机测、笔试时设题解答，也可以在结构化或非结构化面试中加入开放式考题，以获得更加精准的结论。

（2）加强情绪智力开发，提升员工培训质量。新生代员工从小备受宠爱或留守孤独，情绪不稳、容易冲动，但易于接受新事物，具有创新思维。大部分新生代员工处于职业成长期，具有很强的可塑性。因此，开展新生代员工的情绪管理培训将是组织管理的重要内容。这项培训内容不仅要围绕如何提升新生代员工对自我和他人情绪的知觉能力，还要重视如何强化新生代员工的情绪管控和激励能力，培训的方法以典型案例剖析、情景模拟和角色扮演等为主，聚焦工作实践中的突出问题和真实情境。例如，企业可搜集和挖掘出优秀员工和问题员工在面对冲突、压力时的情绪演变和行为表现，包括事件的诱发、升级和失控阶段，并加以形成完整的事件管理案例，通过情景再现和实际体验，引导新生代员工更好地识别潜在问题和强化自我管理。

（3）落实组织支持措施，提升劳动关系质量。新生代员工情绪智力水平相对不高，工作行为的表现容易受到外部环境的影响。因此，如何打造符合新生代员工价值偏好的组织支持计划，将是构建良好组织与员工劳动关系质量的关键因素。组织支持计划不仅包含维系劳动关系的制度保障，如注重内部公平性和外部竞争力的薪酬制度，强调绩效表现和德行品格的晋升制度等，还涉及个性化的员工激励方案，如倡导包容性创新环境、设计弹性工作时间、实施员工援助计划等。这些组织支持的实施将有助于新生代员工面对困境和压力时，保持相对稳定的工作情感状态，促进工作投入的程度，从而构建更加和谐的劳动关系。

本章研究得出了一些有价值的结论，然而未来研究可进一步完善。例如，可以开展量化实证研究以检验新生代员工情绪智力的信效度，并尝试开展跨文化研究以对比分析不同文化背景下的新生代员工情绪智力的结构特征。

第二章 新生代员工工作价值观对越轨创新的影响机制*

第一节 引言

当员工的创新设想与组织目标相冲突时，组织可能会否决员工这一创新设想，此时员工可能坚持认为该设想能够为组织带来利益，并私下开展这一创新行为，这种行为被称为越轨创新（Criscuolo et al.，2014）。黄玮等（2017）认为越轨创新是个体的创新自主性与组织的创新规范性（如创新管理的流程和规划）之间冲突的产物，当员工自身创新理念与组织长期创新规划相违背时，员工越轨创新行为随之出现。有研究表明，研发团队中有过越轨创新行为的个体占据5%~10%的比例，其中越轨创新的时间在日常工作时间中占比5%~10%（Augsdorfer，2005）。尤其是具有创新导向和内在偏好工作价值观的“90后”新生代员工群体，工作中追求标新立异，注重创新的自我偏好（侯烜方、卢福财，2018），这将加剧个体的创新自主性与组织创新规范性之间的冲突，从而增加了组织创新管理难度。因此，新生代员工工作价值观是否促进越轨创新？它们之间又有何内在的影响机制？深入探析这些研究问题为破解新生代员工越轨创新的动因和改进组织创新管理提供重要的理论参考。

已有研究验证了领导风格如非伦理型领导、真实型领导、双元领导等对越轨创新的影响效应，却鲜有关注员工个体认知结构与越轨创新的关系。有研究发现，新生代员工工作价值观中的部分维度能够有效预测创新绩效（丁越兰等，2016），而个体的战略自主性与组织对创新的嘉奖促使个体更可能投入自身资源

* 本章部分内容发表于《管理评论》第30卷第4期。

私下开展创新行为。尤其是具有创新导向、人际和谐、内在偏好等工作价值观的新生代员工，通常认为自己有能力达到创新目标，并敢于挑战权威，这可能是越轨创新的重要影响因素。在其创新设想遭到组织的反对时，新生代员工更倾向于阳奉阴违，避开组织规范，将工作资源自主分配至创新活动中。同时，为了避免由于资源利益带来的冲突影响人际和谐关系，而选择私密方式开展越轨创新行动。此外，以往研究主要基于自我决定理论、悖论理论等视角来解释越轨创新的影响机制，强调个体认知和冲突体验，却忽视了个体的积极心理感知对越轨创新的驱动效应。有研究发现心理授权感知可以促使个体在将创新思维付诸实践的过程中，为了满足其心理需求与自我价值而进行组织规则外的主动性行为，如越轨创新行为。因此，本章运用基本心理需求理论以探析新生代员工工作价值观通过心理授权对越轨创新产生的影响机制。

本章还将探析新生代员工工作价值观对越轨创新影响的边界条件。作为一种认知过程或心理状态，个体的心理授权具有认知的阶段性。同时，基本心理需求理论认为个体具有归属、自主等内在需要。那么，在新生代员工工作价值观赋予其工作角色意义的阶段，高情绪管理能力的个体更能够管理自我情绪并顾及团队情感以维护良好的人际关系，从而满足其归属需要并获得一定心理授权感知；而在产生自主实施想法并推进越轨创新行为阶段，高任务互依性所带来的紧密团队关系导致个体难以满足其自主需要，进而阻碍越轨行为的实施。因此，笔者认为，情绪智力和任务互依分别在新生代员工工作价值观对越轨创新的影响阶段具有重要的调节作用。

具体而言，一方面结合新生代员工情绪化与敢想敢为的特性（张君等，2019），本章认为情绪智力的高低能够影响新生代员工工作价值观对其心理授权的感知。从基本心理需求视角可知，高情绪智力的个体通过及时察觉并控制自我情绪，有效调整对自我的过度强调，以维持自我情感与组织氛围的平衡，维护团队良好的人际关系，从而满足自我归属需要（王桢等，2015）。可见，情绪智力可能调节新生代员工工作价值观对工作意义等心理授权感知的影响。另一方面在高工作自主性环境下，员工具有较多的柔性工作时间且受到较少的人际关系影响（肖志明，2020）。然而，随着团队化工作模式的增多，被强化的团队成员关系导致个体难以完全按照自己意愿展开工作，抑制了工作自主性。基本心理需求理论认为个体具有自主需求动机，而任务相互依赖却影响了该需求的满足，个体自主工作的时间和精力减少，越轨创新的隐蔽实施难度增大。因此，本章认为新生代员工的心理授权对越轨创新的影响可能受到任务互依性高低水平的影响。

综上所述，本章从运用基本心理需求理论开展以下研究：①聚焦新生代员工，检验新生代员工工作价值观对越轨创新的直接效应；②进一步检验心理授权

在新生代员工工作价值观与越轨创新关系中的中介效应，厘清其中的作用机制；③分别检验情绪智力和任务互依在新生代员工工作价值观对越轨创新的作用机制中的调节作用，探析其中的边界条件。见图 2-1。

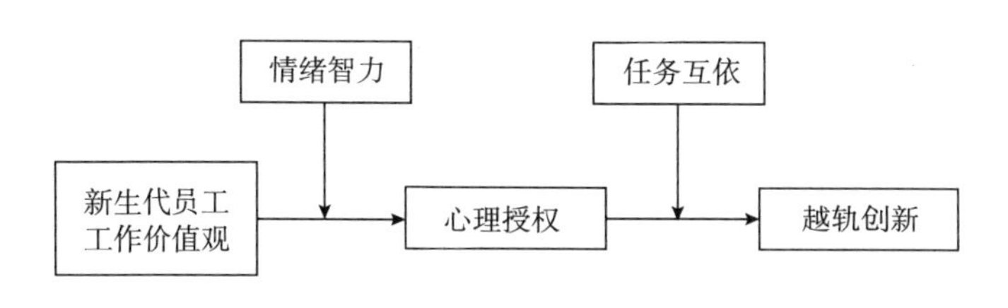

图 2-1 本章研究模型

第二节 文献综述

一、越轨创新

（一）概念内涵

Augsdörfer（2005）将越轨创新定义为个体自主的秘密的开展预期可能有利于组织的创新行为。员工出于对组织有利的目的自主私密的展开越轨创新行为，组织因该创新方案与组织战略目标不一致、降低组织风险或其他考虑否决员工的创新。本章回顾以往研究将员工越轨创新的特质归纳如下：

第一，私密性。员工越轨进行创新行为的原因是其创新行为没有得到组织正式的认可，个人的工作岗位计划没有对这些行为提供任何正式的授权，越轨创新行为偏离了员工的正式工作要求，偏离了日常项目工作（Masoudnia & Szwejczewski，2012）。员工的越轨创新行为会占用员工日常的工作时间及组织所拥有的资源，因未获得官方授权，此项侵占行为一旦被组织发现，员工可能会受到组织惩罚，为躲避惩罚，员工有必要保持越轨创新行为的私密性。即使有时同事或直接管理人员可能会意识到员工的越轨创新行为，但这种行为通常发生在高级管理层的视线之外。因此，对员工而言，越轨创新行为的私密性尤为重要（Augsdörfer，2005）。

第二，双重性。越轨是指违反组织的基本行为标准。对于大多数工作组织来说，员工行为符合管理秩序是一个基本的规范性期望（Staw & Boettger，1990；

Warren，2003）。越轨创新行为是员工自发进行的角色外行为，本质上是一种工作场所的反生产行为，特别是当越轨创新的结果是不成功的时候，那很可能会被认为是违反组织规范的异常行为，但是此行为更加侧重实现组织利益而不是个人目的，可归类为建设性越轨的一种（Warren，2003），即员工越轨创新违反了组织规范，但并未违反社会规范、社会公共价值观，其行为不符合组织正式规章，是非法的，但其目的是为组织创造价值，是合法的，因此越轨创新行为具有双重性。

第三，风险性。创新过程不确定、有风险，不能保证新产品能够被接受（Drazin et al.，1999）。可见，新产品能否被接受关系着创新成果的成功与否，同时员工的创新成果成功与否关系着员工是否获得奖励。但是，组织对员工获取创新成果的方式的关注远不及对创新结果的关注，无论员工是否通过合法合理的方式取得创新成果，个人都将获得创新成果的奖励（Mainemelis，2010）。也就是说，当员工以越轨的方式进行创新行为时，一旦成功，组织预计会将其算入员工的创新绩效并提供奖励，而不会特意强调这项创新成果是由员工的越轨创新行为得到。正是因为这种赌徒式的风险性，员工自愿违反组织规范，实施越轨创新。

（二）相关研究

第一，工作性质。员工的越轨创新行为的出现，是因为其所做工作是可以由其单独完成，任务互依性不强。任务互依性是指团队成员间工作相关程度高，需要各自的知识技能才能有效执行工作任务。在依赖性较高的工作团队中，团队成员彼此依靠，沟通合作，才能成功完成任务，实现较高工作目标和期望结果。通过彼此互动，团队成员交换想法、讨论分歧观点，从而整合、评价这些观点以创造高质量产品和提出创造性解决方案（Hülsheger et al.，2009）。由于越轨创新的私密性特质，员工的越轨创新行为受工作性质影响，只有在任务互依性不高的个人或小团体的工作中才有可能出现。

第二，组织规范程度。研究表明，在组织规范化程度高或高度强调规范执行的组织中，员工越轨创新行为受到一定的限制（Mainemelis，2012；Criscuolo et al.，2014）。组织规范程度较高的组织，拥有更多的规章制度来增加工作的正式化，监督员工在工作场所的行为，也更加强调工作的合规性，而不是实现创造性目标，组织不会容忍越轨创新行为在组织中肆意发生，因为这可能会降低组织员工对工作规范执行底线的预期，从而使研发创新过程脱离组织的掌控（Staw & Boettger，1990）。在这种组织中，员工的工作内容受到限制，进行规定工作之外的时间和行为受到影响，由此，产生越轨创新行为的概率降低。

第三，领导风格。在创新活动中，员工的创新受到领导的影响（曲如杰等，2014；黄俊等，2015；李珲等，2014）。对权威型领导来说，一旦下属违抗命令，

主管多会以批评、惩罚等方式予以回应（陈伍洋等，2017），下属的越轨创新行为不仅是对旧程序、旧秩序的质疑和挑战，还易被视为是对主管领导能力的挑衅（Burris，2012），高权威主义取向的主管认为下属应当遵从领导权威，服从领导指令。然而，下属的越轨创新恰恰与主管的高权威主义导向相违背，这会给主管的认知取向造成较大冲击（彭坚、王霄，2016），尤其会将越轨创新的下属视为对权威地位的一种挑衅来源，产生地位威胁感。因此，员工的越轨创新行为受到领导风格的影响（Lin et al.，2016）。

第四，个体特质。当员工认为他们提出新的想法或发现错误的追求创意的想法时，他们预感不会遭受消极的个人后果，才会产生创新行为（Baer & Frese，2003），即心理安全感会作用于员工创新行为。缺乏心理安全可能并不一定妨碍创新想法的产生，但将可能影响创新想法的表达和实践。越轨创新相比正常的创新更具高风险性，因此心理安全感不高的员工，因为对越轨创新行为成果和前景的担忧，进行越轨创新行为的可能性不高。反之，心理安全感高的员工，因其强大的承担后果的心理，更可能进行越轨创新。

二、工作价值观

（一）概念内涵

工作价值观是员工在工作场所表现出的价值观（Lyons et al.，2010），工作价值观的定义尚未形成统一观点，并且主要分为两种取向，一种是需求取向，另一种是判断标准取向。持需求取向观点的学者认为，工作价值观是个体内在需要及其从事活动时追求的工作特征，是个体试图得到的一个目标、一种心理状态、一种关系或者物质条件（Brown，2002），是对工作特定结果渴望的信念（Hattrup et al.，2007）。判断标准取向观的学者认为工作价值观是指导员工工作选择和工作行为的指导准则，是影响行为的内在意识形态，它既影响员工对自我的定位，也影响员工对工作的客观要求（Braham & Elizur，1999）。人们因为有价值观而形成偏好，并因为持久的偏好导致意图和行为（Schwartz，1992）。

国内学者将工作价值观定义为判断标准导向（马剑虹等，1998）。具体而言，工作价值观指职工关于工作行为、个人与组织的关系等的价值判断体系，在工作中表现出的对于职业选择的一种信念和态度（凌文铨等，1999），是一种能够直接影响员工行为的内在意识形态因素，在企业管理中能够通过思想教育等方式实现激励和影响。综合以上各种工作价值观内涵和定义，本章认为新生代员工工作价值观指20世纪90年代后出生的工作者关于工作的原则、伦理、信念的认知，是新生代员工明辨是非及确定偏好时采用的工作相关标准。

此外，学者对工作价值观的结构维度及测量开展了相关研究。Ginzberg

（1951）首次对工作价值观进行分类，他将其概括为工作伙伴、工作活动、工作报酬三个维度。Super（1990）将工作价值观分为内在价值、外在价值、附带价值三大类，据此编制的量表被多次验证且广泛使用。Manhardt（1972）在他的研究中提出工作价值观由三个维度构成：舒适与安全、能力与成长、地位与独立，共7个题项，示例题项如“工作能够提供一种成就感”，量表后经Meyer等（1998）的修订，近年来仍被广泛使用。Elizur（1984）将工作价值观划分成三类，即工具性的、认知性的、情感性的。

国内学者宁维卫（1991）在Super（1990）的工作价值观量表基础上制定了五维度量表。马剑虹和倪陈明（1998）运用主成分分析法将工作价值观归纳为三个因素：员工的个人要求、集体观念、工作行为评价。侯烜方等（2014）运用扎根理论构建中国情境下新生代员工工作价值观结构，开发出功利导向、内在偏好、人际和谐、创新导向、长期发展五因子20个条目的新生代员工工作价值观量表，填补了新生代员工工作价值观研究的空白。

（二）相关研究

第一，工作价值观的影响因素。已有研究表明，工作价值观的影响因素主要表现在组织成员的性别、年龄、职位、婚姻状况、教育程度等人口统计因素方面。例如，有学者认为工作价值观受到性别差异的影响较为显著。Jurgense（1978）的研究表明，男性比较重视外在价值观，而女性则更加重视内在价值观。也有学者对该结论提出质疑，并认为当把年龄、教育水平、职业等变量视为控制变量时，性别差异对工作价值观的影响将消失（Kaufman & Fetters，1980），以及男性与女性除了自我发展价值观存在显著差异以外，其他工作价值观因子受性别差异的影响并不明显（Frieze et al.，2006）。

也有学者研究表明，工作价值观与员工的年龄存在显著的相关性。例如，低龄员工比较注重自我成长与内在价值的实现，而高龄员工则更加注重外在工作信念（黄同圳，1994）。同时，性别对于婚姻状况与工作价值观的影响关系也存在显著的调节效应，已婚的男性与未婚男性具有不同的工作价值观特征，而女性在婚前与婚后的工作价值观差异不大（Jurgensen，1978）。此外，Anderson的研究发现，文化程度的提高和教育经历的丰富化有助于促进个体构建内在工作价值观，工作价值观往往是与文化程度和教育经历相伴而行的社会化过程（Steven，1993）。这些工作价值观的相关影响因素研究表明，工作价值观受社会环境和文化的影响和制约，是个人价值观、文化价值观和生活价值观等一般价值观在组织成员工作行为中的投射。

第二，工作价值观与工作产出。有学者重点探析了工作价值观与工作行为的影响关系。例如，工作价值观中的积极因子对工作行为表现（Gerhard，2011）、

组织公民行为、工作满意、组织承诺（Feather & Rauter, 2004）、工作投入有着促进作用。工作价值观还会以工作满意度或薪酬满意度为中介影响工作绩效或离职行为（Fishbein, 1998; Christina et al., 2010）。其中，工作价值观与工作满意度、工作绩效、员工的积极情感呈正相关关系，与离职意图和员工消极情感呈负相关关系（George & Jones, 1996）。近几年，有学者开始探索工作价值观对创新行为和建言行为的影响关系（任华亮等，2015；栾贞增等，2017）。

此外，也有学者关注工作价值观与工作绩效的影响关系。例如，有学者认为工作价值观通过影响工作态度再对工作结果产生影响，其机制表现为“工作价值观—工作态度（满意度）—工作结果（绩效）”（侯烜方、卢福财，2018），也有研究表明，工作价值观对不同方面的工作绩效产生不同的影响效应。例如，以办公室人员和一线制造工人为调查样本，研究表明工作价值观与缺勤程度没有关联，但与绩效评价、完工时效存在中度相关性（侯烜方等，2014；Shpira & Griffith, 1990）。

第三，工作价值观影响的代际差异。有学者分析和验证了工作价值观在不同代际群体（如“60后”“80后”）的差异性，以及不同代际群体间工作价值观对创新绩效的差异化影响。研究结果发现，工作价值观的不同维度存在着显著的代际差异，“80后”比“60后”更加重视安全与舒适、能力与成长和地位与独立价值观；工作价值观中的能力与成长、地位与独立价值观维度和创新绩效存在着显著的正向关系；“80后”“60后”两代之间的地位与独立价值观对创新绩效的影响存在显著差异。同时，有学者研究发现，工作价值观的能力与成长、地位与独立价值观等维度对创新绩效存在着显著的正向影响（栾贞增等，2017）。

此外，尤佳等（2013）运用多元协方差分析中国职场中工作价值观的代际差异及新生代内部差异。结果表明，随着时代发展，休闲价值观、外在价值观及内在价值观稳步上升；在社会价值观和利他价值观上，新生代员工与老一代员工无显著差异，新生代员工内部也无显著差异。陈坚和连榕（2014）验证了三代员工工作价值观对幸福感及心理健康的影响，其中部分工作价值观维度与幸福感、心理健康症状显著相关，但三代人群存在差异；幸福感在工作价值观对心理健康症状影响中发挥完全中介作用；三代员工的利他价值观可正向预测心理健康水平。

三、心理授权

（一）内涵概念

心理授权（Psychological Empowerment）起源于授权（Empowerment）理论。据调查发现，几乎所有的组织都具备金字塔形结构，员工在分级的组织架构中承担不同的角色（Magee & Galinsky, 2008），在金字塔形组织结构中，员工拥有的权力是根据其在组织结构中的地位而定（Cropanzano，2001），地位不同，其所拥有的权力也不一样，影响他人的能力或潜能也就不一而同（Farmer & Aguinis，2005）。因此，员工与领导的最大区别即所拥有的权力范围不同，领导拥有决定权，决定员工的工作行为，强烈期望员工服从并执行决定。然而，根据 Spreitzer（2007）的研究，全球 70%的公司鼓励或已采用授权的管理方式，在特定情况下，员工可得到领导的授权，代替领导行使领导的部分权力。授权有利于组织的有效性，授权理论在管理实践中的广泛应用，凸显了授权理论的重要性。

目前，学界广泛采纳的是 Thomas 和 Velthouse（1990）对心理授权内涵的概括，即心理授权是员工对自身价值与工作的匹配程度，是员工与其心理状态整合的过程，包括四个维度：工作影响（Impact）、自我效能感（Competence）、工作意义（Meaning）、自主性（Self-Determination）。工作影响是个体影响管理工作结果的程度，工作影响受工作环境作用；自我效能感是个体对自己能否胜任某项任务的信心，是某种工作角色特定的效能，是对工作效果的期望；工作意义是指工作价值，包括工作角色要求和信仰；自主性是个体对自己工作行为的掌控程度，反映工作行为的自主权，是个体对自我行动的感知。本章研究中，心理授权界定为员工在工作过程中对工作影响、自我效能、工作意义及自主性的感知且内化为个人动机的心理过程。

此外，学者对心理授权的结构维度及测量开展了相关研究。目前，对于心理授权的维度研究有三种观点：单维观、三维观、四维观。早期研究将心理授权归为内在激励的构念，认为组织授权能够增强员工的自我效能（Conger & Kanungo，1988）。心理授权的核心思想是员工内在信念的改变会导致行为的改变。Menon（2001）结合不同的研究成果，提出考察授权的综合心理方法（Integrative Psychological Approach），包括三个维度：目标内化（Goal Internalisation）、控制感（Perceived Contral）和胜任感（Perceived Competence），并设计了包括 9 个项目心理授权量表，该量表得到实证检验，结果证明可信度较高。Thomas 和 Velthouse（1990）认为 Conger 等（1998）提出的心理授权一维结构并不能反映员工对工作环境感知从而影响工作行为的过程，基于内在动机，他们提出心理授权的认知模型：工作影响、自我效能感、工作意义、自主性。Spreitzer（1995）验证了心理授权四维度模型在工作情境下的适用性和有效性，并提出了包括 12 个项目的心理授权量表。国内学者李超平等（2006）基于中国情境对心理授权结构进行验证，认同 Thomas 和 Velthouse（1990）对心理授权的划分。

（二）相关研究

第一，前因变量。学界从工作特征层面、组织层面、领导层面及个体层面对心理授权的前因变量进行研究，已取得较大成果。

工作特征层面，相关研究结果显示，工作特征可显著影响员工的心理授权程度（Spreitzer，1995；贝文海，2015），工作特征显著正向影响心理授权程度（温苗苗、张静静，2014），任务完整性对员工心理授权中的工作意义、自主性和影响力三个维度具有预测作用，员工技能多样性能够预测员工心理授权维度中的工作意义和影响力（粟露，2015）。

组织层面，研究发现组织环境、组织特征、组织支持、组织文化（韩冬日，2017）、组织氛围（孙春玲等，2014）都对员工心理授权具有显著作用，并且组织环境对心理授权的关系呈倒"U"形（易成，2017）；组织支持正向预测员工心理授权（樊方方，2012）；组织文化中的差错管理文化、学习型组织文化（韩冬日，2017）对心理授权具有显著正向影响；组织授权氛围对员工心理授权具有显著正向影响（孙春玲等，2014）。此外，Kanter（1989）认为组织需提供有价值的信息给员工，信息的缺乏可能使员工缺失发挥创造力的动力，并且与组织任务相关和与绩效相关的信息对员工心理授权水平尤为重要（Lawler，1993），组织任务相关的信息有助于员工产生工作意义（Conger & Kanungo，1988），关于绩效的信息能够使员工调整自己的行为来维持或改善绩效，基于奖励的个人绩效信息能使员工对自己工作行为有明确清晰的认识（Bowen & Lawler，1992）。

领导层面，以往大量研究已证实领导风格、领导行为对员工心理授权具有影响。具体而言，变革型领导（刘景江、邹慧敏，2013）、真实型领导（石冠峰、杨高峰，2015）、包容型领导（郑建明、王珊，2017）、战略型领导（陈璐等，2015）、公仆型领导（卢俊婷等，2017）、差异变革型领导（孙永磊等，2016）、分布式领导（朱瑜等，2014）等都与员工心理授权呈正向相关关系；领导的共享行为和授权行为（陈国权、陈子栋，2017）对员工心理授权有显著的正向影响。

个体层面，雷巧玲等（2009）以知识型员工为样本，分析知识型员工个体特征与其心理授权程度的影响，个体的年龄、教育程度、婚姻状况等人口统计学变量对员工心理授权影响显著。Sprehzer（1996）对员工的人格特征和心理授权之间关系进行了研究。结果表明，相比于外控型员工，内控型员工具有更高的自我效能感和自主权，其心理授权感知更高。此外，已有研究证实自尊与员工心理授权有关，高自尊的员工对于工作可能有更高的价值感，而低自尊的员工认为他们对工作的影响很少，员工自尊与心理授权程度呈正相关关系（Bandura，1977）。

第二，结果变量。研究表明，提高心理授权水平对员工的工作态度、工作行为、工作绩效产生重要的影响。有学者发现员工心理授权程度对工作满意度（赵飞，2011）、员工幸福感（郑晓明、刘鑫，2016）、员工敬业度（刘层层，2013；王丽平等，2014）、组织承诺（游浚等，2014）呈正相关关系，对离职倾向（杨振，2016）呈负相关关系。同时，大量实证研究表明，员工心理授权显著正向影响其工作绩效（侯红旭，2016），并且正向影响员工创新绩效（魏峰等，2009）。

此外，现有研究已证实员工心理授权水平与员工组织公民行为（杨春江等，2015）、主动性行为（朱瑜等，2014）、建言行为（薛贤等，2015；陆志娟，2015；杜凝乔，2017）、创新行为（仇一微，2014）具有正相关关系。对于心理授权和创新之间的关系，学界早有研究。Conger 和 Kanungo（1988）认为员工心理授权可推动组织管理变革，创新是变革的主要动力，而心理授权与创新行为密切相关（Thomas & Velthouse，1990），有助于员工创新行为的产生（Kanter，1983）。其原因可能是授权提高了员工自我效能和工作自主性，他们往往比心理授权程度低的员工在工作中更偏好创新以取得成功。

四、任务互依性

（一）概念内涵

互依性是指团队成员工作相关程度，根据互依性来源可分为产出互依性和任务互依性。

产出互依性是指团队成员的个体产出与团队中其他成员产出的相关程度。关于产出互依性的分类，学者们的观点比较一致，包括目标互依性、薪酬互依性和反馈互依性三类。目标互依性是指团队成员在完成团队共同目标时的相互联结程度；薪酬互依性是指薪酬的支付依据的是团队绩效；反馈互依性是指团队成员在绩效反馈方面的相互依赖程度，针对整个团队任务完成情况进行反馈时，反馈互依性高，针对团队成员个体任务完成情况给予反馈时，反馈互依性低。

任务互依性（Task Interdependence）是与团队其他成员间任务输入和执行而产生（Wageman，1995）。Thompson（1967）将任务互依性划分为三类：集合型互依性（Pooled Interdependence），团队成员间的互动不是直接的；次递型互依性（Serial Interdependence），某团队成员须等另一团队成员完成其任务后才可进行自己的任务，这种是单向循环的；循环型互依性（Reciprocal Interdependence），成员间的互依性是双向循环的，某团队成员的输出是另一团队成员的输入，反之，另一团队成员的输出也是该团队成员的输入。Van de Ven（1980）在此基础上补充了第四个维度：协作型互依性（Team Interdependence），是团队成员在面对问题时，一起思考共同辨识问题的关键点，并合理分配任务，合作解决问题。Kiggundu（1981）把任务互依性分为启动任务互依性和接受任务互依性，启动任务互依性是工作流从一个工作到另一个或另外几个工作的程度；接受任务互依性是在特定工作中的团队成员受到另一个或另外几个工作中工作流影响的程度。

此外，学者对任务互依性的维度及测量开展了相关研究。任务互依性多通过量表来衡量，常用量表有：Kiggundu（1983）的五项目量表、Van de Ven（1980）编

制的四项目量表及 Thompson 开发的量表等。Pearce 和 Gregersen（1991）指出 Kiggundu 和 Van de Ven 的量表存在一定的局限性，在 Thompson 量表的基础上发展了新的量表，示例题项如“在完成我的工作时，我与其他成员紧密配合”“我的个人绩效依赖于从其他成员那里获得准确的信息”。任务互依性研究多采用 Pearce 和 Gregersen（1991）的量表。Liden 等（1997）编制的三项目量表，包括“团队成员须密切合作才可完成工作任务”“团队成员彼此须经常沟通协调”“团队成员承担的工作相互关联、相互影响”。

（二）相关研究

（1）结果变量。目前，任务互依性通常作为前因变量，以往相关研究已证实了任务互依性能够影响团队工作过程和团队输出。对于团队工作过程，任务互依性将正向影响帮助行为（Allen et al.，2003；Van der Vegt & Van de Vliert，2005）、亲社会行为（Ramamoorthy & Flood，2004）、组织公民行为（Ganesh & Gupta，2010；黄奇栋、钟健安，2010）。此外，也有研究发现，任务互依性可促进团队沟通（任婧、王二平，2011）、团队学习（王艳子等，2014）、团队冲突（Lee et al.，2014）、团队交互记忆系统（罗瑾琏等，2015）等其他团队互动行为的产生。

对于团队输出，任务互依性会影响团队绩效（Stewart & Barrick，2000）、新产品的开发速度（Darawong，2013）。Stewart 和 Barrick（2000）认为任务互依性与团队绩效之间的关系是非线性的，并且这种非线性关系随任务类型的不同而发生变化。Darawong（2013）认为任务互依性能够影响新产品的开发速度，并提出了以跨功能沟通为中介的概念模型。

综上所述，任务互依性是团队研究的重要变量，它能显著影响团队工作过程与团队产出及团队成员情感反应。此外，Sambasivan 等（2011）将任务互依性的含义进行拓展，定义为企业间业务相互依赖程度。其研究表明，任务互依性可对战略联盟中的企业间关系资本具有正向影响。这说明任务互依性不仅处于团队或个体层面，也是组织层面的重要影响因素，为任务互依性的后续研究提供了新的视角。

（2）调节作用。作为团队的情境变量，任务互依性常作为调节变量来说明变量之间的关系。从任务的角度，Langfred（2005）研究发现，任务互依性能够调节工作自主性与工作绩效的关系，并且在不同层面其作用不同。胡进梅和沈勇（2014）研究结果表明任务互依性调节工作自主性与创新绩效之间的关系。Drach-Zahavy 和 Somech（2013）的研究发现，任务互依性可以正向调节目标互依性与服务气氛之间的关系。

从个体角度分析，任务互依性可以调节同事道义不公正性与其攻击行为之间的关系，并且削弱了同事道义不公正在员工非伦理行为与攻击行为之间的中介作用（王端旭等，2017）。Chernikova 等（2017）发现跨层次的监管模式互补性可以对目标相关任务的个人层面绩效产生积极的影响，并且此影响仅在高任务互依性时才会出现。Welbourne 和 Sariol（2017）证实了工作卷入与员工反生产行为（Counterproductive Work Behavior，CWB）之间的关系，并且发现在这关系中任务相互依赖的调节作用因性别而异。

从领导的角度，Liden 等（2006）研究了 6 个不同组织的 120 个工作团队发现，任务互依性可以调节领导—成员交换差异性（LMX Differentiation）与团队绩效的关系。也就是说，当任务互依性高时，团队的领导—成员交换差异性越大，则团队绩效越高；当任务互依性低时，领导—成员交换差异性与团队绩效无相关性。Ullah 和 Dong（2013）通过对保险员工的研究，发现任务互依性可以调节共享型领导与团队有效性之间的关系。Vidyarthi（2014）对 88 名经理与 391 名员工配对研究发现，任务互依性可以调节领导者情绪感知与员工工作绩效之间的关系。罗瑾琏等（2017）研究发现，团队任务互依性可在悖论式领导与团队活力的关系中存在调节作用。

从团队角度出发，任务互依性作为调节变量，可以调节团队目标承诺（Aube & Rousseau，2005）、团队建言行为（周文娟，2013）、团队薪酬设计（张正堂等，2014）与团队绩效之间的关系，张子源等（2014）发现内隐协调对团队创造力有显著的正向影响，并且任务互依性可以正向调节这种正向影响。

综上所述，任务互依性将会直接影响团队互动，对团队绩效起到很强的调节作用。那么，任务互依性作为一种工作任务特征，规定了完成工作任务时的配合程度，它能否对团队互动、团队行为起到一定的调节作用，这是现有研究很少考虑到的。

五、基本心理需求理论

作为自我决定理论的核心本质，基本心理需求理论由 Deci 和 Ryan（1985）提出，认为人类本质上是积极主动的有机体，先天具有内在的自我发展和自我实现的趋势和潜力。自我决定是个体在充分认识自身心理需要与外界环境信息的基础上，对自我行为做出的选择。不同于一般的理论，自我决定理论在不断建构中发展而来，已运用于管理、教育、消费者行为、体育休闲等领域（Hardre & Reeve，2009；王婳，2015）。至今，自我决定理论仍在不断形成、巧纳新的子理论，为动机问题研究提供新的理论增长点。

Deci 和 Ryan（2000）界定了三种人类基本心理需要：一是自主需要，即个体对所处环境及自身心理需求充分了解后有权按照自己意愿进行活动；二是胜任

需要，即个体始终相信自己具备在困难中完成任务的能力；三是归属需要，指个体获得所处团队中他人的关心、关注与关怀及归属于此团队的愿望。有学者认为这些具有内在性、普遍性的需要得到满足后会促进个体人格与认知体系的发展完善，推动个体行为的出现。个体将在充分认识自身心理需要与外界环境信息基础上，从利于自我潜能发挥的角度对自我行为做出选择，因而基本心理需求理论对于个体行为的产生、激励与改变具有重大的指导意义。

新生代员工出于对自主性、能力增长及关系联系的基本心理需求，形成不同于老一代员工的工作价值观。也正是基于此心理，新生代员工将外部环境相关因素转化为内部动机，由此引发具有辨别度的行为。因此，本章运用基本心理需求理论，基于个体自主、胜任和归属需求，探索新生代员工工作价值观对越轨创新的影响机制和边界条件。

第三节　研究假设

一、新生代员工工作价值观与越轨创新

新生代工作价值观是 20 世纪 90 年代后出生的工作者关于工作的原则、伦理、信念的认知，是新生代员工明辨是非及确定偏好时采用的工作相关标准（Hou et al.，2018），本章以“90 后”新生代员工为主要研究对象。侯烜方等（2014）认为新生代员工的工作价值观包括创新导向、内在偏好、人际和谐等维度。现有研究表明，工作价值观会对员工创新行为产生影响（栾贞增等，2017）。部分研究证明新生代员工工作价值观会引发新生代员工工作场所中的积极工作行为或消极工作行为（李燕萍、侯烜方，2012），而目的的合理性与行为的违规性使越轨创新对于组织的效应难以被片面地定义，因此探讨新生代员工工作价值观对具备双重性特征的越轨创新的影响具有重要意义。此外，尽管有研究证实人格特质（Madrid et al.，2014）等个体因素会影响越轨创新行为，但鲜有学者探析个体认知结构对越轨创新的影响。

创新导向是指享受刺激、喜欢标新立异的新生代员工充分信任自己，更倾向于能够发挥自身想象力与创造力的新鲜、有创意的工作（Hou et al.，2018）。对于新生代员工而言，越轨创新是对其创造力的维护，这种积极的自我维护促使员工在被组织否定时选择阳奉阴违，私底下推进创新想法或项目（Criscuolo et al.，2014），这表明员工坚信自身具备落实创新想法、完成创新项目的能力，因此越

轨创新将满足新生代员工的胜任需求。内在偏好是指新生代员工对工作价值和工作意义的感知较为敏感，偏向选择符合他们兴趣或者与其需求匹配的工作（Hou et al.，2018）。新生代员工所提出的想法承载着个体的工作价值导向（侯烜方、卢福财，2018），因此在创新想法或项目没有得到组织认同时，新生代员工追求工作意义与工作价值的内在偏好导向价值观将使其选择私下进行创新行为。这种行为的非公开性与隐秘性为新生代员工提供了更大程度上的活动自主性（黄玮等，2017），这满足了其自主需要。人际和谐是指新生代员工重视工作环境中和谐的人际关系，希望维持愉快的工作氛围（Hou et al.，2018）。新生代员工希望在上下级关系中保持融洽（张君等，2019），因此当上级代表组织对员工创意表示了不支持或反对后，新生代员工出于工作价值观中的人际和谐价值取向，希望避免冲突与矛盾，更倾向于隐蔽地进行创新行为以维持良好的工作关系，满足其关系需要。可见，新生代员工偏好创新、追求工作价值、渴望良好关系的工作价值观取向将促使他们越轨创新行为的产生，由此满足其三大基本心理需求。因此，本章提出如下假设：

H1-新生代员工的工作价值观对其越轨创新有显著正向作用。

二、心理授权的中介作用

心理授权是指一种过程或心理状态，表现为个人对其工作角色定位的工作意义、自主性、自我效能、工作影响四方面的认知（李超平等，2006）。工作意义是指个体按照自身价值评价标准，对所从事工作的重要性进行的认知与判断；自主性是指个体在多大程度上能够按照自身意愿行动的控制能力；自我效能是个体对自己是否具备圆满完成任务能力的自我认知与信念；工作影响是指个体的工作行为对所在组织管理、行政、运营等方面造成的影响程度。大量实证研究表明，员工心理授权会受到人格特征等个体差异特征变量的影响（Spreitzer，1996），并且研究证实员工心理授权与员工创新行为显著正相关（Janssen，2005）。此外，以往研究表明，工作价值观会对工作行为产生积极作用，并且多通过心理意义等相关变量起作用（任华亮等，2019）。

新生代员工工作价值观中的内在偏好价值导向表明其注重并追求工作带来的意义及工作对自我偏好的满足（侯烜方等，2014），因此个体倾向于选择符合自身价值评价标准的工作，这样个体对于工作更易产生积极的价值感受（侯烜方、卢福财，2018）。此外，员工对工作更满意，则更可能具备丰富的相关知识储备，从而有更高的动机与更强的实施能力来自由操纵与把控行为（魏峰等，2009），因此内在偏好导向工作价值观较强的新生代员工将拥有高度工作意义感知与高自主性，即个体心理授权水平高。新生代员工工作价值观中的创新导向表明新生代

员工富有想象力与创造力，自我认可度较高，敢于挑战传统与规则（丁越兰等，2016）。新生代员工对自我的信任在工作上体现为对自我具备工作完成能力的信念（Shri，2011）；同时，实行越轨创新行为的主体也相信其创新设想一旦实现将在多方面为组织创造价值（黄玮等，2017），因此创新导向工作价值观较强的新生代员工将具有高自我效能感与高工作影响感知，即具备高度的心理授权水平。可见，工作价值观较强的新生代员工可能具有更高的心理授权感知，而工作价值观较弱的新生代员工可能产生更低的心理授权感知。

已有研究表明，心理授权会对员工创新行为产生积极影响（Janssen，2005）。Mainemelis（2010）认为，在不直接违背领导拒绝行为的前提下，员工可能会跟从自身想法与需求，从事创意越轨行为。因此，新生代员工很可能在追求工作意义与自主性的心理状态下而选择阳奉阴违，实施越轨创新行为。越轨创新可以为新生代员工提供一个更加自主的创新环境，这将满足其自主需求（赵斌等，2019）。员工感知到的积极工作角色导向会促使其为了实现自我价值而进行规则外的创新活动（赵乐等，2019），因此即使新生代员工的创新设想被反对，在其拥有高度自我效能感与工作意义感知时，将更可能为证明自身能力与创新设想价值而做出越轨创新行为，从而满足其胜任需求。因此，本章提出如下假设：

H2-新生代员工心理授权在工作价值观与越轨创新关系中起中介作用。

三、情绪智力的调节作用

情绪智力是指个体认知、理解自己与他人的情绪，并利用这些认知指导自己的思想和行为的能力（鲁虹、赵赞，2019），其本质在于适应工作场所人际交往关系。学界对于情绪智力的研究多聚焦于其结果变量，如情绪智力对个体感知、态度、行为等的影响。尤其在情绪智力对员工行为影响的研究领域中，已有学者对员工创新进行研究并证实情绪智力可正向预测个体创造力（方雯等，2014）。情绪智力也常作为调节变量被学者们广泛地应用于工作绩效等研究中（王仙雅等，2013）。新生代员工的突出特点是情绪不稳定（张君等，2019），当员工创新性与组织规范性发生冲突时则会加剧这种情绪波动，但情绪智力能有效地调节个体的情绪状态与行为机制，因此新生代员工情绪智力的差异可能会对工作价值观与越轨创新之间的关系产生不同的影响。目前，鲜有学者基于新生代员工情绪波动大的特定情境，聚焦个体创新，深入挖掘情绪智力对越轨创新的边界作用。

情绪智力高的新生代员工能及时察觉并采取措施抑制自我意识的强化，从维持组织正常有序运转的角度出发更多地考虑团队的利益（俞彬彬、钟建安，2008），能够正确地评价并接受自己（徐小燕、张进辅，2002），这将弱化新生代员工追求自我满足的价值观倾向，削弱新生代员工对工作角色定位的自我积极感知，导致其低水平心理授权。此外，对强调自我的抑制与对团队情感氛围的考虑有利于组织内部形成良好的人际关系，促进组织内和谐人际氛围的形成（容琰等，2015），从而满足新生代员工的归属需要。情绪智力低的新生代员工则可能难以察觉或难以及时有效地调整其对于自我的过度强调（王桢等，2015），因此更易受到创新导向与内在偏好工作价值观的影响，对于工作角色定位、工作价值意义、工作自主性及对个体能力的积极认知得到加强，导致更高水平的心理授权。因此，本章提出如下假设：

H3-情绪智力在新生代员工工作价值观和心理授权的关系中具有调节作用，当情绪智力高时，新生代员工工作价值观对心理授权的作用减弱。

四、任务互依性的调节作用

任务互依性指执行工作任务时团队成员之间的相关程度，包括资源与范围等维度（李燃等，2016）。资源维度指由于工作需要接受或使用资源的相互关联程度，范围维度指个体工作与他人工作关联性的宽度。当前研究主要关注任务互依性对于团队工作的影响，而关于任务互依性与创新间关系的研究也多集中于团队层次，这些研究将任务互依性视作情境因素，证明任务互依性对团队创造力的间接推动作用（Gilson & Shalley，2004），任务互依性也常在个体变量对创新行为的影响研究中起调节作用（王黎萤、陈劲，2010）。现代企业多以团队合作形式展开工作，团队成员紧密程度是否会影响追求自我的新生代员工的越轨创新行为产生，这个问题值得探讨。从个体角度出发，探讨任务互依性对个人创新绩效影响的研究较少，聚焦新生代员工群体的相关研究更是寥寥无几。

任务互依性高时，团队运作更具互动性与合作性，团队工作任务的要求与限制将导致新生代员工时间和精力的缺乏，能够自主投入越轨创新活动中的时间、金钱、信息、工具设备等资源相对较少（罗瑾琏等，2017）。这将导致新生代员工工作自主性受限，心理授权水平降低，其进行越轨创新的动机与意愿被削弱，难以进行越轨创新行为。任务互依性高时，组织成员间的工作相关程度高，成员在工作中的交际互动多，个体与其他团队成员联系更紧密（王艳子等，2014），这使得新生代员工能从其他成员的角度出发，多方面、客观地看待自身创新项目的重要性与价值，弱化对自身创意的重视程度，降低心理授权水平，削弱越轨创新行为产生的可能性。任务互依性低时，由于缺少相对拘束的外在环境，新生代员工具备相对较多的时间与精力，拥有较高的工作自主性（胡进梅、沈勇，2014），满足了其自主需要，并且与其他成员的关联较少导致成员对自身创意的意义与影响力缺乏全面的认识，对自己创新设想或项目的工作意义与工作影响的认知较高，具备高心理授权，更易做出越轨创新行为。因此，本章提出如下

假设：

H4-任务互依性在新生代员工心理授权与越轨创新的关系中具有调节作用，当任务互依性高时，新生代员工心理授权和越轨创新之间的关系减弱。

第四节　研究方法

一、研究样本与程序

为保证样本的代表性，本章以杭州、上海、北京、深圳、广州、武汉等城市的科技型企业作为样本来源，采用电子邮件与网络问卷等调研形式来获取样本数据，调研对象主要为研发类和技术类“90后”新生代员工。由于越轨创新的敏感性和特殊性，为保证个体如实报告自身越轨创新水平，本章采用匿名填写方式并承诺所收集数据仅用于本次学术研究，严格保护问卷的私密性。笔者共发放问卷400份，回收问卷384份，为保证问卷数据的有效性，筛选出问卷数据中同一答案填写超10个题项的问卷，予以删除。本次问卷调研最终的有效问卷为343份，问卷的有效回收率为86%。

具体而言，在调研对象中，男性占比55.98%，女性占比44.02%；20岁及以下占比6.11%，21~23岁占比28.30%，24~26岁占比41.10%，27~29岁占比24.49%；硕士研究生及以上占比10.79%，本科学历占比45.77%，大专学历占比21.57%，高中或中专学历占比13.41%，初中及以下学历占比8.45%。上述样本百分比数据对新生代员工在不同性别、年龄和学历水平上进行了覆盖，为后续研究的科学性和普适性奠定了基础。

二、研究工具

为保证量表能够有效地测量本章研究变量，本章尽量采用经学者实证验证过且已在中国本土应用开发的成熟量表，可靠性较强。为了统计方便有效，本章遵循前人研究，使用李克特五级量表来测度（1=完全不同意，5=完全同意）。

（1）越轨创新。对于越轨创新的测量，借鉴黄玮等（2017）的做法，采用Criscuolo等（2014）开发的越轨创新量表，量表包括5个题项，测量其1年内发生的越轨创新行为，示例题项如“我会主动花费时间去进行一些非官方的项目来丰富未来的官方项目”等。该量表的Cronbach's α值为0.88。

（2）新生代员工工作价值观。对于新生代员工工作价值观的测量，本章采用侯烜方等（2014）运用扎根理论构建开发的五因子工作价值观量表，该量表已经学者实证研究论证，具有良好的信效度。量表包括 20 个题项，示例题项如“我希望公司可以提供较好的薪酬福利”等。该量表的 Cronbach's α 值为 0.96。

（3）心理授权。关于心理授权的测量，本章采用 Thomas 和 Velthous（1990）开发的四维度量表，李超平等（2006）在中国文化背景下对此量表进行了验证。该量表包括 12 个题项，示例题项如“我所做工作对我来说非常有意义”。该量表的 Cronbach's α 值为 0.94。

（4）情绪智力。关于情绪智力的测量，本章采用 Wong 和 Law（2004）开发的 16 个测量题项量表，示例题项如“我能察觉到我的情绪变化”等。该量表的 Cronbach's α 值为 0.96。

（5）任务互依性。对于任务互依性的测量，本章采用 Liden 等（2006）编制的 3 题项量表，其量表信效度良好，能够很好支撑本章研究。示例题项如“团队成员彼此须经常沟通协调”。该量表的 Cronbach's α 值为 0.89。

（6）控制变量。本章将性别、教育水平作为控制变量，性别分为女性（赋值 0）与男性（赋值 1）；教育水平分为初中及以下（赋值 1）、高中或中专（赋值 2）、大专（赋值 3）、本科（赋值 4）、研究生及以上（赋值 5）。

第五节　研究结果

一、区分效度检验

本章对越轨创新、工作价值观、心理授权、情绪智力和任务互依性进行验证性因子分析。结果表明，五因子模型拟合效果最好（χ^2 = 1969.013，df = 1474，CFI = 0.962，IFI = 0.963，TLI = 0.961，RMR = 0.054，RMSEA = 0.049），因子模型的验证性因子分析结果见表 2-1，表明五因子模型具有较好的区分效度，同时根据 Malhotra 等（2006）的研究，同源误差的检验也可用验证性因子来分析，说明尽管同源方差可能存在，但是对研究的影响较小。

表 2-1　变量区分效度的验证性因子分析（n = 343）

模型	χ^2	df	CFI	AIC	IFI	TLI	RMR	RMSEA
五因子模型	1969.013	1474	0.962	2213.013	0.963	0.961	0.054	0.049

续表

模型	χ^2	df	CFI	AIC	IFI	TLI	RMR	RMSEA
四因子模型	2882.474	1478	0.893	3118.474	0.894	0.889	0.142	0.053
三因子模型	3412.805	1481	0.853	3642.805	0.854	0.847	0.153	0.062
二因子模型	4980.857	1483	0.734	5206.857	0.735	0.724	0.161	0.083
单因子模型	7120.909	1484	0.571	7344.909	0.573	0.555	0.182	0.105

二、描述性统计分析

问卷数据收集后，对样本情况进行初步描述，表 2-2 从均值和标准差方面进行了描述性统计分析，同时对于各个变量间的关系进行了相关分析。如表 2-2 所示，新生代员工工作价值观与越轨创新显著正相关（r=0.548，p<0.01），工作价值观与心理授权显著正相关（r=0.589，p<0.01），心理授权对越轨创新显著正相关（r=0.549，p<0.01），工作价值观与情绪智力正向相关（r=0.396，p<0.01），情绪智力与心理授权显著正相关（r=0.528，p<0.01），工作价值观与任务互依性显著正相关（r=0.409，p<0.01），任务互依性与越轨创新显著正相关（r=0.338，p<0.01）。

表 2-2　各变量描述性统计分析与相关性分析

变量	均值	标准差	1	2	3	4	5	6	7	8
性别	1.44	0.50	1							
年龄	24.55	2.47	0.017	1						
学历	3.37	1.11	0.043	0.153**	1					
越轨创新	3.52	1.02	0.011	0.026	-0.031	1				
工作价值观	3.83	0.91	0.012	0.009	0.061	0.548**	1			
心理授权	3.57	0.93	0.010	-0.026	0.009	0.549**	0.589**	1		
任务互依性	3.80	1.07	-0.073	-0.034	0.057	0.338**	0.409**	0.360**	1	
情绪智力	3.66	0.93	-0.013	-0.027	0.024	0.298**	0.396**	0.528**	0.341**	1

注：* p<0.05，** p<0.01，*** p<0.001。

三、假设检验

（一）直接效应及中介作用

为检验心理授权在新生代员工工作价值观和越轨创新之间的影响机制，本章运用结构方程模型对此因果路径进行检验。该模型拟合度指标较好（χ^2 = 1969.013，df=1474，CFI=0.962，TLI=0.961，IFI=0.963，RMSEA=0.049）。如图 2-2 所示，新生代员工工作价值观正向影响心理授权（β=0.624，p<0.001）、越轨创新（β=0.357，p<0.001），而心理授权也正向影响越轨创新（β=0.367，p<0.001）。笔者进一步采用 Parametric Bootstrap 程序来检验中介效应，结果显示，新生代员工工作价值观通过心理授权影响越轨创新的间接效应值是 0.229，95%置信区间为［0.046，0.512］，不包括 0。综上所述，假设 H1 和假设 H2 得到支持。

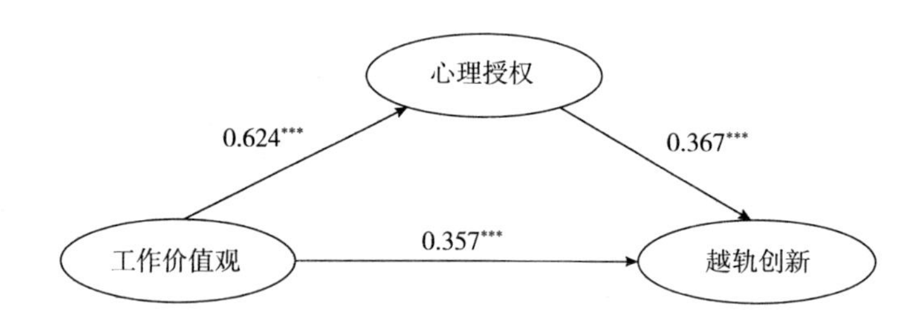

图 2-2　结构方程模型

注：*** p<0.001。

（二）情绪智力的调节作用

本章使用层次回归法检验调节效应，将去中心化后的自变量工作价值观和调节变量情绪智力分别代入回归模型。在表 2-3 的 M4 中，工作价值观×情绪智力的交互项系数显著（β=-0.284，p<0.001）。如交互作用如图 2-3 所示，简单斜率检验表明当情绪智力高时，新生代员工工作价值观对心理授权的影响更弱（b=0.037，ns）；当情绪智力低时，新生代员工工作价值观对心理授权的影响更强（b=0.295，p<0.001）。因此，假设 H3 得到支持。

表 2-3　调节作用层次回归分析结果

变量	心理授权			
	M1	M2	M3	M4
控制变量				
性别	0.010	0.005	0.011	0.032

续表

变量	心理授权			
	M1	M2	M3	M4
控制变量				
年龄	-0.028	-0.028	-0.017	-0.007
学历	0.013	-0.023	-0.025	-0.037
自变量				
工作价值观		0.591***	0.453***	0.334***
调节变量				
情绪智力			0.349***	0.293***
工作价值观×情绪智力				-0.284***
R^2	0.001	0.349	0.451	0.509
ΔR^2	0.001	0.348	0.103	0.057
ΔF	0.107	180.618***	63.016***	39.132***

注：*p<0.05，**p<0.01，***p<0.001。

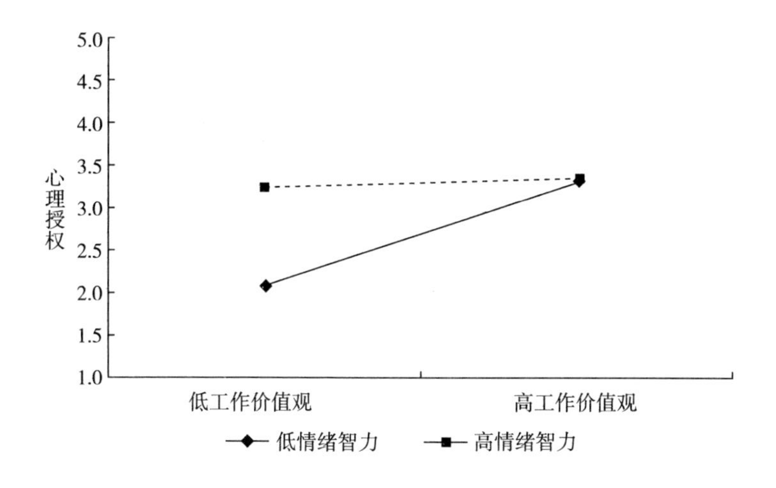

图 2-3　情绪智力的调节作用

（三）任务互依性的调节作用

本章使用层次回归法检验调节效应，将去中心化后的自变量心理授权和调节变量任务互依性分别代入回归模型。在表 2-4 的 M8 中，心理授权×任务互依性的交互系数显著（β=-0.204，p<0.001）。交互作用如图 2-4 所示，简单斜率检验表明当任务互依性高时，新生代员工心理授权对越轨创新的影响更弱（b=

0.112，ns）；当任务互依性低时，新生代员工心理授权对越轨创新的影响更强（b=0.237，p<0.001）。因此，假设 H4 得到支持。

表 2-4　调节作用层次回归分析结果

变量	越轨创新			
	M5	M6	M7	M8
控制变量				
性别	0.012	0.006	0.019	0.014
年龄	0.320	0.047	0.053	0.050
学历	-0.037	-0.044	-0.054	-0.054
自变量				
心理授权		0.550***	0.490***	0.424***
调节变量				
任务互依性			0.168**	0.140**
心理授权×任务互依性				-0.204***
R^2	0.002	0.305	0.329	0.364
ΔR^2	0.002	0.302	0.024	0.035
ΔF	0.238	37.009***	33.039***	32.089***

注：* p<0.05，** p<0.01，*** p<0.001。

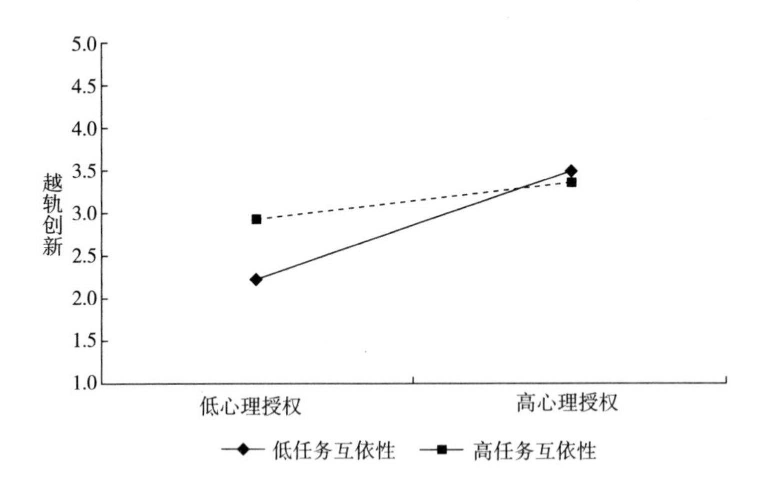

图 2-4　任务互依性的调节作用

第六节 结论与启示

一、主要结论

本章基于基本心理需求理论，检验了新生代员工工作价值观对越轨创新的影响，以心理授权为中介变量，并以情绪智力与任务互依性为调节变量。通过对343份有效员工问卷的统计分析验证了以上模型，结果表明：

（1）新生代员工工作价值观正向影响越轨创新。当新生代员工的创意未能获得组织认可时，其出于创新导向、内在偏好、人际和谐价值观，很可能选择私下实行自己的创新想法或创新项目，从而满足其自主、胜任、归属三大心理需求。

（2）新生代员工工作价值观通过心理授权对其越轨创新产生正向影响。本章探析了新生代员工工作价值观对越轨创新的内在机制，发现新生代员工的创新导向价值取向增强了其自我效能感与工作影响感知，新生代员工的内在偏好价值取向增强了工作意义与自主性感知，因此其在具备高水平心理授权的情况下，更易打破外在规范框架，实行越轨创新。

（3）新生代员工工作价值观对心理授权的影响受情绪智力的调节。情绪智力高的新生代员工，更多地考虑团队利益，其工作价值观对心理授权的影响更弱，实施越轨创新行为的可能性更低。情绪智力低的新生代员工，其工作价值观对心理授权的影响更强。

（4）心理授权对越轨创新的影响受到任务互依性的调节。当任务互依性高时，新生代员工由于资源受限与认知清晰，心理授权水平低，采取越轨创新行为的可能性降低。当员工工作任务联系不够紧密时，新生代员工心理授权水平较高，更可能实行越轨创新。

二、研究启示

（一）理论启示

本章研究的理论启示包括：

（1）基于新生代员工视角探析了越轨创新的影响机制。作为职场主体力量的新生代员工具有更多的越轨创新行为表现（黄玮等，2017），然而，已有研究却鲜有聚焦这一群体，也尚未有针对性地探析新生代员工工作价值观对员工创新的影响作用。因此，本章以基本心理需求理论为基础，强调新生代员工心理需求的满足，检验了新生代员工工作价值观对越轨创新的影响效应，发现具有创新思维的新生代员工在想法被否决后会为了维护职场人际和谐而选择越轨创新行为。这为创新动机研究提供了新视角。

（2）运用基本心理需求理论揭示了新生代员工工作价值观如何通过心理授权这一路径影响其越轨创新行为的作用机制。以往研究多从领导层面和组织层面探析领导风格（吴士健等，2020）和组织支持（马跃如、郭小闻，2020）对心理授权的影响机制，却较少考虑个体自身价值理念与内在需求等因素。由于新生代员工的工作价值观导向、行为表现及内在动机与其心理需求紧密结合，本章则认为新生代员工工作价值观的内在偏好与创新导向可促使其感知到较高的工作意义与自我效能感，并证实心理授权中介了新生代员工工作价值观与越轨创新的关系，丰富了越轨创新的相关研究。

（3）丰富了新生代员工工作价值观对越轨创新的情境意义。已有研究认为在游戏动态性（郭萌，2020）和差错反感文化（吴士健等，2020）等组织情境下员工越轨创新行为的实施频率会有所不同，而忽略了个体内在认知和工作特征因素。鉴于新生代员工的情绪管理能力特征与现有团队化管理模式普遍的现实情境，本章发现情绪智力与任务互依性在新生代员工工作价值观与越轨创新的影响机制中具有调节效应，高情绪智力的新生代员工在面临外在环境因素与自我目标不一致的情形时，更趋向于稳定的自我发挥；同时，结合新生代员工的工作自主性与越轨创新的隐蔽性，组织任务互依性将进一步调节心理授权对越轨创新的影响，即心理授权对越轨创新行为的实施受到任务互依性的阻碍，本章研究成果进一步拓展了越轨创新影响机制的相关研究。

（二）管理启示

本章研究的管理启示包括：

第一，有利于加强新生代员工创新管理。一方面，组织应鼓励员工进行创新活动，营造良好的组织创新氛围；另一方面，管理者应积极了解新生代员工的时代印记，根据其个性特质进行创新行为的引导，尽可能缓解个体创新自主性与组织创新规范性之间的冲突，适当包容员工的越轨创新行为。

第二，有利于开展新生代员工情绪智力的创新实践。本章研究发现，情绪智力调节了新生代员工工作价值观对心理授权的关系，新生代员工具有情绪不稳定、做事冲动与重视自我等特性，其观念容易带来与组织规范的冲突，从而影响工作效能。因此，管理者需重视员工情绪智力方面的训练，加强员工尤其是新生代员工的情绪智力培训，提升其情绪控制能力与思维灵活性，遇事“三思而后行”，避免过激的越轨创新行为。

第三，有利于完善组织任务体系。据研究结果可知，任务互依性即工作任务相关程度能够影响新生代员工工作价值观与越轨创新的关系，因此管理者可根据组织长期创新规划整体把控员工创新行为，利用组织力量调整团队成员关系的紧密程度，既要保证工作任务的完成结果，也要“留有余地”，给予员工一定的自主工作空间。

本章得出了一些有价值的结论，然而未来研究可进一步完善。例如，未来研究可从组织、团队层面进行深入探析，以不同的研究视角完善越轨创新成果，并可考虑进一步验证变量间的反向因果关系是否存在。

另外，管理启示涉及三点：一是有助于提示组织强化对领导“阴暗面”的管理。当现代组织管理强调领导战略决策、企业运营等能力时，往往忽略了领导因个人品性或私利而产生的破坏性特征，本章研究实证表明了破坏型领导不管是对下属个体行为还是对团队情感氛围都造成显著负面影响。二是有助于组织重视构建和谐的团队情感基调和激发个体积极情感。本章研究认为，具有相似成长背景和社会化过程的新生代员工，更易受到领导风格和团队氛围的影响。消极情感一旦充斥于团队情感基调，将迅速蔓延、传播直至影响新生代员工脆弱且敏感的个人情感，进而阻碍创新行为的实施。三是有助于指明组织开展新生代员工创新管理的方向。管理实践表明，尽管组织在不断加大创新投入，但员工的创新绩效质量并不高。本章研究认为，组织仅仅加强创新资金、设备等硬件投入可能还不够，如何限制领导的破坏性行为，营造更加和谐的团队情感基调，激发新生代员工更多的积极情感可能是未来创新管理的重要方向。

尽管本章研究在理论和实践方面提供了一定的启示，但未来研究可以进行完善。例如，本章以消极情感来测量个体情感反应，在未来的研究中可以尝试以积极情感和消极情感共有的个体情感反应作为解释变量，使研究内涵更加丰富。此外，本章主要考察了个体和团队层次的破坏型领导，然而领导在团队中的作用受到组织氛围和组织结构的影响（Morgeson et al.，2010）。因此，未来的研究可以考虑组织文化和组织结构等组织情境对破坏型领导作用效果的影响。

第三章　基层破坏型领导、新生代员工情绪智力对创新行为的影响机制*

第一节　引言

随着中国经济进入新常态，大量的劳动密集型企业向先进制造业和现代服务业转型过程中面临着巨大压力，如何通过创新提升核心竞争力成为这些企业生存和发展的紧迫问题（Zhang & Bartol，2010）。作为未来劳动力市场的主力军，中国新生代员工的创新行为将是企业创新的重要驱动力（Parke et al.，2014）。然而，管理实践表明，中国新生代员工特质和组织投入都与其创新产出存在“悖论”：虽然新生代员工具有创新特质，他们想法新颖、思维敏锐（Cennamo & Gardner，2008），但其创新产出的整体质量和水平却不高。其中原因，可能与新生代员工自身问题有关。创新行为是创意的产生、促进和实施的系统过程（Zhou & George，2001），其间充满复杂性和不确定性，是一项高风险的投资，需要员工具备坚定自信、坚强意志和乐观心态（Tierney & Farmer，2002）。但当面对工作困境和压力时，中国新生代员工普遍存在情绪不稳、韧性不足、自我调控和激励能力不强等特点（Twenge et al.，2010），这可能是影响中国新生代员工创新行为的重要因素。情绪智力对创新行为影响的有效性研究尚存争议，并且主要集中在领导和团队层面（Castro et al.，2012），鲜有学者探析员工个体的情感特征与创新行为的关系（Parke et al.，2014）。

尽管中国企业不断加大创新投入，加强配套制度保障，完善创新管理模式，

* 本章主要内容发表于 *Asia Pacific Business Review* 第 24 卷第 4 期；得到国家自然科学基金项目（71562021）资助。

但管理者所期望的“全员创新热潮”却迟迟没有到来（杨付、张华，2012）。背后诱因，可能与基层的破坏型领导有关。不论是管理实践还是理论研究，大多数学者主要关注中高层的魅力型、变革型或道德型领导风格（Tu & Lu，2013）对组织发展和决策的积极引领，却忽略了基层的破坏型领导对员工的创新影响。作为最前沿的管理人员，基层领导掌握了最直接的资源和权力，以辱虐、剥削、敌意为特征的基层破坏型领导（Tepper，2007）对资源的有效配置和团队氛围的塑造带来极大的负面作用。然而，中国新生代员工普遍追求舒适且不受约束的工作氛围，他们情绪敏感而自控不足（侯烜方等，2014），并且创新更需要积极情感、支持氛围和包容领导（Zhang & Bartol，2010），可见基层破坏型领导对新生代员工创新行为的影响值得学者们的关切。

综上所述，如何应对中国新生代员工的情绪智力现状以利于其创新行为的实施？基层破坏型领导又是如何对新生代员工的创新行为产生影响？情绪智力的高低是否对基层破坏型领导与下属创新行为的关系存在影响差异？这些正是本章研究的立题之义。然而，已有的创新研究鲜有聚焦中国新生代员工和基层破坏型领导，并且主要探析员工的创新特质（Amabile et al.，2005）、团队或组织支持（张学和等，2012）对创新行为的积极影响，虽然部分学者尝试检验个体与组织因素对创新影响的交互作用（Tu & Lu，2013），但又缺少支持交互效应的理论基础。

为进一步拓展现有研究，本章基于资源保存理论，将“情绪”概念化为一种“心理资源”，从“资源收益”和“资源损耗”双视角，分别探析中国新生代员工情绪智力和基层破坏型领导对创新行为的影响机制，具体包括：①聚焦我国新生代员工和基层破坏型领导，从不同企业获取领导—下属的纵向配对样本，为研究提供数据支撑；②从“资源收益视角”探析我国新生代员工的情绪智力如何使新生代员工获得更高的心理资源以促进其创新行为；③从“资源损耗视角”解释员工感知的基层破坏型领导如何消耗新生代员工在团队中的心理资源而阻碍其创新行为；④检验我国新生代员工的情绪智力对破坏型领导与下属创新行为关系的调节效应。本章研究模型见图 3-1。

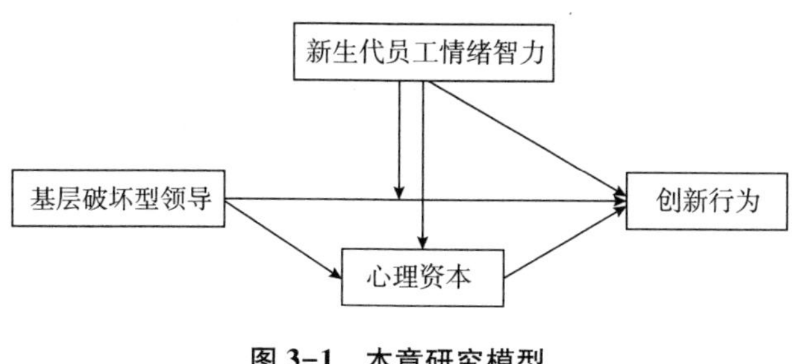

图 3-1 本章研究模型

第二节 文献回顾

一、创新行为

（一）概念内涵

创新历来是经济学、管理学界的热门话题，创新最早可追溯到西方经济学家约瑟夫·熊彼特于1912年发表的《经济发展理论》，书中他首次提出了“创新理论”。现在创新行为的相关研究认为创新是连续的、非离散的多阶段过程，它包含了各种不同的活动和个体行为（Schroeder et al.，1989），个体可以在任何阶段参与其中（Scott & Bruce，1994）。

同时，创新行为可以分为两个层面，分别是组织层面和个人层面。组织层面的创新主要包含将创新的想法和方法或者是产品创新和过程创新等成功地应用在组织实践中（Kanter，1988；Zhou & George，2001）。学者们对个人层面的创新行为研究开始于20世纪70年代，Hurt等（1977）在Kirton（1976）研究的基础上，将其定义为一种改变的意愿。Scott和Bruce（1994）认为个体创新行为从识别问题开始，产生创新构想或解决方案，并为自己的想法寻找支持，最后将创新的想法“产品化”及“制度化”，他们也认为个体创新行为不仅指创新构想的产生，还包括创新构想内容、推广与发展执行方案（Zhou & George，2001）。Kleysen和Street（2001）根据West和Fair（1989）的看法，认为员工创新行为是产生、引入及应用对组织有益的创新过程中所有个人活动。国内学者刘云和石金涛（2009）在Scott和Bruce（1994）研究的基础上，认为员工创新行为是在组织活动中，员工产生、引进和应用有益的、新奇的想法的过程（黄海艳，2014）。

可见，作为组织行为学和心理学中的主要构念，创新是员工与领导互动过程中所产生的一种新颖的、有用的思想，在创新中产生的构想既可以是新奇的，别人从没采用过的，也可以是其他人在其他环境中已经采用的（Zhou & George，2001），创新行为除了包含产生创新想法以外，还包含对创新想法的成功实施（Amabile，1996；Tu & Lu，2015）。综上所述，新奇想法或方法的产生是员工创新行为的起点，而新奇想法或方案的实施是员工创新的必要环节，因此本章认为员工创新行为应该包含员工创新想法的形成和创新想法的推广、实施等一系列活动，是个体产生创新想法并将该创新想法成功实施的行为。

此外，在创新行为的内涵被界定后，一批学者随即展开了结构维度、测量工具的探讨（见表 3-1）。这摆脱了之前创新行为研究测量难的困境，为创新行为诱因、影响机制的实证研究奠定了理论基础。

表 3-1　创新行为的结构维度

维度	研究者	概念结构
一维	Scott 和 Bruce（1994）	单维
	Oldham 和 Cummings（1996）	
	Tierney 等（1999）	
	Zhou 和 George（2001）	
二维	黄致凯（2004）	产生创新构想、执行创新构想
三维	Janssen 和 Van Yperen（2004）	创新思维产生、创新思维促进、创新思维实现
四维	Hocevar（1979）	兴趣爱好、意识、想象力、注意力
五维	Kleysen 和 Street（2001）	机会寻求、构想产生、构想评介、构想支持、构想应用

（二）相关研究

创新行为包含创新思维的产生、推动和实践等多阶段连续过程（Van der Vegt & Janssen，2003）。关于创新行为的影响因素研究，综合目前国内外研究现状，主要包括个体因素、领导因素、组织因素和社会因素，见图 3-2。

第一，个体因素。它包括个性因素、动机、拥有的知识、情感或情绪等方面。Amabile（1988）认为个体广泛的兴趣、充沛的精力、独立判断的能力、自信、好奇心等会影响个体的创新行为。其中，动机分为内在动机和外在动机，内在动机会影响创新性构想的产生与执行；外在动机只能促进创新性构想的执行（卢小君、张国梁，2007），内在动机是利于员工创新的重要影响因素（Zhang & Bartol，2010）。

创新时个体所拥有的专业技能即基本技能能够使个体胜任相关的工作，个体所拥有的创新相关技能如认知风格（Amabile，1988）、思维发散能力（Woodman，1993）、批判性思维（Jiang & Yang，2015；屠兴勇等，2017）能够使个体在胜任工作的基础上产生新的想法（Woodman，1993）。此外，Shalley（1991）认为个体抽象思维能力和认知能力是员工创造性的重要先行因素，创造性认知风格的个体更愿意打破常规，寻找更有效的方式解决问题。Oldham 和 Cummings（1996）认为积极情感能增强员工自身的多样性思维能力、联想能力及解决问题的能力，进而发挥出更好的创新能力，在支持性的组织环境中，消极情感亦可促使员工在解决问题时产生创新性想法。

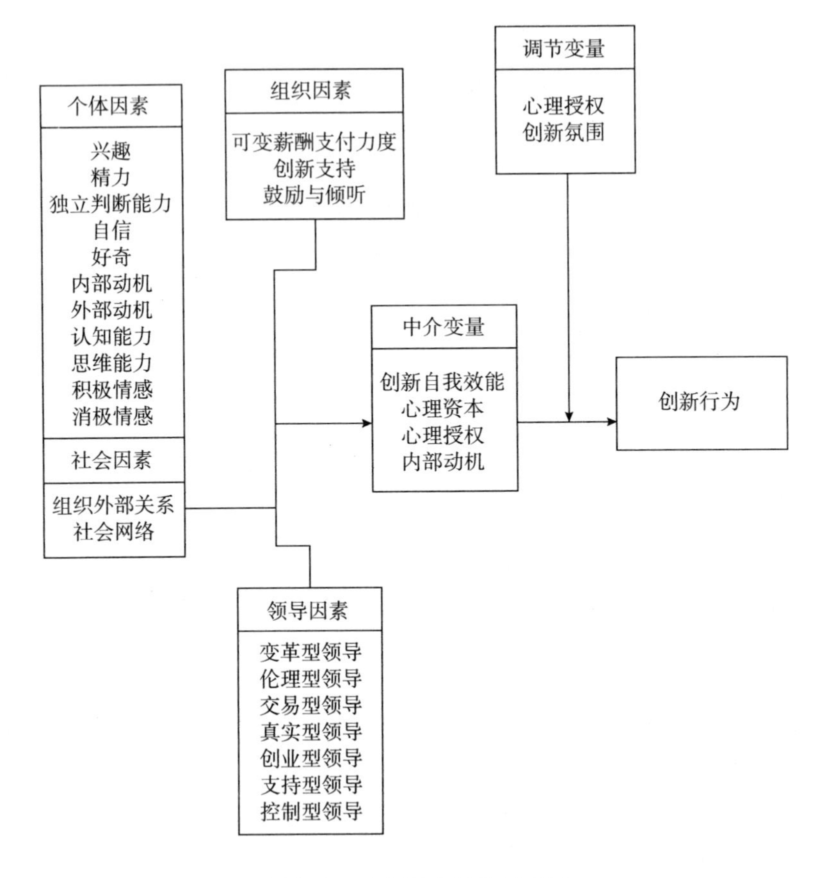

图 3-2　创新行为的关系模型

第二，领导因素。领导者在促进员工创造性中发挥着重要作用（Scott & Bruce，1994；Zhang & Bartol，2010）。具体包括：组织内的变革型领导（Kao et al.，2015）、伦理型领导（Chen & Hou，2016）、真实型领导（石冠峰、杨高峰，2015）、创业型领导（陈文沛，2015）和支持型领导（George & Zhou，2007）对创新行为有正向作用，交易型领导（Pieterse et al.，2010）、控制型领导（Zhou & George，2003）对创新行为有负向作用。

第三，组织因素。大量研究表明，组织文化、报酬、资源、结构与战略、技术等组织特征（Woodman et al.，1993），以及组织对创新的支持、成员间互动、资源等（Scott & Bruce，1994）都能影响员工创新，这些因素可以概括为组织报酬（Woodman et al.，1993；曾湘泉、周禹，2008）、组织氛围（Feifei & Jinghuan，2015）、组织文化（张国梁、卢小君，2010）。组织报酬中可变薪酬支付力度对员工创新行为的影响呈现出倒“U”形（刘智强等，2014）。组织氛围中的创新支持（Scott & Bruce，1994；赵鑫，2011）、鼓励与倾听（赵鑫，2011）、提供创新资源（Woodman et al.，1993；Scott & Bruce，1994）、差错管理氛围（张宁俊等，2015）等都能正向激励员工的创新行为。

第四，社会因素。当个人拥有比较多的组织外部关系时，将会有利于组织内的员工创新行为（Hoegl et al.，2003）。当经常与组织外部因素联系时，员工可将其他专业领域内的做法创新性地应用于本专业领域，扩展问题解决的思路，产生创新性行为（Perry-Smith & Shalley，2003）。组织外部社会网络关系的资源也影响组织内的员工创新行为（薛靖、任子平，2006）。

另外，关于影响创新行为的中介变量和调节变量研究，现有成果已有一定基础。在实证研究中得到验证的中介变量包括创新自我效能（耿昕等，2011）、心理资本（韩翼、杨百寅，2011）、心理授权（石冠峰、杨高峰，2015）、内部动机（连欣等，2013）、知识共享（赵鑫，2011；王士红、彭纪生，2013）、组织认同（Feldman & Lam，2010）、组织创新氛围（连欣等，2013；王三银、刘洪，2015）、创新过程投入（屠兴勇等，2017）。通过实证检验的调节变量包括心理授权（Pieterse et al.，2010）、创新氛围（耿昕等，2011）、领导成员交换（姚艳虹等，2015）、情绪智力（Parke et al.，2014）。

综上所述，已有研究可总结为以下三个方面：

首先，已有研究在个体层面运用社会认知和动机理论解释了个体的能力、自信、兴趣、好奇心、认知风格和问题解决方式、主动性人格、思维方式及创新动机对创新行为的显著影响，其中内在动机有利于创造性思维的产生，而支持性的外在动机有利于新想法的实践。同时，也有学者认为员工的决策参与和自主性是其创新产出的重要预测条件，并且个体的积极情感和消极情感分别对创新行为产生正向和负向影响。这些研究主要关注员工的创新特质和创新动机、意愿，并运用认知理论和动机理论来解释员工"是否能"和"是否想"创新，却忽视了新生代员工典型的情绪特征对创新行为的影响，没有良好的情绪管理能力和稳定的心理状态将无法支撑创新行为的整个实施过程。

其次，部分研究在团队和组织层面运用社会交换、社会学习和动机理论探析了组织制度环境、组织结构、组织氛围、领导风格（如真实型领导、变革型领导和道德型领导）对员工创新行为的影响，其中涉及组织承诺、心理资本、领导—部属交换、内在动机等变量的中介或调节作用。这些研究主要认为员工通过创新来回馈、维护领导与组织所传递的支持氛围或安全感知，但这些研究多数关注团队和组织创造的积极情感对创新产生的正向影响，却鲜有研究探析基层破坏型领导对个体创新行为可能存在的负面影响。

最后，在情境因素的交互作用方面，越来越多的国内外学者认为个体的内在因素和外在环境因素的交互作用引发了创新行为。例如，学者们既关注个体创新特质、激励偏好、目标导向、创新意愿、认知风格对员工创新行为的影响，同时又强调个体之外的组织环境特征、团队创新氛围、团队心理安全感和工作单位结构的跨层交互效应。然而，有关不同的个体和情境如何影响创新行为的研究仍然不确定和不充分，更缺乏解释交互影响的理论框架。因此，全面厘清和解释新生代员工创新行为在个体和领导因素影响下的心理传导路径和效应是本章研究的重点。

二、新生代员工情绪智力

（一）概念内涵

情绪智力变量在第一章已有相关论述，本章主要对该变量相关文献进行适当补充。目前，情绪智力的内涵研究可以分为两个层面，在普及性的大众层面，情绪智商这一概念已经获得社会认可，而在严谨的科学研究中由于学者们对情绪智商概念的合理性仍然存在争议，故使用情绪智力这一概念（Lassk & Shepherd，2013）。其中，Salovey 与 Mayer、Goleman、Bar-On 等对情绪智力的定义受到了学术界的关注，尤其认同 Salovey 和 Mayer 的理论居多。

首先，Salovey 和 Mayer（1990）坚持情绪智力概念的严格科学性，将其归入智力的范畴，并从认知视角展开研究，认为情绪智力是个体有效识别、表达、理解和调控自我及他人的情绪，并用以指导自己的思想与行为的能力。其次，情绪智力也被定义为识别我们自己和他人的情绪，鞭策和激励自己，并驾驭我们的情绪及把握人际关系的能力（Goleman，1995）。Goleman 认为情绪智力是一系列能力的综合，除了自我控制、自我激励的能力以外，还包括热情、执着等人格因素。他将情绪智力的研究范围缩小到工作场所领域，专门发展了“情绪胜任力”这一概念，并强调情绪智力的社会适应功能。最后，Bar-On 认为情绪智力是一个集合体，这个集合包含了对个体应对环境产生影响的一系列能力，包括非认知能力、胜任力、技巧等。这与 Goleman 的观点相似，视情绪智力为一种情境化的情绪、人格、社会技巧的综合体，因此情绪智力也是人格取向的，并开始使用情绪智商来代表情绪智力。随着情绪智力研究逐渐成为学术界的热点，越来越多的学者提出了自己的见解，但并未突破上述几类定义。

综上所述，虽然不同视角的概念界定存在差异，但从本质而言，研究者均认为情绪智力是一个对个体的问题解决与社会关系有着显著影响的变量（Lassk & Shepherd，2013）。因此，本章将新生代情绪智力定义为新生代员工有效识别、表达、理解、调控自我和他人的情绪，并通过管理、激励自我情绪以促进把握人际关系和适应外部环境的能力（Zeidner et al.，2004）。

其结构模型主要分为两类：一是以 Salovey 和 Mayer（1990）为代表提出的四维能力模型，包括情绪认知、促进、理解和管理能力；二是以 Goleman（1995）、Bar-On（2000）、Petrides 等（2004）为代表提出的混合模型（或称特质模型），他们认为情绪智力是个性和能力的混合体。虽然这两类模型都包含个体感知、理解、利用和管理情绪以帮助预测和提高个体行为有效性等内容，但是混合模型引入人格因素还是引起了学界的质疑。近几年，国内学者研究发现，新生代员工情绪智力结构包含自我认知、关系管理和情绪调节三个维度（侯烜方、邵小云，2017），这为开展中国情境下新生代员工情绪管理研究提供了重要参考。

（二）相关研究

学术界关于情绪智力与创新的关系研究尚处于起步阶段（Joseph & Newman，2010）。已有研究表明，情绪智力的潜在人际角色与创新行为存在联系（Castro et al.，2012），如不同团队和领导的情绪智力对团队创新的促进（Barczak et al.，2010），并聚焦社会促进机制来探析情绪智力通过信任和人际关系影响创新（Parke et al.，2014），但是这些研究并没有解释和验证个体角色的情绪智力到底如何影响员工的创新行为。也有学者认为情绪智力通过对情绪的管理和运用（Mayer et al.，2008）与创新产生联系，但是基于情感角色的情绪智力对员工创新影响的研究还很鲜见。

另外，一些研究运用情绪智力的特征和复合模型去解释情绪智力对创新的影响（Harris et al.，2013），但是这些研究对情绪智力的概念缺少理论和实证支撑，并且与员工产出的重要预测变量相重叠，如自我效能、个性、一般心理能力（Joseph et al.，2014）。甚至有学者认为，情绪智力与社会智力相关，但与创新没有明显关系（Mayer et al.，2008）。这种逻辑认为情绪智力作为一种自控能力或规范思考，将对社会和情感状态产生规范的解决方式，而创新代表新颖和差异化思维能力，因此否定了情绪智力与创新的相关性（Zenasni & Lubart，2009）。随后，Parke 等（2014）运用认知理论推翻了这种质疑，但该研究探讨过程信息差异背景下的情绪智力与创新的联系，却忽略了两者之间的情感机制。

综上所述，已有研究主要从认知理论、情感信息处理理论等视角来验证团队或领导情绪智力与创新的关系，但这些理论或者忽视了情绪智力的情感角色，或者只是探讨情绪智力对其他变量（如知识处理要求、积极情感）与创新关系的边界影响效应，缺少探讨作为个体情感角色的情绪智力对创新行为的影响研究。尤其在领导辱虐、敌意行为的影响下，情绪不稳、自控不足的新生代员工，其情绪智力的高低是否对创新行为产生影响差异并未获得实证检验。

三、基层破坏型领导

（一）概念内涵

基层领导通常指职位处于组织低级别，并且常与员工有直接接触的管理者（邢雷等，2012），如领班、主管、组长等。破坏型领导研究最早起源于 House 和 Howell（1992）对魅力型领导阴暗面和光明面的分析，他们将魅力型领导划分为社会化领导和个人化领导两类。他们认为，破坏性行为如暴力及其他攻击性行为，源自个人化领导。其他有关魅力型领导阴暗面的研究也得出了类似的结论。O' Connor 等（1995）提到了"破坏性行为"，并指出一些魅力型领导"会对个人结果更感兴趣"。

综合前人所提出的破坏型领导概念，我们可以发现，"辱虐管理""暴政领导"和"健康危及型领导"是从下属角度来界定的。"辱虐管理"是指下属感知到领导者持续表现出语言或非语言性敌意行为，但并不包含身体接触类侵犯。"辱虐管理"的首要目标是控制他人，并且这种控制主要是通过恐吓威逼来实现的（Hornstein，1996）。"暴政领导"是指压迫性、报复性、任意地使用权力和职权的领导方式（Shforth，1994）。"健康危及型领导"对待下属的方式会造成下属的健康问题，下属也认为其健康问题是由领导的不良行为造成的。有些破坏型领导的概念则是从组织角度界定的。Lipman-Blumen（2005）提出了"毒性领导"的概念，认为毒性领导是做事不正直的领导、伪君子，经常实施一些不光彩的行为，如贿赂、造假、蓄意破坏、操纵他人，以及其他各种不道德、非法及犯罪行为。

Kellerman（2004）指出，领导者可能会做出一些腐化行为，如撒谎、欺骗或者盗窃，或者把自己的利益置于组织利益之上。Padilla 等（2007）从领导对组织绩效影响的角度阐述了破坏型领导的概念。他们认为，判断领导者是否具有建设性，应该从组织的长期绩效来看，即相对于竞争对手，在实现团队目标时，团队的表现如何。判断领导者是否是破坏型领导，主要看他所导致的组织结果，破坏型领导会造成消极的组织后果。然而，Einarsen 等（2007）认为，应综合组织和下属两个方面来界定破坏型领导。基于此，他们指出，破坏型领导指的是领导者、监督者或管理者的一些系统性重复行为，这些行为破坏或蓄意破坏了组织的目标、任务、资源和效能，也损害了下属的工作动机、幸福感或工作满意度，最终损害了组织的合法利益。

综上所述，本章将基层破坏型领导定义为一系列负面基层领导行为的统称，包括辱虐管理、欺凌、骚扰型领导等（Einarsen et al.，2007），其内涵是下属感知到的上司持续表现出来的言语或非言语的敌意行为，但不包括肢体上的接触

（Tepper，2000）。

（二）相关研究

组织中存在的破坏型领导通过强迫、辱虐、剥削等领导方式对员工施加影响（Tepper，2007），而学术界主要运用社会交换、资源保存和公平理论解释破坏型领导对员工正向行为（如组织公民行为、工作满意度、幸福感、自我效能）的负向影响（王震等，2012），以及其对员工偏差行为（如离职意向、工作倦怠、情感衰竭）的正向影响（高日光，2009），其中涉及员工认知、自尊、工作压力、领导—部属交换等变量的中介效应，以及组织公平、价值观、工作结构等因素的调节影响。已有研究虽然从不同视角验证了破坏型领导对员工或组织带来的消极影响，但鲜有探讨其与下属创新行为的关系研究，而聚焦基层破坏型领导的研究更加缺乏。然而，剖析掌握权力和资源一线管理职能的基层领导，其破坏型行为如何影响新生代员工创新行为将是领导力研究领域的重要尝试。

随着领导力研究的不断深入，领导的破坏性特征受到学术界越来越多的关注。尤其是面对注重自我情感、追求内在偏好的新生代员工（Lin et al.，2015），领导的辱虐、强制、权威等管理方式（Padilla et al.，2007）引发的职场冲突，更是对组织管理带来极大挑战。在经济新常态下，组织的存续和发展离不开创新驱动，而富有创造思维、敢于打破常规的新生代员工（李燕萍、侯烜方，2012），其创新行为更是成为组织创新的新引擎。因此，破坏型领导如何对新生代员工的情感、行为产生影响？新生代员工遇到破坏型领导又将引发哪些情感变化，从而影响其创新行为？这些都是组织深入开展创新管理的重要议题。笔者认为已有相关研究还可以从以下方面完善：

第一，破坏型领导对下属工作行为的消极影响得到充分验证（Xu et al.，2012；高日光，2009），但鲜有聚焦新生代员工群体（Liu et al.，2012）。尽管职场现状反映了破坏型领导与新生代员工存在冲突，但缺乏实证检验。尤其是新生代员工创新行为（Ireland & Hitt，2005），在创意产生、促进和实施的过程中（Amabile et al.，1996）如何受到破坏型领导的影响，尚未获得科学论证。同时，剖析掌握权力和资源一线管理职能的基层领导，其破坏型行为如何影响新生代员工的创新行为将是领导力研究领域的重要尝试。

第二，已有研究主要基于公平理论（高日光，2009）、压力理论（Tepper，2000）、权力理论（Abdul-Rahman，2014）来探析领导与下属的关系。然而，当领导频繁且充满敌意地对新生代员工实施破坏型行为时，易受工作情感、心境影响的新生代员工，其创新行为更可能受制于消极情感的传递，而解释这个情感传递过程需要更准确的理论视角。因此，本章将资源保存理论作为理论框架，基于资源损耗和收益双向视角，全面探析基层破坏型领导、新生代员工情绪智力对创新行为的影响机制。

四、心理资本

（一）概念内涵

心理资本的概念最早出现在经济学、投资学和社会学等文献中。例如，有学者认为，心理资本是指能够影响个体的生产率的一些个性特征，这些特征反映了一个人的自我观点或自尊感，支配着一个人的动机和对工作的一般态度。在这一定义中，心理资本被看作个体在早年生活中形成的相对稳定的心理倾向或特征，主要包括个体的自我知觉、工作态度、伦理取向和对生活的一般看法。Luthans 等（2009）从积极心理学和积极组织行为学的角度出发，主张心理资本是指人的积极心理状态，主要包括自信或自我效能感（Confidence or Self-Efficacy）、希望（Hope）、乐观（Optimism）和坚韧性（Resilience）四个方面。可以看出，Luthans 等在最初提出心理资本概念时，并没有对心理资本进行明确的界定，只是将心理资本当作符合积极组织行为学标准的四种积极心理状态。与以往对心理资本的理解不同，他们强调了心理资本的可以测量、无限开发和能够管理等特性，并指出了心理资本投资、开发和管理的具体方法。

Luthans 等（2005）首次明确将心理资本定义为个体一般积极性的核心心理要素，具体表现为符合积极组织行为学标准的心理状态，它超出了人力资本和社会资本的范围，并能够通过有针对性地投入和开发而使个体获得竞争优势。Luthans 等指出可以从四个方面理解该定义：一是以积极心理范例（强调积极性和人的优势）为基础；二是由符合积极组织行为标准（如独特、有理论和研究基础、可以有效测量、表现为状态）的心理状态组成；三是超出人力资本（你所知道的，如知识、技能、观点和能力）和社会资本（你认识谁，如信任、关系、彼此相连的工作关系网和朋友）的范围，关注你是谁（如自信、希望、乐观和坚韧性）；四是可以通过对它的投资和开发，来改善绩效和提高竞争优势。

随后，Luthans 等（2007）又对心理资本的定义进行了修订，认为心理资本是指个体的积极心理发展状态，其特点是：一是拥有表现和付出必要努力、成功完成具有挑战性的任务的自信（自我效能感）；二是对当前和将来的成功进行积极归因（乐观）；三是坚持目标，为了取得成功，在必要时能够重新选择实现目标的路线（希望）；四是当遇到问题和困境时，能够坚持、很快恢复和采取迂回途径来取得成功。综上所述，本章认为心理资本是指个体所拥有的积极心理资源，其构成部分（自信或自我效能感、希望、乐观和坚韧性）都是类似于状态（State-Like）的积极心理力量，而不是倾向性的、相对稳定的、类似于特性（Trait-Like）的个性特征（如尽责或自尊等）。

（二）相关研究

通过借鉴心理学家的观点，经济学家 Goldsmith 等（1998）实证地研究了心理资本（即自尊）对员工实际工资的直接和间接影响效应。该研究结果表明，员工的心理资本与其生产率和实际工资之间存在显著正相关。此外，心理资本比人力资本（如受教育程度、工作期限或基本技能等）对员工的实际工资水平带来的影响更大。在管理领域进行的许多研究都表明，心理资本及其希望、乐观和坚韧性等维度，能够对领导或员工的工作态度和工作绩效产生积极影响。如 Peterson 和 Luthans（2002）进行的一项初探性实证研究，其结果证明具有较高希望水平的管理人员，其管理的工作部门的绩效较高，下属的满意度和留职率也较高。Luthans 和 Jenson（2002）也研究发现，企业家的希望水平与他们对企业所有权的满意度之间存在正相关。

另外，也有一些研究结果表明，个体的乐观程度与高水平绩效和高留职率存在相关性（Seligman，1998），例如，管理人员和员工的绩效、满意度、留职和压力等都与乐观水平相关（Wanberg，1997）。Luthans 等（2005）通过对 422 位中国员工的实证研究，验证了心理资本对他们的工作绩效的影响作用。研究结果表明，中国员工的希望、乐观和坚韧性三种积极心理状态，都对他们直属领导评价的工作绩效存在正向影响，并且希望、乐观和坚韧性聚合而成的心理资本对他们的工作绩效存在更强的正向影响。同时，员工的心理资本与其绩效工资存在正向关系。该研究的结果表明，随着企业人力资源的重要性不断提升，为了全面认识和开发企业人力资源的积极心理力量，我们不仅应该重视人力资本的投资与开发，还应该开始关注心理资本的研究、开发和管理，进而改善企业绩效和提升企业的竞争力。

随后，Luthans 和 Jensen（2005）研究结果表明，员工自我评价的心理资本与直属领导对他们的留职意向（Intent to Stay）及对医院的使命、价值观和目标的承诺的评估存在很高的正向关系。Larson 和 Luthans（2006）以 74 位员工为研究对象，检验了心理资本对员工工作态度的影响作用。该研究结果表明，员工的心理资本与其工作满意度和组织承诺存在显著正向关系，而且员工的心理资本比人力资本和社会资本对其工作态度的影响效应更强。组织承诺是指员工与组织之间存在的、能够降低员工主动离职可能性的一种心理关系，具体表现为员工对组织的心理依附和为组织而付出的努力（Francesco & Chen，2004）。因此，关于员工的心理资本对其组织承诺等工作态度的影响作用的研究结果说明，在管理实践中，我们可以尝试通过开发与管理员工的心理资本，进而提高员工的组织承诺，降低他们的离职意向并减少实际的离职行为。此外，Avey 等以工程管理人员为研究对象，验证了员工的心理资本与其旷工（Absenteeism）之间的负向关系。

综上所述，国内外已有大量研究证实了心理资本对个体的工作态度和行为、工作绩效、工作满意度（Peterson et al.，2011）等变量的积极影响，以及对离职意向、旷工（Avey et al.，2011）等方面的消极影响。另外，关于心理资本与创新行为的相关性也得到了学界证实，认为心理资本和员工创新行为之间存在显著正相关（Tu & Lu，2013），并全面探析了心理资本的自信、乐观、希望、坚韧性等不同维度对创新行为的影响。然而，新生代员工的情绪智力和感知的破坏型领导与心理资本的相关性还不明朗，尤其是在情绪智力与破坏型领导对创新行为影响过程中，是否存在中介效应尚须得到验证，这也是本章研究的重要内容之一。

五、资源保存理论

资源保存理论（Conservation of Resources Theory，COR）认为，个体总是努力获取、保存和维护所珍惜的资源。Hobfoll（1989）将资源定义为让个体觉得有价值的物质、个体特征、条件和能量，如掌控力、自尊、社会地位等，这些资源不但可以满足个体需求，而且可以帮助其准确地进行自我识别和社会定位（Lee & Ashforth，1996）。

自工业革命以来，工作压力一直是困扰工业化国家的一个重要问题。当今，压力更是成为了现代社会的一个日常话题。过度的压力一方面会导致焦虑、抑郁、愤怒、过劳、神经衰弱等健康问题，另一方面会引发士气低落、执行力下降、离职率上升等管理难题。因此，压力问题长久以来都是心理学家、管理学家、社会学家和管理实践者共同关注的问题。为了解释和解决压力问题，以使员工轻松愉快地工作、企业和谐高效地运转，研究者尝试从不同角度来探讨压力产生的原因、结果及应对策略，由此产生了许多理论并衍生出了多个分支领域。资源保存理论作为压力研究的最新进展，因其从资源得失视角来解析压力情景下的个体行为，并使抽象的压力概念易于测量，自提出以来就迅速得到了推广。该理论不仅在工作倦怠相关问题上表现出极强的解释力，还在管理学领域的其他研究中展现出广阔的应用前景。然而，目前国内对资源保存理论的关注不多，仅有少数学者将其用于工作倦怠、离职意愿、工作绩效等问题的研究，虽然关于理论本身的核心思想已有研究，但也未进行深入剖析（曹霞、瞿皎姣，2014）。因此，有必要对资源保存理论的起源、核心内容及已有研究成果进行系统梳理，以拓展其应用研究，推动国内相关理论研究和管理实践的发展。

（1）资源保存理论的溯源。资源保存理论属于压力研究的一个分支，是随着压力理论的发展而提出的一个理论新视角。压力一词来源于物理学领域，由Cannon（1932）引入人类学研究。随着压力研究的不断深入，形成了多种研究视角。从总体上看，压力理论的演化过程可以归纳为“关注生理反应→关注生理和心理反应→关注生理、心理和行为反应”三个阶段。早期以 Cannon 为代表的研究者对压力的关注仅局限于生理层面。Selye 继承了 Cannon 的研究，并在此基础上提出了压力状态响应模型（General Adaptation Syndrome，GAS）。但之后有学者发现该模型是“用结果来倒述压力”而非压力导致结果，认为该演绎思路不合逻辑。由此，学者们将研究视角转向引发压力的前因变量，开始关注个体特征差异对压力反应的影响。根据研究重点的不同，该阶段的压力研究可划分为三个学派：“刺激”观、“反应”观和“刺激—反应”观。“刺激”观学派重点关注的是压力刺激的本源，关心压力从何而来；“反应”观学派强调人的心理层面，关注的是个体对待工作压力的认知和体验，主要探讨压力的应对模式；“刺激—反应”观学派则采取整合性视角，同时关注压力的“刺激”及个体对刺激的反应过程，对压力持一种“结果—知觉观”（Event-Perception Viewpoints），即关注个体对压力结果的感知。

20 世纪 70 年代后期，研究者们开始在“刺激—反应”的主导思想下，考虑个体在应对压力时所采取的行动，即关注“刺激→认知→行动”的交互型压力反应模式，并取得了丰富的理论成果，提出了多个理论模型，如工作需求—控制模型（Karasek，1979）、个体—环境适应模型（Cooper & Marshall，1988）、压力模型（Robbins，1997）、四元模型（Williams & Cooper，2002）等。其中，以过程导向的压力模型（McGrath，1976）和人—环境平衡模型（Lazarus & Folkman，1984）最具代表性，在研究中被广泛接受。尽管人—环境平衡模型被研究者广泛采用，但 Hobfoll 等学者对其提出了两点质疑：一是该模型未明确界定“个体需求”和“资源能力”两个核心概念，因此在解析两者平衡关系时，陷入了互为解释的逻辑思维，不能明晰两者之间的关系机理；二是该模型并未提供“个体需求”和“资源能力”比较的标准化工具，导致难以对其进行深入比较。因此，Hobfoll（1989）提出了资源保存理论，旨在能够更好地揭示和解释压力情境下的个体行为。

（2）资源保存理论的内容。在心理学界学者普遍认为，个体总是会追求快乐和成功。为了实现这一点，社会学习理论认为个体总是在积极争取更多学习和提升的机会（Bandura，1977），并采取行动来提高情境强化的可能性（Swarm & Read，1981）。如果个体能够建立并维持可带来高收入的个体特征（如技能和自信）和社会地位（如权力和社会关系），并使其免遭损失，那么成功的可能性会更大（Wicklund & Gollwitzer，1982）。因此，Hobfoll（1989）提出了资源保存理论，主要描述资源在个人和社会环境之间交互作用的过程。

该理论的基本假设认为：人们总是在积极努力地维持、保护和构建他们认为的宝贵资源；这些资源的潜在或实际损失，对他们而言是一种威胁。Hobfoll（1989）将资源定义为个体特征、条件、能量等让个体觉得有价值的东西或者是获得这些东西的方式。这些资源不但可以满足个体需求，而且可以帮助其准确地进行自我识别和社会定位（Lee & Ashforth，1996）。资源保存理论将这些资源分成四类：一是物质性资源，其与社会经济地位直接相关，是决定抗压能力的一个重要因素（Dohrenwend，1978），如汽车、住房等；二是人格特质（尤其是积极的人格特质），是决定个体内在抗压能力的重要因素，如自我效能和自尊；三是条件性资源，决定着个体或群体的抗压潜能，可以为个体获得关键性资源创造条件，如朋友、婚姻、权力；四是能源性资源，是帮助个体获得其他三种资源的资源，如时间、金钱与知识。由此可见，个体将社会关系、社会支持、参与决策的程度、工作发展机会、自主性、乐观的个性、回报等都视为有价值的资源。

该理论的核心观点包括：拥有较多资源的个体不易受到资源损失的攻击，并且更有能力获得资源，反之亦然，进而揭示出资源的两个螺旋效应——增值螺旋（Gain Spiral）和丧失螺旋（Loss Spiral）。增值螺旋是指拥有充足珍贵资源的个体不但更有能力获得资源，而且所获得的这些资源会产生更大的资源增量。丧失螺旋是指缺乏资源的个体不但更易遭受资源损失带来的压力，而且这种压力的存在导致防止资源损失的资源投入往往入不敷出，从而会加速资源损失（Dohrenwend，1978）。由于资源丧失螺旋的形成速度要快于获取螺旋的形成速度，所以缺乏资源的人更易陷入丧失螺旋中。因此，可以产生以下三个相互联系的推论：

第一，资源止损的首要性（Primacy of Resource Loss）。对个体而言，越珍贵的资源获取难度越大，对其损耗就越敏感（Rappaport，1981）。因此，个体对多余资源的获取意识弱于对自有资源的保护意识。当面临资源损失时，个体会倾向于采取行动防止资源的继续损耗（Arkin，1981；Cheek & Buss，1981；Thibaut & Kelley，1959），避免陷入丧失螺旋，从而减少资源损耗。

第二，资源获取的次要性（Secondary Importance of Resource Gain）。尽管获取多余资源的重要性不及保护珍贵资源，但拥有更多资源不仅可以降低其他资源损耗的风险，而且资源本身也可以创造获取其他珍贵资源的可能性。因此，当面对较小压力时，人们会努力积攒资源，培植增值螺旋。

第三，创造资源盈余。为了抵御未来可能面临的资源损耗，个体总会试图利用机会创造资源盈余。现实中，个体通常扮演多重角色，而资源总是稀缺且分布不均。为了增加资源存量，个体竭力培育增值螺旋、避免丧失螺旋，从而更愿意将资源投入那些风险小或回报率高的角色行为中。因此，个体会事先对多重角色

进行认知性评估，从而决定放弃或降低哪些角色投入，投资哪些角色（Kobasa，1979；Kobasa et al.，1981）。由此可见，资源保存理论可以从资源的收益和损耗双视角揭示和解释压力及情绪耗竭等问题。

（3）资源保存理论的应用。该理论认为，缺乏资源的个体不但更易遭受资源损失带来的压力，而且这种压力的存在致使防止损失的资源投入往往入不敷出，从而加速资源损失；拥有充足珍贵资源的个体不但更有能力获得资源，而且所获得的这些资源会产生更大的资源增量（Hobfoll，1989）。这不仅揭示了个体对资源的保存、获取和利用的心理动机，还反映出不同的资源处理动机会对心理、态度、行为产生不同的影响。

关于资源保存理论的应用方面，已有研究主要运用该理论的资源损耗视角来解释个体资源投入及产出不平衡时，倦怠（Neveu，2007）、压力（Hobfoll，2011）、情绪耗竭（张莉等，2013）等问题的产生机制，以及从资源收益视角来分析当工作资源供给带来资源增值时，积极情感（Penney et al.，2011）、心理资本（高中华等，2012）、组织承诺（Cuyper et al.，2012）对缓解员工压力、改善工作态度和行为的积极影响。

综上所述，学界重点探讨了资源保存理论的溯源、内容和应用等几个方面，尤其是论述了该理论对压力、情绪耗竭、工作倦怠等方面的解释过程。然而，虽然情绪智力反映个体对情绪资源管理的能力，但却鲜有研究运用资源保存理论来解释情绪智力对情绪资源的收益效应。此外，由于新生代员工具有典型的情绪智力特征，当面对创新过程的不确定性、投入风险、业绩压力时，新生代员工的情绪智力如何对创新行为产生影响未获实证检验。因此，本章将资源保存理论作为理论框架，基于资源收益视角，全面探析新生代员工情绪智力通过心理资本对新生代员工创新行为产生的影响。

第三节 研究假设

一、新生代员工情绪智力与创新行为

情绪智力是个体面对不同情境时对自我情感的促进、调控和激励的能力（Salovey & Mayer，1990），而新颖想法、积极心态和坚定毅力是创新行为得以有效实施的必要前提（Zhou & George，2001）。本章将“情绪”概念化为一种心理资源，基于资源保存理论的收益视角，拥有充足心理资源的个体会产生更大的资

源增量（Hobfoll，2011），因此高情绪智力的个体不仅善于运用情感来促进思维过程（Ivcevic et al.，2007），还能在压力面前更好地自我控制和激励，从而增强面对失败（创新过程中）的毅力，进而减少负面情绪或保持积极情绪（Oldham & Cummings，1996），这些都有助于促进员工创新行为。

改革开放以来，中国的社会发展进程和家庭演变模式导致形成了两类独具时代特征的新生代群体：一类是备受长辈关爱的独生子女；另一类是缺少父母陪伴的留守子女。集百般宠爱于一身的独生子女很少经历生活磨砺、体味人间冷暖，易形成更加自我、不受约束、韧性不足、容易躁怒的个性特点（李燕萍、侯烜方，2012）；而缺少家庭温暖的留守子女很少感受父母完整的关爱，深受家庭缺失的落差影响，易于形成情绪敏感、行事逆反的群体特征（黎志华等，2014）。面对职场冲突、压力和困境，中国新生代员工的情绪波动较大，并且自我情绪调控、激励的能力较差，这些问题反映出中国新生代员工的情绪智力现状（Twenge et al.，2010）。然而，创新任务通常具有高风险和周期性特点（Scott & Bruce，1994），所以员工实施创新行为更需要具备自我激励、逆境调控等情绪管理能力（Lassk & Shepherd，2013）。基于资源保存理论，虽然中国新生代员工具有创新意识，但面临创新任务的挑战时，低情绪智力并未能带来心理资源的积累和情感要素的提升，这可能导致缺乏情绪管理能力的中国新生代员工较难持续而坚定地执行或完成创新过程。因此，本章提出如下假设：

H1-新生代员工情绪智力对创新行为具有正向影响效应。

二、基层破坏型领导与新生代员工创新行为

破坏型领导的辱虐、剥削、贬损等行为会严重影响员工的积极心态和工作热情（Einarsen et al.，2007）。基于资源保存理论的损耗视角，当受到较高的破坏型领导力的影响时，员工会认为其切身利益可能因领导的不当行为而遭受实际或主观可能的损失，这将阻碍员工获得其他必需的资源去克服工作压力以维持良好的绩效（Wright & Cropanzano，1998）。尤其在重“关系”的中国社会，“圈内”和“圈外”的利益分配并不仅仅基于价值贡献（Kimura，2013），破坏型领导形成的差序格局很可能加剧追求平等公正的新生代员工的心理压力和资源损耗。

另外，在中国的制造业和服务业，大量的新生代员工已经担当起基层领导角色。受制于自我学识素养、管理经验的影响，许多基层领导表现出典型的破坏型管理特征（Chen & Bliese，2022），这无疑加剧了组织的管理风险（组织中的基层领导与员工同为新生代）。面对经济新常态，组织着力推进转型升级，不断增加创新投入（Bledow et al.，2013），这导致具有破坏型特征的基层领导也获得了更多的资源优势和支配权限。然而，当感知到基层领导并未合理分配创新资源和

有力支持创新投入时，中国新生代员工的不公平感和被剥削感将进一步加剧，从而造成心理资源的深度损耗，进而影响创意开发和创新推动。因此，本章提出如下假设：

H2-基层破坏型领导对新生代员工创新行为存在负向影响效应。

三、新生代员工情绪智力的调节作用

情绪智力调节于基层破坏型领导对创新行为的影响。在创新过程中，基层破坏型领导的辱虐行为严重抑制员工的积极行为（Tepper，2000），极大地伤害了下属的创新动机，从而进一步影响创新行为的实施。基于资源保存理论，本章认为中国新生代员工情绪智力的高低带来情绪资源管理方式的差异，将对破坏型领导与创新行为关系造成显著的边界效应。在基层破坏型领导的影响下，高情绪智力的新生代员工会强化自我对情绪资源的管理和调控（张莉等，2013），从而更积极主动地面对基层破坏型领导对自我情绪的挑战，增强面对复杂性和高风险创新工作的韧性，进而削弱基层破坏型领导对创新行为的负面影响。

具体而言，当面对无聊或枯燥的任务和活动时，高情绪智力的个体具有更好的情绪调控能力，会经常使用策略来改变自己的处境，以使任务或活动更加有趣而改善工作心情（Parke et al.，2014）。然而，基层破坏型领导往往限制了下属的创新行为而造成创新困境，严重影响了下属对创新的情感投入和积极情绪。具有高情绪调控能力的新生代员工能够对创新进程审时度势、把握节奏，也能更好地调整工作情绪而完成情感损耗的自我修复（Ivcevic et al.，2007），从而减损基层破坏型领导对其创新行为的消极影响；同时，高情绪智力的个体具有较高的情绪激励能力，而情绪的内在激励有助于个体明确发展方向、坚定工作信念、提升逆境韧性（Joseph et al.，2015）。因此，面对基层破坏型领导在创新管理中的分配不公和情感剥削，具有高情绪激励能力的新生代员工更有可能唤醒创新动机、找回创新激情、抑制情感损耗，从而更加坚定地推动创新行为的实施。相反，当遭遇基层领导的破坏型行为时，低情绪智力的下属会削弱对创新行为的情感投入，而较低的情绪管控和激励能力将加剧破坏型领导对创新行为带来的伤害。因此，本章提出如下假设：

H3-情绪智力在基层破坏型领导对创新行为负向影响中存在负向调节效应。

四、心理资本的中介作用

（1）心理资本中介于情绪智力对创新行为的影响。心理资本的自信、乐观、希望、韧性是驾驭创新过程的复杂性和不确定性（Luthans et al.，2010），并坚持不懈地完成挑战性工作（韩翼、杨百寅，2011）的重要心理要素，有利于创新行为的实现。具体而言，面对高度风险性的创新行为，自信心越强的员工，越有可能承担风险，从事具有挑战性的任务，因而更有可能利用创造性的方法解决问题（Peterson et al.，2011）。同样，面临创新压力或逆境时，具有韧性和满怀希望的员工能够用坚强的毅力和乐观的心态超越当前的挑战或挫折，寻求创新思维的延续和突破。

另外，资源保存理论的收益视角认为，当积累更多有价值的情绪资源时，个体会强化自我对情绪的管理和激励，进而建立更高的心理资本（高中华等，2012），增强个体在创新过程中的自信、乐观和韧性。其中，情绪识别是建立自信心理资本的开始，只有充分了解自我与其他创新团队成员的情感关系和状态（Penney et al.，2011），才能更好地把握团队关系和增强创新合作，从而获得更高的团队依附感和自信心。同样，情绪管控和自我激励是个体面对创新困境和压力时保持韧性和充满希望的重要诱因（Ivcevic et al.，2007）。因此，高情绪智力的新生代员工会拥有高程度的心理资本，从而最终促进创新行为的实施。本章提出如下假设：

H4a-心理资本在情绪智力对创新行为的正向影响中存在中介效应。

（2）心理资本中介于基层破坏型领导对创新行为的影响。资源保存理论的损耗视角认为，当情绪资源存在被剥夺的威胁时，个体为规避资源的进一步减损而保存情感资源的投入（Penney et al.，2011）。在基层破坏型领导的影响下，个体的情感资源容易受到损耗，这会影响个体对组织的情感依附，从而减少个体对心理资本这种积极资源的投资（Hobfoll，2011）。

由于创新过程充满复杂性和高风险性，创新团队成员难免会出现疏漏和错误（Tu & Lu，2013）。面对失败和问题，基层破坏型领导的公开性指责和贬损会对下属的自信心造成极大的负面影响（Tepper，2000），从而增强下属对自我能力的否定感。同时，基于"圈子"关系的亲疏远近，造成基层破坏型领导的分配不公和情感剥削将给下属带来强烈的抵触情绪（高日光，2009），也会弱化下属对个人职业发展前景的期待，并挫伤他们为团队投入的情感动力，这些消极情绪的蔓延都将损耗下属在团队创新过程中的心理资本（高中华等，2012）。然而，员工对实现创新目标的自信程度及对待创新困境或压力的坚定态度，是推动创新过程、凝聚创新激情的前提（Parke et al.，2014），失去足够的信心和坚定的意志显然对创新产出造成负面影响。因此，本章提出如下假设：

H4b-心理资本在基层破坏型领导对创新行为的负向影响中存在中介效应。

第四节　研究方法

一、研究样本与程序

样本来源于深圳、南昌的两家服务业和制造业企业。为了降低同源偏差和横截面数据的影响，本章采用纵向配对问卷获取样本数据。在调查过程中，研究者向参与者介绍研究目的和流程，由企业人力资源部组织相关人员匿名集中填写，并声明调查仅用于学术研究，调查结果将严格保密。所有问卷事先已进行匹配编码，填写后用信封密封，现场发放并收回，以便于将对应的新生代员工问卷及其直属领导问卷匹配。该问卷共两批，第一批问卷由新生代员工匿名评价自我情绪智力、心理资本和感知破坏型领导；三个月后发放第二批问卷，由直属基层领导评价对应的新生代员工创新行为。

第一批共发放 240 份问卷，结果有效问卷 215 份（问卷有效率 89.58%）；第二批对应发放 215 份问卷，最终有效问卷 215 份（问卷有效率 100%）。两批问卷配对后，共获得 215 份配对问卷。在样本中，男性 119 人（占比 55.35%），平均年龄 21.56 岁，拥有大专及以上学历的员工共 45 人（占比 20.93%），平均工作年限为 2.3 年。该数据表明，服务业和制造业的企业员工年龄偏小、学历不高。

二、测量工具

本章所有的问卷测量均采用李克特五点计分法，从“1”至“5”分别表示被试者从“很不同意”到“非常同意”的感知程度。量表来源如下：

（1）新生代员工情绪智力。根据 Wong 和 Law（2002）编制的量表及侯烜方和邵小云（2017）构建的新生代情绪智力结构维度，形成了 16 个条目问卷（如我对别人的感受和情绪非常敏感）。该问卷在本章研究中的信度系数为 0.88。

（2）基层破坏型领导。采用 Mitchell 和 Ambrose（2007）开发的量表，共 5 个条目（如我的上级告诉我，我的想法或感受是愚蠢的）。该问卷在本章研究中的信度系数为 0.86。

（3）心理资本。采用 Luthans 等（2010）开发的量表，共 12 个条目（如我相信自己总能找到困难的解决办法）。该问卷在本章研究中的信度系数为 0.87。

（4）创新行为。采用 Scott 和 Bruce（1994）开发的量表，共 6 个条目（如在工作中，他/她会主动寻求应用新技术、新流程或新方法）。该问卷在本章研究中的信度系数为0.89。

（5）控制变量。本章研究控制了被试者的年龄、性别、工作年限等人口统计学变量。

第五节 研究结果

一、同源方差和区分效度检验

虽然本章采用配对数据，但由于员工同时评价了自变量、中介变量和调节变量，还是可能存在同源方差问题。本章采用了两种检验同源方差的常用方法，即Harman单因子检验、不可测量潜在方法因子检验。

首先，本章对情绪智力、破坏型领导、心理资本、创新行为四个变量进行Harman单因子检验。结果表明，四因子模型的拟合效度最好（$\chi^2=103.57$，df=58，CFI=0.94，GFI=0.91，IFI=0.94，RMR=0.05，RMSEA=0.07），而单因子模型到三因子模型的拟合度都不满足阈值。这也表明各变量是独立变量，具有较好的区分效度，并且同源方差因子并不严重。

其次，在同源方差作为潜变量的五因子模型中，其平均方差抽取值为0.28，低于判别同源方差是否可以被视作潜变量的判定标准阈值（0.50），这表明同源方差并不能成为影响本章研究理论变量的潜变量。因此，笔者认为本章研究统计数据并未受到同源方差的影响。

二、描述性统计分析

通过SPSS分析得出：新生代员工的情绪智力与创新行为正相关（r=0.57，$p<0.001$）；新生代员工的感知破坏型领导与创新行为负相关（r=-0.25，$p<0.01$）；心理资本与创新行为正相关（r=0.59，$p<0.001$）。因此，本章研究各变量之间存在较好的关联性，相关性质与研究假设相符，见表3-2。

表3-2 变量的均值、标准差及相关系数矩阵

变量	均值	标准差	1	2	3	4	5	6	7
员工年龄	21.56	2.38	1						
员工性别	1.46	0.48	0.01	1					

续表

变量	均值	标准差	1	2	3	4	5	6	7
工作年限	2.3	1.52	0.27**	0.11	1				
情绪智力	3.51	0.69	0.15	−0.05	0.15*	1			
破坏型领导	2.23	0.72	−0.18*	−0.13	−0.12	−0.27**	1		
心理资本	3.50	0.78	0.17*	−0.13	0.08	0.62***	−0.32**	1	
创新行为	3.41	0.85	0.19*	−0.21**	0.16*	0.57***	−0.25**	0.59***	1

注：N=215，$*p<0.05$，$**p<0.01$，$***p<0.001$。

三、直接效应与调节作用

基于分层多元回归法，本章使用三个模型分析样本数据和检验研究假设。其中，模型 M1 加入控制变量，模型 M2 检验自变量的直接效应，模型 M3 在模型 M2 的基础上增加自变量和调节变量的交互作用。为减小交互项可能出现的多重共线性，本章采用“中心转换”方式对交互项的两个变量进行处理。

从表 3-3 可知，模型 M2 在模型 M1 的基础上，加入新生代员工情绪智力和感知破坏型领导两个自变量，结果显示 R^2 有显著提高，同时两个自变量的回归系数分别为 0.61 和−0.23，并通过 T 检验（$p<0.01$），这表明新生代员工情绪智力和感知破坏型领导对创新行为具有显著影响作用。因此，假设 H1 和假设 H2 得到验证。

表 3-3　分层多元回归分析结果

变量	创新行为		
	M1	M2	M3
控制变量			
员工年龄	0.19*	0.13*	0.13*
员工性别	−0.22**	−0.17*	−0.17*
自变量			
情绪智力		0.61***	0.36***
破坏型领导		−0.23**	−0.28**
交互项			
情绪智力×破坏型领导			−0.29**
R^2	0.09	0.43	0.48

续表

变量	创新行为		
	M1	M2	M3
F	10.94***	50.01***	40.39***

注：N=215，* p<0.05，** p<0.01，*** p<0.001。

模型 M3 在模型 M2 的基础上，再加入新生代员工情绪智力和感知破坏型领导的交互项，结果显示其回归系数为-0.29，并通过 T 检验（p<0.01），同时 R^2 有明显提高，这说明情绪智力对破坏型领导与创新行为影响关系存在显著的负向调节作用。因此，假设 H3 得到验证。

为了更直观地反映情绪智力的调节作用趋势，本章采用简单斜率分析法画出调节作用示意图。图 3-3 表明，高情绪智力的新生代员工能够减弱破坏型领导对创新行为的消极影响；相反，低情绪智力的新生代员工在面对破坏型领导时，其创新行为将受到更强的负向影响。

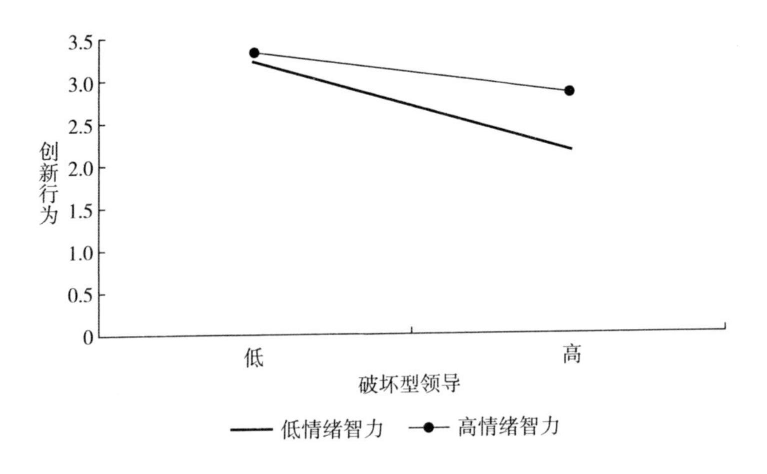

图 3-3　情绪智力对破坏型领导与创新行为影响关系的调节效应

四、心理资本的中介作用

运用 AMOS 构建了各变量的结构方程模型，共由 5 条回归路径组成，分别为情绪智力→创新行为、情绪智力→心理资本、破坏型领导→创新行为、破坏型领导→心理资本、心理资本→创新行为，见图 3-4。

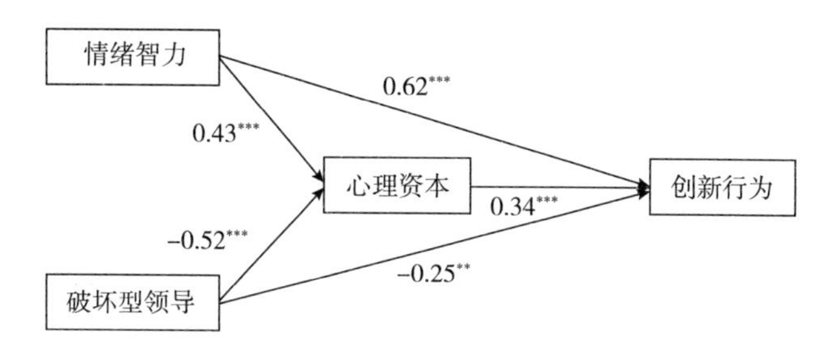

图 3-4　回归路径及结果

注：** p<0.01，*** p<0.001。

通过运算得到该结构方程模型的各项拟合指标，具体包括：χ^2/df 值为 1.95、GFI 值为 0.93、NFI 值为 0.91、CFI 值为 0.92、RMSEA 值为 0.04、PGFI 值为 0.71，各数值均符合要求。从回归路径图可知，5 条回归路径都具有统计显著性，由此根据各路径系数得出变量之间的影响效应检验结果（见表 3-4）。从表中反映出心理资本在情绪智力和破坏型领导对创新行为的影响关系中都存在中介作用。因此，假设 H4a 和假设 H4b 都得到了验证。

表 3-4　结构方程模型的影响效应检验结果

变量	影响效应	被影响变量	
		心理资本	创新行为
情绪智力	直接效应	0.43	0.62
	间接效应		0.15
	总效应		0.77
破坏型领导	直接效应	-0.52	-0.25
	间接效应		-0.18
	总效应		-0.43

第六节　结论与启示

一、主要结论

本章从资源保存理论的“资源收益”和“资源损耗”双向视角，探索新生代员工情绪智力和基层破坏型领导对创新行为的影响机制。研究表明，新生代员工情绪智力正向影响创新行为，而基层破坏型领导负向影响创新行为。同时，心理资本在上述主效应中存在中介作用，而情绪智力则负向调节破坏型领导对创新行为的消极影响。具体包括以下几点：

第一，从“资源收益”视角探明新生代员工情绪智力对创新行为的影响机理。已有关于情绪智力对创新行为影响的有效性研究尚存争议，更缺少新生代员工群体的实证检验；而现有的研究主要基于认知理论、情感信息处理理论（Parke et al.，2014）探析团队或领导层面的情绪智力对创新行为的影响（Castro et al.，2012），但这些理论往往忽视了情绪智力的个体情感角色。本章将“情绪”视为一种心理资源，通过资源保存理论的“资源收益”视角，深入探明了情绪智力通过强化自我情感资源，运用情绪识别、管控和激励等方式提升心理资本的自我效能、乐观韧性，从而更加从容地驾驭创新的高风险性和复杂性，最终推动创意开发和创新实践。这不仅验证了情绪智力对创新行为影响的有效性，还以新视角完整地阐明了其影响路径和情感传导机制。

第二，从“资源损耗”视角探析了中国“关系”情境中的基层破坏型领导对下属创新行为的影响机制。中国被认为是高度关系化的情境，这会增强组织成员之间的复杂性。已有学者运用社会交换和公平理论解释了破坏型领导对团队氛围、下属态度和行为的消极影响（王震等，2012），然而缺乏破坏型领导与员工创新行为的关系研究，更多的研究主要探明积极领导风格（如变革型、魅力型、真实型领导）对创新行为的促进作用（高日光，2009）。本章根植于中国文化，从资源保存理论的“资源消耗”视角，解释了基层破坏型领导的辱虐行为、情感剥削、分配不公等因素造成下属情感投入的退缩和心理依附的规避，从而消耗了下属对自我效能、积极期待等心理资本的积累，并最终抑制了创新动机和创新执行。

第三，进一步验证了情绪智力在领导与下属行为对偶关系中存在的调节作用。本章还从资源保存理论的双向视角解释了情绪智力在破坏型领导对创新行为影响的边界效应，而情绪智力的高低差异成为缓解或加剧破坏型领导对创新行为负向影响的重要因素。本章进一步验证了高情绪智力的员工通常具有较高的情绪调控和激励能力（Parke et al.，2014），这有助于改善员工在面对破坏型领导造成的苦闷、乏味的创新氛围时释放更积极的工作情绪，寻找更生动的创新乐趣，激发更饱满的创新动力。

二、研究启示

本章的研究启示主要包括两个方面：

第一，有利于引导新生代员工改善情绪智力以推动创新行为的实施。本章研究结论有助于员工面对创新压力和困境时，更加有效地在组织的管理规则框架内完成情绪调控和自我激励，以更加稳定、积极的心理状态投入创新工作中。尤其是对于新生代员工群体，家庭成长背景和经济社会变革造成了他们典型的情绪智力特征，而他们在现实中的创新表现，也印证了本章最初的诱因分析。因此，在创新管理实践中，组织应高度重视如何开展新生代员工的情绪管理，增强新生代员工面对工作困境和压力时的情绪调控和自我激励能力。

第二，有利于破除基层无效领导的“阴暗面”对新生代员工创新行为的制约。在大量的劳动密集型企业向先进制造业和现代服务业转型的关键时期，基层破坏型领导对员工的消极影响往往被忽视。尤其在经济新常态下的组织现状，创新投入的加大增加了基层领导的可支配资源，也无形地提高了创新产出的预期和风险，当众多同为新生代的基层破坏型领导管控新生代员工下属时，将进一步加剧创新过程的复杂性和不确定性，这也是组织在创新管理中尚未被重视的方面。本章以基层破坏型领导对新生代员工创新行为的影响机理作为重要切入点，提示管理者如何更清晰地审视基层破坏型领导对创新行为的影响，并指导组织管理加强基层领导行为的约束和引导。此外，未来还可以开展情绪智力对创新行为影响的代际差异研究，或者进一步探讨团队层次的破坏型领导对下属创新行为的影响关系，以及挖掘情绪智力与破坏型领导对创新行为影响的其他中介机理。

第四章　破坏型领导对新生代员工创新行为的多层次影响机制

第一节　引言

随着领导力研究的不断深入，领导的破坏性特征受到学术界越来越多的关注。尤其是面对注重自我情感、追求内在偏好的新生代员工，领导的辱虐、强制、权威等管理方式（Padilla et al.，2007）引发的职场冲突，更是给组织管理带来了极大挑战。在经济新常态下，组织的存续和发展离不开创新驱动，而富有创造思维、敢于打破常规的新生代员工（李燕萍、侯烜方，2012），其创新行为更是成为组织创新的新引擎。因此，破坏型领导如何对新生代员工的情感、行为产生影响？破坏型领导又将引发新生代员工哪些情感变化，从而影响其创新行为？这些都是组织深入开展创新管理的重要议题。然而，本章认为已有相关研究还存在三个方面的不足：

首先，破坏型领导对下属工作行为的消极影响得到充分验证（高日光，2009），但鲜有聚焦新生代员工群体（Liu et al.，2012）。尽管职场现状反映了破坏型领导与新生代员工存在冲突，但缺乏实证检验。尤其是新生代员工创新行为，在创意产生、促进和实施的过程中（Amabile et al.，1996）如何受到破坏型领导的影响，尚无科学论证。

其次，已有研究主要基于公平理论（高日光，2009）、压力理论（Tepper，2000）、权力理论来探析领导—下属的对偶关系。然而，当领导频繁且充满敌意地对新生代员工实施破坏性行为时，易受工作情感、心境影响的新生代员工，其创新行为更可能受制于消极情感的传递，而解释这个情感传递过程需要更加准确的理论视角。作为解释领导者情感作用机制的理论基础之一，情感事件理论

（Affective Events Theory，AET）关注个体在工作中情感反应的原因、过程和结果（Weiss & Cropanzano，1996）。因此，本章在 AET 框架下探析破坏型领导与新生代员工创新行为的情感传导机制更具有理论适应性。

最后，多数研究聚焦个体层次的破坏型领导，并以下属感知的领导风格为评价源开展实证分析（Schyns & Schilling，2013）。然而，从团队角度来看，下属可能会因情境变化（如团队氛围）而对破坏型领导的同一行为产生认知转变（Krasikova et al.，2013），因此对破坏型领导行为的研究也应从“领导—下属”的视角拓展为“领导—团队—下属”的视角。尤其是面对情绪敏感而创意频出的新生代员工（Lin et al.，2015），团队层次的破坏型领导到底如何通过团队成员之间的情感互动对其下属的创新行为产生影响是本章研究的关键命题。

综上所述，本章将尝试从以下几个方面拓展现有研究：一是聚焦新生代员工，从不同企业获取领导—下属的配对样本，为研究提供数据支撑；二是从员工感知和团队聚合多层概念化破坏型领导，以此检验不同层次的破坏型领导对新生代员工创新行为的影响；三是运用情感事件理论解释团队和个体层次的破坏型领导通过团队情感基调和个体情感对创新行为产生的影响。此外，在第三章的文献回顾中已经研究过的相关变量，本章不再重复综述。本章研究模型见图 4-1。

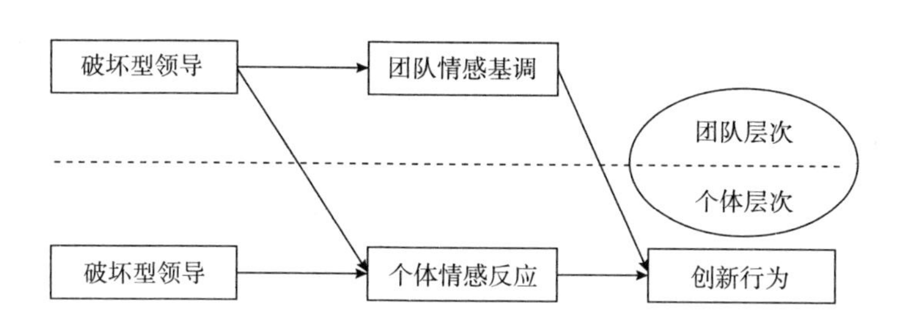

图 4-1　本章研究模型

第二节　文献回顾

一、团队情感基调

（一）概念内涵

情感有两种划分方式：一是按照内容划分，广义的情感包括特质情感、心情和情绪三种。其中，心情和情绪被学者们统称为状态情感。二是按照情感能量和效价（Barsade，2007），情感又可以分为高/低水平的积极情感/消极情感。但是，以上两种划分方式并不冲突，因为某一个体可能既拥有高水平的积极特质情感，同时又拥有低水平的消极状态情感。

学者们对团队情感的研究可分为情感同质和情感异质（或情感多样性）两个方向。由于现实中大部分团队内部成员的情感都比较同质，因此团队情感同质范畴获得了更多学者的关注。其中，George等（2007）在研究工作团队中人格特质、情感与行为时发现，工作团队内个体情感状态是相对一致的，因而提出了团队情感基调这一概念。有学者认为，团队情感基调是指团队成员们相似状态情感的聚合，George将其定义为“团队中一致、同质的情感反应”。根据情感效价维度，团队情感基调一般被划分为积极情感基调和消极情感基调两类。如果一个团队内所有成员都比较兴奋、热情、充满活力（积极情感），则认为该团队存在积极情感基调；相反，如果一个团队内所有成员都处于紧张、恐惧、抑郁状态（消极情感），则认为该团队存在消极情感基调。

团队情感基调概念主要包含两方面内容：一是团队成员在工作中经历的某种情感状态，如心情和情绪；二是这种情感状态的同质性。需要注意的是，在情感状态方面，George提出的团队情感基调概念涉及的“情感”内容并不是前文论述的广义情感，而是特指狭义的包含心情和情绪的状态情感。因为相比于更内隐和稳定的特质情感，状态情感更易于发生变化并被组织观察和利用，因此本章以状态情感作为主要研究对象。后文在综述时，若不作特别说明，“情感”一词均特指状态情感。而在情感同质方面，团队情感基调概念强调同质情感，其不仅指情感效价同质，还指情感能量水平同质。因此，只有当团队成员的情感状态效价和能量水平一致时才认为该团队存在情感基调。

按照定义可知，团队情感基调是在个体情感高度相似的基础上，通过取团队均值，将其有意义地聚合到团队层面情感的概念。因此，团队情感基调与团队气氛有所不同。不同于团队情感这一包含情感同质和情感异质含义更为广泛的概念，团队情感基调只涉及情感同质。由于团队情感基调仅涉及状态情感而不涉及特质情感，因此团队情感基调概念相比于团队情感概念更为狭义。此外，由于团队情感基调强调的状态情感包含情绪和心情，所以当团队中存在同质、一致的情绪或心情时，这种团队情绪和团队心情均可纳入团队情感基调概念范畴。但是，如果成员在工作中经历的状态情感效价不同或情感能量水平不同，则此团队不存在情感基调。可见，并非所有团队都一定存在情感基调。综上所述，本章认为团队情感基调是群体中持续或者同质的情感反应，团队成员之间通过情绪传染产生团队情感基调。

（二）相关研究

第一，与领导者情感的关系。团队情感基调是群体中持续或者同质的情感反应。团队成员之间通过情绪传染产生团队情感基调。其中，领导者情感对团队情感基调的影响已得到部分研究支持。例如，Sy 等（2005）的研究表明，当领导者具有正性情感时，团队的情感基调为正性；当领导者具有负性情感时，团队的情感基调为负性。团队情感基调也会影响个体情感及领导者情感（Barsade et al.，2002），团队其他成员的正性情感状态的平均值与团队成员个体的正性情感状态存在关联，而且当团队成员的同质性越强时，团队情感基调对个体情感的影响越大（Barsade & Gibson，2007；汤超颖等，2007）。同时，与外在工作环境特征类似，领导者情感可以视为团队成员的共享事件。根据情感事件理论，压力较大的环境特征导致工作场所事件（如领导烦躁情绪和公开批评等），工作场所事件激发个体的情感反应（如愤怒或者挫折），进一步导致个体的态度与行为反应。总之，领导者情感会影响团队情感基调，表现为正性领导者情绪下的团队情感基调也成正性，负性领导者情绪下的团队情感基调也成负性。

第二，与团队绩效的关系。团队情感基调会对团队过程产生影响，并通过影响团队过程从而影响团队绩效。与个体情感类似，大部分研究从效价的角度将团队情感基调分为正性团队情感基调和负性团队情感基调。有研究表明，团队情感基调和团队亲社会行为有关。Sy 等（2005）指出，团队情感基调影响团队成员的努力、协作和任务策略等团队过程变量。其中，团队成员的努力是指团队成员具备完成团队任务的集体能力；协作是指团队成员协同合作以达到资源充分利用；任务策略指的是一种完成任务的最佳方式。团队情感基调会影响团队成员的努力、协作和任务战略，进而影响团队绩效。

此外，一些研究表明，团队正性情感基调能够有效推动团队合作，进而提升团队绩效。在强调绩效的情境下，领导和团队成员的正性情感使团队产生对团队目标的积极知觉，进而使团队成员表现出友善和增进投入，这些行为会推动团队协作（Sy et al.，2005）。指出，与负性情感相比，正性情感的团队具有更多的合作、更少的冲突及更高的团队任务绩效。然而，也有研究表明，负性的团队情感基调也具有一定的作用。例如，在强调绩效的背景下，负性情感的团队成员在对他人做出判断前会掌握更多的信息；在奖励创新绩效的背景下，负性情感基调的团队会获得更多团队层次的创新绩效（Zhou & George，2001）。

综上所述，一方面，现有研究已经验证了领导者情感对团队情感基调的影响，并与效价的特征保持一致。然而，此类研究直接从领导者方面获取数据，并未从下属视角来评价员工对上级可能存在的破坏型行为。本章认为，关注下属对上级领导风格感知的评价，更有可能产生团队情感基调的效价特征，直至弥漫和传播此类情感氛围。因此，基层破坏型领导对团队情感基调的影响将是相关研究的重要内容。另一方面，已有研究主要从团队层面检验了团队情感基调对团队绩效的影响效应，但对创新绩效的影响存在争议。笔者认为，团队绩效尤其是团队创新绩效的产生，都是建立在个体绩效水平的基础上，因此团队情感基调如何影响个体创新将是此类研究的关键议题。

二、情感事件理论

情绪和情感会影响人们生活的许多方面，如人们的幸福感、健康甚至人们的寿命。在组织情境下，已有学者发现许多前因变量正是通过情绪和情感来影响员工的态度、行为和工作绩效的（Miner & Glomb，2010）。因此，作为解释情绪和情感如何影响个体心理状态和行为表现的重要理论，情感事件理论（AET）已经得到学术界的广泛运用。接下来，本章将从该理论的内容、应用两个方面进行归纳总结。

（一）情感事件理论的内容

AET 关注个体在工作中情感反应的结构、诱因及后果，认为稳定的工作环境特征（Work Environment Features）会导致积极或者消极工作事件（Work Events）的发生，而对这些工作事件的体验会引发个体的情感反应（这个过程受到个体特质的影响），情感反应又进一步影响个体的态度与行为。情感反应影响行为包括两条路径：一是直接影响员工的行为；二是通过影响员工的工作态度（如工作满意度、组织承诺等）间接影响员工的行为。

该理论涉及两类性质的行为：一类称为情感驱动行为（Affect-Driven Behaviors），由情感反应直接驱动。例如，员工被领导批评，产生挫折或不愉快的情感反应，次日仅因心情不好而迟到或旷工。另一类称为判断驱动行为（Judgment-Driven Behaviors），又称为态度驱动行为，由情感反应间接驱动，即情感反应先影响员工的工作态度，进而由这种态度驱动行为。例如，员工离职一般不仅仅出于情绪冲动，更可能是长期累积的消极情感体验导致工作满意度、组织承诺等工作态度的变化，其在深思熟虑之后对工作形成总体的评价判断，如“觉得这样不会有发展前景”，进而做出决策（Weiss，2002）。这种分类能够很好地反映工作满意度比情感反应更好地预测离职行为。

AET 可以通过“事件—情感—态度行为”的影响路径，系统地解释员工的情感作用机制。例如，一般情况下，压力较大的工作条件（环境特征）易于导致领导对下属员工的公开批评（事件），下属员工体验到愤怒或挫折（情感反应）。当然，此时那些具有消极情感特质的员工也许比具有积极情感特质的员工更有可能体验到这种气愤或挫折（特质调节）。因此，员工可能会直接与领导公开争吵（情感驱动行为），也可能因员工对工作有了更多的不满意（工作态度）而降低其继续留在公司的意愿并最终离职（判断驱动行为）。

（二）情感事件理论的应用

关于情绪和情感的研究已经在组织管理中广泛应用。提出的群体卷入模型认为，员工的尊敬感（Respect）和自豪感（Pride）这两种情绪会影响个体对组织的卷入度。提出组织支持会传递给员工组织尊敬他们的信息，因而更容易产生组织认同感。则对工作群体积极的集体情感产生过程及其情境因素进行了研究。另外，关于反生产工作行为与组织公民行为的研究也逐渐关注情绪和情感的影响。具体而言，员工在充满压力和不公平的组织环境中，会产生消极的情绪，如气愤，进而更有可能做出反生产工作行为，而员工的高公平感等积极情绪则对组织公民行为存在积极影响。然而，解释组织中情绪和情感研究的理论基础并未形成体系。因此，提出了一个旨在论述组织成员在工作中面对的情感事件（Affective Events）、情感反应（Affective Reactions）与其态度及行为关系的理论，即情感事件理论。接下来，本章将对该理论在实证研究中的五个具体应用进行归纳总结。

第一，AET 探析了情感反应与工作满意度的联系及区别。作为一种工作态度，传统观点认为工作满意度主要受个体认知过程的影响，反映的是个体对其工作的总体认知评价。AET 则认为除了认知过程，个体的情感反应也会影响其工作满意度，虽然工作满意度（工作态度）与情感反应密切相关，但两者的结构内涵存在差异：一方面，工作满意度受到信念和情境（如同事传递的信息）等因素的影响，而这些因素并不一定会诱发情感反应（Weiss，2002）；另一方面，情感反应有其独特的心理成分，而这些心理成分与工作满意度不完全存在联系，情感反应可作为工作满意度等工作态度的一个前因变量。

第二，AET 论述了情感反应的结构特征。该理论认为，情感反应包括两个维度：情绪（Emotion）和心境（Mood）。一方面，与心境相比，情绪与具体事件的相关程度更高。例如，在会议上受到领导的批评，员工会产生强烈的气愤、挫败等情绪反应。另一方面，与情绪相比，心境可能并无明确的诱因，而且强度较低、更为持久，同时具有弥散性。例如，某位员工最近感觉心情较好，有可能仅仅是因为天气好而心境不错，也可能是受具体的工作事件的影响，或者与具体的工作事件无关。AET 关注情绪反应的重要性，虽然在实际的研究中可以用积极和消极这两个维度的心境来预测行为，但相比心境，具体的情绪反应往往更能准确预测特定的行为。此外，心境与情绪两者都与工作满意度等工作态度相关，并随着时间的推移而波动。

第三，AET 分析了情感反应的产生机制。情绪认知评价（Cognitive Appraisal Theory of Emotion）、情绪归因（Attribution Theory of Emotion）等理论认为，认知

评价是情绪产生的必要前提，对事件的认知评价先于情感反应的产生（Choi et al.，2011），即不是事件本身直接引起情感反应，而是对事件的认知评价决定了情感反应。基于这种观点，AET将工作事件的评价分为两个过程，包括初评价（Primary Appraisal）和次评价（Secondary Appraisal）。员工在初评价时关注事件对自身是否有利，以及事件与自己的目标、价值是否相一致或者冲突；员工在次评价时则会更多地分析事件的意义，如面对特定的工作事件，评价个体是否有足够的资源来进行处理。由于情绪产生于次评价过程，所以并不是所有的工作事件都能诱发情绪反应，如当遇到与自身的目标、价值并不相关的一般性事件，个体对这类事件的评估往往没有次评价的过程，可能只是停留在了初评价阶段，也就不会诱发情绪反应，更多的则是对心境产生影响。

第四，AET探析了个体特质对工作满意度的影响。该理论认为除了情感反应，个体的特质也是影响工作满意度的因素。个体特质相对稳定，而情感反应很大程度上依赖于情境，所以较为短暂。AET认为，一方面个体特质会影响员工对工作事件的情感体验及认知评价，进而影响其工作满意度，因此其本身与工作满意度等工作态度之间存在密切关系；另一方面个体特质可以调节工作事件与情感反应的关系，如消极情感特质高（Negative Affectivity，NA）的个体对消极的情绪刺激（事件）更为敏感，因此可能会有更多的消极情感反应，而积极情感特质高（Positive Affectivity，PA）的个体则相反。

第五，AET指出了工作环境特征对满意度及其他工作态度的影响路径。AET把职场中的情感事件分为两类：一类是令人振奋的事件（Uplifts），与积极情感反应和工作目标的实现相关；另一类是麻烦（Hassles）或负面事件，与消极情感反应和妨碍工作目标的实现相关。基于此，工作的自主性、领导风格等构成的工作环境特征，对工作满意度及其他工作态度的影响存在两条路径：一是情感路径，即工作特征通过影响特定的工作事件（如与同事产生冲突），进而引发各种情感反应，最终影响工作满意度；二是非情感路径，即个体通过比较自我价值、追求、期望等与工作特征之间的一致性，形成对工作的评价。

综上所述，关于情感事件理论的已有研究，重点探讨了该理论的核心内容和逻辑框架，以及在基础研究中的应用解释。笔者认为，破坏型领导表现出的辱骂、责备、不公分配等行为是下属情感反应的重要诱因，因此采用情感事件理论来解释破坏型领导对下属的情感和行为影响机制符合理论前提。具体而言，当领导频繁且充满敌意地对新生代员工实施破坏性行为时，易受工作情感、心境影响的新生代员工，其创新行为更可能受制于消极情感的传递。作为解释领导者情感作用机制的理论基础之一，情感事件理论关注个体在工作中情感反应的原因、过程和结果。因此，本章在AET框架下探析破坏型领导与新生代员工创新行为的

情感传导机制更具有理论适应性。此外，现有情感事件理论的应用中，主要涉及情感事件对个体情感反应的影响。笔者认为，运用情感事件理论来解释团队情感基调的扩散过程也将是该理论的创新尝试。

第三节　研究假设

一、破坏型领导与新生代员工创新行为

破坏型领导被视为组织的领导者基于其法定权力对组织内部和外部利益相关者采取消极或不正当的行为。该行为既指向组织如偷盗、贪污腐败，又指向下属如辱骂、打击报复，既可能包括意图成分，如压制、剥削下属，也可能不包括意图成分，如上司脾气暴躁。创新则指个体层面产生的新颖的、可行的、对组织有价值的产品、过程、方法与思想，而员工的创新行为是一种包含创新思维的产生、推动和实践的多阶段连续过程。

在个体层次，破坏型领导的主要特征表现为对下属频繁地辱骂和指责（Krasikova et al.，2013），而创新行为具有风险性、不确定性，需要资源的持续投入，如果员工感知到创新一旦失败可能受到上级领导的辱骂或指责，这势必抑制他们对创意开发的情感投入。尤其是对从小备受长辈宠爱的新生代员工，情绪敏感且脆弱（侯烜方等，2014），更难承受领导的强加指责，从而无意推陈出新、建言献策。因此，破坏型领导影响新生代员工萌发创意、尝试创新。另外，破坏型领导会主动对下属实施限制或剥削，而创新不仅需要各种资源的支持和保障，更需要开放的思维状态（Tu & Lu，2013）。如果在组织中长期受到领导的限制，新生代员工的创造意识将受到严重损害，这无疑对创新行为的实施造成阻碍。

在团队层次，认为团队聚合的领导风格代表了团队对领导特征的共有信念，而团队层次的破坏型领导忽略组织或团队利益，甚至贪污腐化、满足私欲，不顾下属感受，肆意指责、打击报复，甚至压制下属发展、剥削下属。当团队成员对领导的破坏性特征形成共有信念，这将导致各成员为避免卷入指责而不愿开放交流、分享资源，而缺乏情感依附的团队氛围必然影响员工参与团队协助、集思广益（Walumbwa & Schaubroeck，2009），这些都将抑制创新行为的有效实施。因此，本章提出如下假设：

H1-员工感知的破坏型领导对新生代员工创新行为产生负向影响。

H2-团队破坏型领导对新生代员工创新行为产生负向跨层影响。

二、个体情感反应的中介作用

根据AET理论，作为重要情感事件，领导的态度或行为可以通过影响下属的个体情感反应，进一步影响下属的态度、行为和绩效产出（王桢、陈乐妮、李旭培，2015）。领导对于下属而言，具有法定的权威，掌握着计划、资源分配、指导、监督、考核、奖惩等权力，因此领导者的行为与态度对下属的情感反应具有较大的影响力。然而，破坏型领导惯于在工作场所对下属频繁指责或公开批评，甚至为维系个人权威或私利而压制下属（Shaw et al.，2011），因此当个性张扬、崇尚自由、挑战权威的新生代员工感知到破坏型领导的存在，无疑将产生强烈的气愤、挫败等情感反应（段锦云等，2011），并持续陷入郁闷、烦躁的负面心境。同样，当团队成员对破坏型领导形成共有信念，认为同事之间充满埋怨、责备，团队协作和自由交流存在高人际风险，资源分配和考核奖惩不能公平公正，这都将导致新生代员工个体产生消极的情感反应。

另外，员工个体的情感反应会影响其态度、行为和工作绩效。根据效价，员工情感分为正性情感和负性情感两个维度，其中正性情感能够引发组织中的亲社会行为并提高员工任务绩效（Staw et al.，1994）。在创新领域，员工表现出的创造力不仅仅与其能力相关，更重要的是从事创造性活动的主观意愿（Amabile & Mueller，2005）。显然，对于情绪管理能力普遍较弱的新生代员工，充满挫败感和愤怒情绪使其更难集中精力投入工作，甚至产生工作倦怠和自我否定，而缺乏自信和专注都将抑制创意开发和创新投入。因此，本章提出如下假设：

H3-个体情感反应中介了员工感知的破坏型领导对新生代员工创新行为的影响。

H4-个体情感反应中介了团队破坏型领导对新生代员工创新行为跨层影响。

三、团队情感基调的中介作用

有学者指出，团队层次的情感是建立在团队认同感基础上，团队内部得以分享的情感，是团队内部与团队之间的态度与行为的一种动机（Smith et al.，2007）。作为团队情感整合的一种构念，团队情感基调（Group Affective Tone）反映了团队层面的积极或消极的情感，是团队同一性或内在的情感特征。然而，不是所有的团队都会发展出团队情感基调，有学者提出具有相似情感特征的个体组成的群体更具有吸引力，共同的经历与社会化会影响群体的情感基调的形成与持续性，只有当团队成员共享情感时（即团队成员一致性程度高），才存在“团队情感基调”。新生代员工群体不论是成长背景和家庭结构，还是个性特质和价值导向都存在共性（侯烜方等，2014），这些都有助于新生代员工群体形成共享而持续的团队情感基调。

Thomas 等（2005）对团队领导的研究表明，领导风格与团队的积极或消极氛围密切相关。在团队的共有信念中，团队破坏型领导注重自我私利且忽视组织目标，频繁辱骂或压制下属而破坏团队和谐；同时，备受长辈呵护和关爱的新生代员工，情绪波动较大且自控力不足，崇尚自由而乐于挑战权威，这些工作环境要素为形成团队情感规范进而构建情感基调奠定了基础。AET 表明，团队破坏型领导与新生代员工的对偶关系形成稳定的工作环境特征，这将导致消极的工作事件引发新生代员工强烈的负面情感。作为团队成员，他们会把个体的负面情感及情感体验带入团队进行外显互动和内隐分享，在特定的团队情感规范下，通过情感的感染与展示达到情感整合状态，进而形成消极的团队情感基调（Barsade & Gibson，2007）。

有研究表明，相比消极情感，更多的积极情感分享会使团队内部出现更多的拓展构建互动（Broadening and Building Interactions），此类互动会影响团队创造力、成员对团队的满意度和成员的学习。Barsade（2002）的实验研究认为，团队成员的积极情感感染有助于提升合作、降低冲突，提高感知的任务绩效。然而，当团队破坏型领导导致团队情感基调充斥着埋怨、责备，团队成员互不信任、缺乏沟通和分享，这无疑对追求内在和谐、强调公平公正的新生代员工参与创意开发、开拓创新思维造成严重阻碍。因此，本章提出如下假设：

H5-团队情感基调中介了团队破坏型领导对新生代员工创新行为跨层影响。

第四节 研究方法

一、研究样本和程序

笔者在北京、南昌两个城市，选择了医疗、通信、金融行业的 3 家企业为样本来源。为了降低同源数据的影响，笔者采用领导与下属的配对问卷设计。该问卷共两批：第一批问卷由新生代员工匿名填写，分别评价自我感知的破坏型领导和个体情感反应；第二批问卷由团队领导评价对应的新生代员工创新行为。

第一批共向 3 家企业中的 32 个团队发放 256 份问卷（平均每个团队 8 个员工），结果有效问卷来自 32 个工作团队的 223 名员工（问卷有效率为 87.11%）；第二批对应发放 223 份问卷，最终有效问卷 223 份（问卷有效率为 100%）。两批问卷配对后，共获得 32 个团队的 223 份配对问卷。在团队样本中，团队规模为 6.97 人，在员工样本中，男性 121 人（占 54.26%），平均年龄为 27.36 岁，拥有大学及以上学历的员工 147 人（占 65.92%），样本在团队中的平均任期为 2.1 年。

二、测量工具

（1）感知破坏型领导。采用 Mitchell 和 Ambrose（2007）在 Tepper（2000）的基础上开发的量表，共 5 个条目（如我的上司经常在别人面前贬低下属）。该问卷在本章研究中的信度系数为 0.92。

（2）团队破坏型领导。采用 Tu 和 Lu（2013）获取团队层次领导数据的方式，将同一团队中成员对领导者评价的组均值聚合得到团队破坏型领导得分。

（3）个体情感反应。参考 George 和 Zhou（2002）使用 PANA 量表的做法，选取其中测量消极情感的 8 个条目（如在过去的一周里，我感到烦躁）。该问卷在本章研究中的信度系数为 0.89。

（4）团队情感基调。Bliese（2000）和 George（1990）认为，只有当团队成员间的情绪同质性程度高（信度系数大于 0.87）时，可以认定团队情绪气氛的确存在，其统计数据才能用于分析团队情感。因此，本章采用同一团队中成员们的个体情感反应的组均值聚合得到团队情感基调分值。

（5）创新行为。采用 Scott 和 Bruce（1994）开发的量表，共 6 个条目（如在工作中，他/她会主动寻求应用新技术、新流程或新方法）。该量表在本章研究中的信度系数为 0.87。

（6）控制变量。由于发现员工的任期、年龄和性别会影响创新行为（Tu & Lu，2013），本章在个人层面上控制了这些变量。任期和年龄以年为单位，性别编码为 1=男，2=女。

三、聚合检验

本章检验 ICC（1）、ICC（2）（Bliese，2000）、Rwg（James et al.，1984）三个数据指标评价员工感知的破坏型领导、个体情感反应是否满足聚合到团队层次的要求。上述两个变量的 ICC（1）分别为 0.48、0.45（大于 0.12），ICC（2）的值分别为 0.98、0.97（大于 0.70）（James et al.，1993），Rwg 均值为 0.87、0.88（大于 0.70）。结果表明，个体感知的破坏型领导、个体情感反应可以聚合为团队层次的变量。

四、解析技术

本章采用多层线性模型检验跨层次假设（Bryk & Raudenbush，1992）。具体而言：个体情感反应在员工感知的破坏型领导与创新行为关系中的中介效应被视为低层次中介（1-1-1 模型）；个体情感反应在团队破坏型领导与创新行为关系中的中介效应视为跨低层中介（2-1-1 模型）；团队情感基调在团队破坏型领导与创新行为的中介效应视为跨高层中介（2-2-1 模型）。

第五节　研究结果

一、描述性统计分析

通过数据分析得出，在个体层面，新生代员工的创新行为与感知破坏型领导（$r=-0.31$，$p<0.01$）、个体情感反应（$r=-0.43$，$p<0.01$）都负相关；在团队层面，团队情感基调与团队破坏型领导呈显著正相关（$r=0.25$，$p<0.01$）。因此，本章研究各变量之间存在较好的关联性，见表 4-1。

表 4-1　描述性统计分析

变量	均值	标准差	1	2	3	4	5	6
个体层								
性别	1.47	0.48	1					
年龄	27.36	5.84	0.12	1				
工作年限	3.31	2.15	0.15*	0.48**	1			
感知破坏型领导	3.52	0.76	-0.03	-0.13	-0.07	1		
个体情感反应	3.65	0.71	-0.06	-0.05	0.05	0.21**	1	
创新行为	3.74	0.68	0.05	-0.06	0.02	-0.31**	-0.43**	1
团队层								
实际破坏型领导	3.56	0.54	1					
团队情感基调	3.67	0.43	0.25**	1				

注：$N_{个体层}=223$，$N_{团队层}=32$；* $p<0.05$，** $p<0.01$。

二、假设验证

通过多层线性模型回归分析得出（见表4-2）：模型1显示，员工感知的破坏型领导对创新行为存在负向影响（β=-0.46，p<0.001），因此假设H1得到验证；模型2显示，当加入个体情感反应后，员工感知的破坏型领导对创新行为的负向影响明显减弱（β=-0.24，p<0.001），同时个体情感反应对创新行为也存在显著负向影响（β=-0.62，p<0.001），因此假设H3得到验证。

表4-2　预测创新行为的结果：低层次中介因子（1-1-1模型）

变量	零模型	模型1	模型2
γ_{00}	3.63***	3.71***	3.65***
感知破坏型领导		-0.46***	-0.24***
个体情感反应			-0.62***
σ2	0.32	0.37	0.34
τ	0.15	0.07	0.01
R^2	0.09	0.23	

注：** p<0.01，*** p<0.001。

在表4-3中，模型1显示，团队破坏型领导对创新行为存在负向影响（β=-0.47，p<0.001），因此假设H2得到验证；模型2显示，当加入个体情感反应后，团队破坏型领导对创新行为的负向影响明显减弱（β=-0.25，p<0.01），同时个体情感反应对创新行为也具有显著负向影响（β=-0.68，p<0.001），因此假设H4得到验证。

表4-3　预测创新行为的结果：跨层次/低层次中介因子（2-1-1模型）

变量	零模型	模型1	模型2
γ_{00}	3.63***	3.72***	3.68***
实际破坏型领导		-0.47***	-0.25**
个体情感反应			-0.68***
σ2	0.32	0.38	0.35
τ	0.15	0.06	0.01

续表

变量	零模型	模型 1	模型 2
R^2	0.29	0.68	

注：** p<0.01，*** p<0.001。

表 4-4 的模型 2 显示，当加入团队情感基调后，团队破坏型领导对创新行为的负向影响明显减弱（β=-0.15，p<0.01），同时团队情感基调对创新行为也存在显著负向影响（β=-0.58，p<0.001），因此假设 H5 得到验证。

表 4-4 预测创新行为的结果：跨层次/高层次中介因子（2-2-1 模型）

变量	零模型	模型 1	模型 2
γ_{00}	3.63***	3.68***	3.72***
实际破坏型领导		-0.47***	-0.15**
团队情感基调			-0.58***
σ2	0.32	0.34	0.38
τ	0.15	0.01	0.06
R^2	0.29		0.67

注：** p<0.01，*** p<0.001。

第六节 结论与启示

一、主要结论

本章从情感事件的跨层视角，分别探析了个体和团队层次的破坏型领导对新生代员工创新行为的影响，以及个体情感反应和团队情感基调在其中的中介效应。结果表明，个体感知和团队破坏型领导都负向影响新生代员工创新行为，并且个体情感反应在其中都具有部分中介效应，而团队情感基调部分中介于团队破坏型领导对创新行为的负向影响。具体而言：

首先，不同层次的破坏型领导都能有效地预测新生代员工的创新行为，这也验证了领导风格对员工绩效、工作态度和行为都具有重要影响（Kalshoven et al.，

2011；Mayer et al.，2009）。从个体层面而言，破坏型领导对新生代员工创新行为的负向影响，反映出领导持续、频繁地对下属辱骂、指责（Shaw et al.，2011）将严重增加员工创新投入风险，消磨新生代员工的创新激情和团队情感依附；同时，破坏型领导长期限制或压迫下属（Einarsen et al.，2007），这对新生代员工的创意开发和创新思维造成极大影响，而开放的想象力和对现状的改造思路是创新行为的重要因素。另外，破坏型领导不公平的资源分配或奖惩措施会进一步挫伤新生代员工对创新行为的投入程度。在团队层面，领导破坏性特征强化了团队成员对领导管理风格和人格特质的概念，充斥着埋怨、责骂、批判的团队领导特征影响知识共享、信息共通和建言献策，这对新生代员工创新行为无疑造成了障碍。

其次，个体情感反应在个体感知和团队破坏型领导对新生代员工创新行为的影响中起部分中介作用。已有研究主要从公平理论（高日光，2009）、压力理论（Tepper，2000）、权力理论（Abdul-Rahman，2014）来探析领导风格对下属工作态度或行为的影响，也有研究运用认知理论（Amabile et al.，2005）和动机理论（Grant & Berry，2011）来解释员工个体情感通过增强认知弹性和心理投入积极影响创新行为（Parke et al.，2014）。然而，本章以情感事件理论为研究视角分析表明：日趋激烈的市场竞争或新老一代的职场冲突愈发成为凸显的工作环境特征，这导致破坏型领导造成指责、辱骂、压制等消极工作事件，从而使个体感知或团队成员共同体验到愤怒、挫败、压抑等消极情感，进而消磨了创新激情、抑制了创造思维、削弱了创新投入，最终导致创新行为受阻。

最后，团队情感基调在团队破坏型领导对新生代员工创新行为的影响中起部分中介作用。实证表明，成长经历和社会化过程都很相似的新生代员工团队，容易形成具有持续性和一致性的情感基调，团队成员之间往往可以共享情感、彼此认同（Eliot et al.，2007；George，1996）。当团队成员共同认为领导具有鲜明的破坏性特征时，愤怒、埋怨、责备的团队情感会蔓延至整个团队，这些负面情感及情感体验在特定的团队情感规范下，互相感染、彼此传递，直至达到浓厚的情感整合状态，形成共享的团队消极情感基调（Barsade & Gibson，2007）。与积极情感分享促进团队合作、降低冲突进而提升团队创造力（Barsade，2002）。相反，消极的团队情感基调弥漫着怨恨、猜忌、自利等情感氛围，这对于强调公开沟通、知识分享的创新过程造成了极大的损害。

二、研究启示

本章在理论研究和管理实践方面具有一定的启示。

其中，理论贡献包括三点：一是将破坏型领导概念化为个体和团队两个层次。以往研究主要探析个体感知的破坏型领导与下属的对偶关系，却忽略了团队破坏型领导的结构内涵。聚合为团队层次的破坏型领导，丰富了相关领导力的多层次内涵。二是验证了破坏型领导对新生代员工创新行为的跨层影响。以往研究主要探析道德型领导、变革型领导等积极领导风格对创新行为的影响，本章以领导风格的“阴暗面”作为研究切入点，不仅验证了破坏型领导在个体层次上让新生代员工深陷情感困境，进而阻碍创新行为，还验证了破坏型领导在团队层次上弥散负面情感，最终消磨新生代员工的创造热情和创新思维。三是运用了情感事件理论作为解释多元跨层模型的理论框架。已有研究主要基于公平、压力、动机等理论来分析不同领导风格对下属工作态度和行为的影响机制，本章提出个体情感反应和团队情感基调是破坏型领导引发工作事件跨层影响新生代员工创新行为的核心要素。

此外，本章研究结论的管理启示包括以下两方面：一方面，管控领导破坏行为，提升团队创新动能。本章以破坏型领导对新生代员工创新行为的影响机理作为重要切入点，提示管理者如何更清晰地审视破坏型领导对创新行为的影响，并指导组织管理加强领导行为的约束和引导。在管理实践中，领导者应高度重视团队情感基调的传播。例如，突出领导与下属员工的绩效共有性，强化领导在破坏行为方面的惩戒度，引导团队文化和情感氛围的积极性，从而激发团队的创新动能。另一方面，注重员工情感关怀，提升工作创新绩效。新生代员工群体的情绪普遍敏感且脆弱，既渴望情感关怀又不善维系人际和谐，在团队中的角色状态通常激情有余而耐心不足。在管理实践中，领导可以在明晰的组织目标导向下合理安排角色分工，运用多元沟通渠道给予新生代员工更多的鼓励和关怀，针对新生代员工创意表达和创新实施给予更多的包容和试错机会，制定完善和符合个性特征的激励机制并及时肯定新生代员工的创新贡献。

第五章　团队差序氛围下团队竞争对前摄行为的双元影响机制

第一节　引　言

随着经济全球化进程的加快和技术革新速度的提升，外部环境的变化给组织带来诸多不确定性。此时富有灵活性、能主动思考并创造性解决问题的“前摄型”员工愈发受到组织青睐（Cai et al.，2019）。因此，员工旨在改变组织或自身处境的前摄行为及其引发机制成为学界研究的热点问题（林叶、李燕萍，2016）。目前，学者主要从个体特质、工作特征、组织因素等方面对前摄行为的影响机制进行探究（Schmitt et al.，2016），却忽略了组织中普遍存在的团队内竞争氛围对员工前摄行为的影响。由于企业广泛存在引入竞争机制以激活员工动力的策略，如企业内部的薪酬分配、绩效考核、目标管理、末位淘汰等竞争机制，这可能增加团队内成员间暗中“使绊子”而非“递梯子”的现象（袁凌等，2018）。特别是近年来各地不断加入人才争夺战，越来越多的企业相继推出高薪聘任、落户优待、项目配套等系列举措以加强企业外部竞争，导致人才流动性增强，竞争意识显著提升，进而加剧了团队成员实施前摄型工作行为的不确定性。尤其在中国关系情境下，员工感知的团队竞争氛围如何影响其实施积极主动的前摄行为，成为当下团队管理实践和理论研究的重要议题。

已有研究主要从学习、动机、认同等视角分析前摄型人格（Parker & Collins，2010）、目标导向（徐建中、曲小瑜，2015）、工作自主性（Sonnentag & Spychala，2012）及领导风格（Schmitt et al.，2016）等因素对前摄行为的影响，鲜有从资源视角探析竞争氛围对员工前摄行为的作用机制。资源“强者”有更高的风险抵御能力，也更能够获取资源增量。高学习目标导向的个体通常具有更

高的心理资源，敢于以资源投入的方式来获取资源增量、保护已有资源，这与资源保存理论的增益视角相契合（Hobfoll et al.，2018）。因此，本章将从资源保存理论的增益视角着重探析员工的学习目标导向在团队内竞争氛围感知与前摄行为之间的桥梁作用。此外，学者们大多聚焦于各类积极变量如角色宽度自我效能感（孔祥西等，2020）、心理资本（丁道韧，2020）、主管支持（Ohly et al.，2006）等对前摄行为的积极效应，而忽视了消极情绪感知对个体前摄行为的影响机制。资源"弱者"对潜在资源的损失更为敏感，同时该过程更可能导致资源的入不敷出，从而以资源防御模式保护自己（Marx-Fleck et al.，2021）。"地位"作为强竞争性的资源，资源匮乏者受到地位威胁的影响或将更明显（马璐、纪建伟，2021）。因此，基于资源保存理论的损耗视角，由于竞争过度或不正当竞争行为，部分团队成员本身处于资源匮乏状态，此时该类群体可能将会感知到较强的地位资源流失，或将减少具有风险性且为工作角色之外的前摄行为的实施频率（魏巍等，2020）。因此，本章整合学习目标导向及地位威胁感知，探讨竞争氛围感知对前摄行为的双元影响机制。

此外，本章还将探析个体竞争氛围感知对前摄行为影响的边界条件。已有研究发现，如果组织氛围足够公平，具有前摄型人格的个体将更可能采取前摄行为（林叶、李燕萍，2016）。然而，中国情境的"圈子"文化盛行，管理者往往会根据亲疏远近采取区别化交往规则，即管理者存在对圈内人给予特殊照顾的情况（沈伊默等，2019）。在这一文化背景下，员工实施前摄行为的动机可能会受到团队差序氛围的影响。因此，本章将深入探究团队差序氛围在竞争氛围感知、学习目标导向和地位威胁感知与前摄行为的关系中的作用机理。

综上所述，本章将基于资源保存理论深入探析竞争氛围感知对前摄行为的双元影响机制。具体包括以下内容：检验团队竞争氛围感知对前摄行为的直接效应，探析学习目标导向与地位威胁感知在团队内竞争氛围感知对前摄行为影响的中介效应，以及团队差序氛围在这一机制中的调节作用。本章研究模型见图5-1。

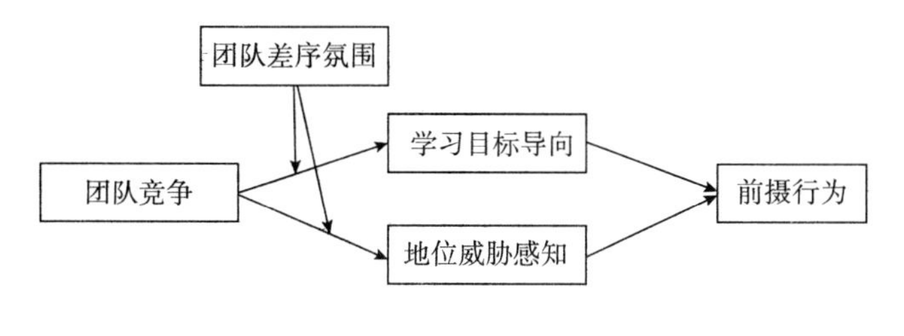

图5-1 本章研究模型

第二节 文献回顾

一、前摄行为

（一）概念内涵

前摄行为是员工以未来为导向，试图改变自身处境，有意图性的自发行为，强调对环境的挑战和自我的完善相结合，具有自发性、未来导向和变革导向三大特征（林叶、李燕萍，2016）。其中，自发性代表员工的主动实施，不需要任何明确指示或被告知；未来导向代表着员工的长远眼光，意味着员工采取前摄行为的目的在于从长远的角度处理可能存在的问题并把握机会；变革导向则代表着员工的挑战性，意味着对已有环境的挑战和对自我的完善。

现学术界关于前摄行为的内涵尚未达成一致意见。前摄行为（Proactive Behaviour）的概念起源于学者们对前摄型个性（Proactive Personality）的研究，学者们于1993年首次提出前摄型个性的概念，并将其定义为个体内在相对稳定的能够影响环境变化的倾向（Bateman & Crant，1993）。此外，有学者并不将其视为个体倾向，而是将其定义为一种行为，他们认为前摄行为是个体主动地去改变其现有处境或为自己创造一种新环境的行为（Elizabeth et al.，1999），并提出个人主动性（Personal Initiative）的概念，将其定义为采取积极方法以克服困难、坚持不懈追求目标的具有自我启动性质的工作行为（Frese，2001）。该定义跳出了个体特性范畴，进一步聚焦于行为本身，并将个人主动性与传统工作行为进行了区分，提出前瞻性和预期性导向。然而，这一概念具有一定的局限性，Frese等的研究仅涉及对公司有利的工作行为，而忽略了仅对自己有利或伤害他人或组织的工作行为，缺乏普适性。因此，有学者基于这一概念将前摄行为定义为员工为影响自己或环境而采取的预期行动，即通过采取主动或预测事件（而不是响应它们）来创造或控制局面（Grant & Ashford，2008）。该学者认为，与社会心理学的无意识心理过程相反，前摄行为是个体有意识的具有未来导向和变革导向的提前行动，可穿插在员工的任意工作行为中，而非仅隶属于角色外行为范畴。因此，本章将前摄行为定义为具有未来导向、变革导向与自发性的提前行动，它不一定完全对组织有利，也可能给组织带来破坏性而非建设性的影响。

此外，学者对前摄行为的维度及测量进行了相关分析。如表5-1所示，前摄行为现有多种划分类别，学者们从两维度、三维度对其进行细分。Crant（2000）

以情境作为划分要素对其进行细分；Parker 和 Collins 等（2010）则从问题解决的前后步骤将其细分为思想层面和实施层面。此外，部分学者从个体、团队和组织三个层面对其进行划分（Griffin & Parker，2007）；也有学者从实际行为、外在环境、战略影响角度对前摄行为进行划分（Parker & Collins，2010）。其中，前摄型工作行为包含了掌控行为、个体创新行为等个体对组织内部的控制和改变行为，前摄型个体环境匹配行为则主要是指环境与个体的联动反应，而前摄型战略行为也被称为前瞻策略行为，包含战略扫描（主动调查组织环境，以发现未来的组织威胁和机会并确定确保组织与其环境相适应的方法）、销售信誉问题（通过让其他人意识到特定问题来影响组织中战略的形成）等组织为了适应外部环境而采取的行为。部分学者还从行为特征角度出发，将其分为形式、目的、频率、时间与策略等维度（Grant & Ashford，2008）。

表 5-1　前摄行为的维度划分

年份	作者	维度
2000	Crant	一般性的前摄行为、具体情境下的前摄行为
2010	Parker 等	前摄型想法的实施、前摄型问题的解决方式
2010	Parker 等	前摄型工作行为、前摄型个体环境匹配行为、前摄型战略行为
2007	Griffin 等	个体、团队、组织的前摄行为

学术界关于前摄行为的测量量表较多，众多量表中较为成熟的有 Frese 等（2001）、Parker 等（2006）、Griffin 等（2007）及 Bindl 和 Parker（2010）开发的测量量表。其中，Frese 等开发的员工前瞻行为量表共 7 个题项，如“为了达到目标，我会迅速利用机会”“每当出了问题，我立刻寻找解决办法”等。Parker 等则从想法的实现和问题的解决视角出发，并且依据这个维度划分原则建立了相应的测量量表。由于社会赞许性问题的存在，学者们认为自陈量表并不能很好地测量出前摄行为，因此选择情景测量法，通过设计问题解决情境以达到准确评估员工前摄性行为的目的。然而，情景设定的针对性导致该测量方法在实际应用过程中对使用者的要求偏高，整个样本测量时间相对而言较长，因此这一量表并不能够被很好地使用。

（二）相关研究

第一，个体因素。如图 5-2 所示，学者们多从个体态度、人格特质、知识能力、情感认知等方面探析其对前摄行为的积极影响效应，并且以上因素也会对前摄行为产生消极影响。

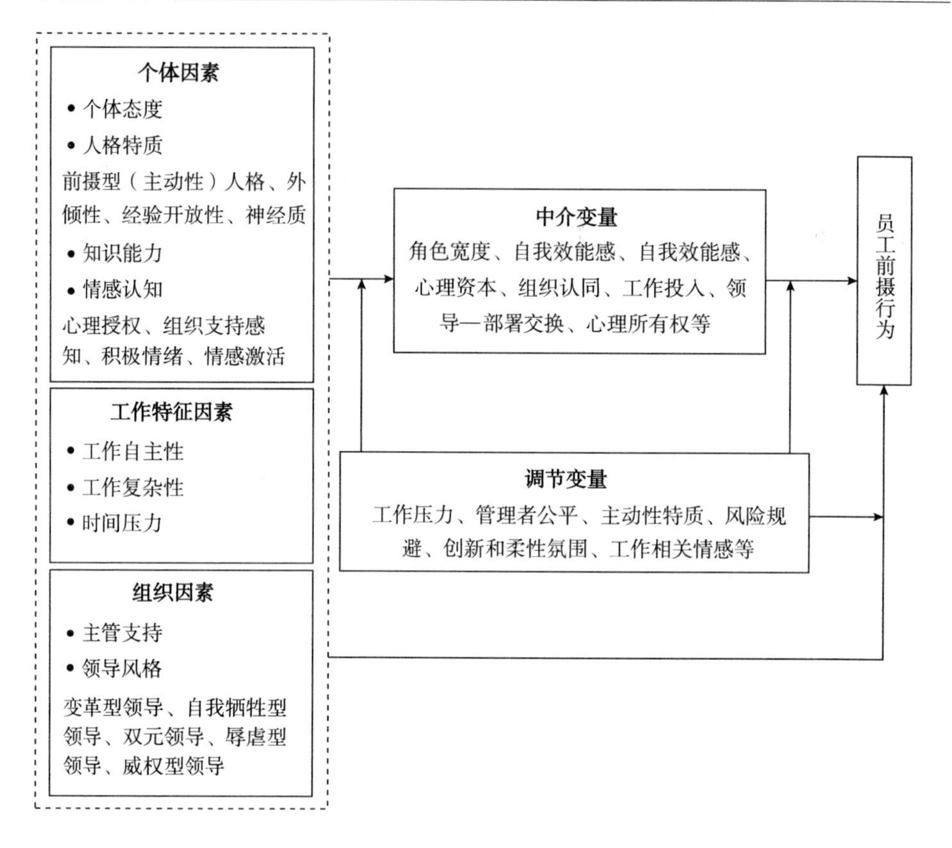

图 5-2 前摄行为关系模型

从个体态度看，一方面，对变革持开放态度或具有较高的学习目标导向或证明目标导向的员工会更倾向于表现出承担责任、创新等前摄行为，该类员工将选择通过对知识的深入学习以规避未来可能的失误，达到自我设定的学习目标（Tan et al.，2016），或通过与他人比较展现自我能力，以此证明对现有工作甚至更高的工作的胜任力，从而达到追求成功的目的（Vande Walle，2016）。另一方面，并非所有目标导向均能正向促进前摄行为，与学习或证明目标导向相反，个体的绩效目标导向和回避目标导向会负向影响员工的前摄行为，具有绩效目标导向或回避目标导向的个体会对不确定性或者行为的风险性更为敏感，一定程度上会质疑自我能力，并认为努力并不能带来能力的提升，因此为了规避前摄行为的风险而选择维持现状，该类员工不太可能尝试更具挑战性的前摄行为。

从人格特质看，学者们认为具有前摄性人格或主动性人格特质的个体更倾向于实施前摄行为（Mccormick et al.，2019），因为具有主动性人格特质的个体具有强烈的情境改变焦点，面对问题更倾向于改变环境而非改变自我，从而选择主

动采取行为以实现变革。在大五人格中，具有外倾性和经验开放性特质的个体更倾向于实施前摄行为，而神经质则将负向预测前摄行为的产生（Tornau & Frese，2013），前者对风险的包容度更大，对于前摄行为的预期风险承受能力相对更强，并且对待前摄行为的态度更为乐观，因此实施前摄行为的可能性更大；而偏神经质的个体对外界风险更为敏感，对前摄行为持消极认知态度，因此为了保险起见，避免看起来极具风险性的前摄行为。

从知识能力看，由于前摄行为的实施需要一定的知识基础作为奠基石，因此在组织工作过程中，相比于知识能力水平较低的员工而言，知识能力水平较高的员工更可能主动采取行动（Fay & Frese，2001），更倾向于通过横向学习提升其角色宽度自我效能感，从心理认知状态上接近前摄行为，并促进自我的前摄行为。此外，员工的心理资本、内部身份人感知、自我效能感能够影响其前摄行为（Huang，2017）。

从情感认知看，个体的积极情感能够促进个体的前瞻行为的产生（Fritz & Sonnentag，2009）。积极情绪被视为一种资源，所带来的注意力与认知增加及对消极情绪的抵消能够促进前摄行为的自我调节和目标导向，并且将前摄行为预设为积极结果导向，从而实施概率得以增加，积极情感丰富的个体更愿与环境互动参与，选择以主动的形式改变现状。然而，有学者发现促使员工实施前摄行为的主要因素并非情感本身，而是情感激活状态。处于情感激活状态的个体更可能投入以实现目标，高激活的积极情绪提供了激发和维持所有主动目标调控要素的潜能，而低激活的消极情绪能够促进个体对情景线索的认知加工和个体反思，从而提高个体的警觉程度，通过被打击刺激而选择前摄行为（Bindl & Parker，2010）。

第二，工作特征因素。关于前摄行为的工作相关因素，如工作自主性、工作丰富性、工作复杂性、内部特征等是学者们较为关注的研究内容。一方面，员工的角色宽度自我效能感能够通过其工作自主性或控制感得以提升，并由此促进前摄行为的实施（Sonnentag & Spychala，2012），两者均意味着个体对工作实质性的自由和独立把控，从而获得主动性把握，这恰恰是员工自我效能感的核心来源，而高角色宽度自我效能感则主要是个体的自信感提升，该个体认为自己能够起到更积极的作用。因此，有较高感知的员工更有信心完成广泛的角色，实际执行广泛角色下的前摄行为的可能性也更高。另外，学者基于任务特征、社会认知等理论发现支持性组织氛围能够调节员工的超角色自我效能在任务自主性与前摄行为关系的中介作用（苏磊、徐碧琳，2017）。基于支持性组织氛围，员工对工作任务的自主性和控制感将满足其自主需求，并带来员工的自我效能感提升，工作胜任感知得以增加，其对组织与工作的兴趣和认同相应提升，更乐意参与到组织工作中，更可能表现出益于组织的前摄行为。

另一方面，工作复杂性等消极工作特征或工作压力源同样能够激发员工的内在动机（Kuo et al.，2018），差距导致员工的工作压力增大，从而对其产生刺激作用，员工将选择通过积极主动的改变以减少实际状态与期望值之间的差距或寻找在未来防止差距的方法，从而促进前摄行为的实施。但是需要注意的是，时间压力对前摄行为呈倒“U”形关系（Fay & Sonnentag，2002）。根据资源保存理论可知，适当的压力能够给员工带来紧张感从而刺激前摄行为的产生，但一旦过度紧张或长期处于紧张状态导致刺激带来的兴奋感超出最佳水平，将会导致员工的负向心理影响，员工会更多地将资源投入工作相关角色内，保证按时完成任务，不会采取主动行为，甚至有所恶化其主动性（Urbach & Weigelt，2019）。

第三，组织因素。学者们多关注主管支持、领导风格等探析前摄行为产生的内在影响路径。从积极领导风格看，变革型领导、自我牺牲型领导、双元领导等积极领导行为会影响员工前摄行为的产生。变革型领导对员工工作投入的加强具有促进作用，而该类投入将进一步转化为员工的主动行为，该转化过程还将受到工作压力的情境影响（Schmitt et al.，2016）。基于资源保存理论，工作投入为员工实施前摄行为提供了重要资源，而变革型领导所引发的员工高工作投入所带来的个人资源处于不稳定状态，只有在这些资源不因高投入带来的高工作压力而枯竭时，员工才能有充足的资源进行前摄行为。此外，变革型领导与员工前摄行为的关系将受到角色宽度自我效能感和自主性的调节（Deanne et al.，2012）。有学者从社会学习理论出发，认为自我牺牲型领导同样能够显著正向预测员工的前摄行为，下属会对领导的行为进行观察并效仿，学习自我牺牲型领导的“舍小我、利组织”的行为，为提升组织利益而作为，从而选择实施前摄行为以成就组织利益（田晓明、李锐，2015）。还有学者基于社会认同理论认为双元领导能够正向预测员工的前摄行为，其间，领导认同起到部分中介的作用，并且这一中介效应受到中庸思维的情境调节（赵红丹、郭利敏，2018）。

从消极领导风格看，辱虐型领导、威权型领导等消极领导行为同样将影响员工前摄行为的实施。基于自我决定理论，有学者发现辱虐型领导对下属的敌意行为会抑制员工的主动行为，辱虐管理对个体的打击导致其情绪沮丧低落，并对自我能力产生质疑。同时，该个体的职场形象也将因此受损，导致其归属感的降低。因此，员工内在动机被极大地削弱，自然不愿进一步实施具有主动性和变革性的前摄行为（许勤等，2015）。威权型领导则通过降低员工对领导者的信任，从而间接影响员工前摄行为的执行（李锐、田晓明，2014），这是因为威权型领导的专断集权要求下属无条件服从、不允许质疑等，从而导致员工的害怕和戒备心理，有损其自发性和主动性。从社会交换视角看，威权型领导与下属间缺乏情

感交流，难以建立社会交换和互惠关系，进而无法真正激发下属超出角色要求的前摄行为。

综上所述，现有研究可从以下方面进行完善。

首先，聚焦资源保存理论下团队竞争氛围感知对个体前摄行为的影响研究。关于前摄行为的研究，学术界在团队层面主要关注主管支持、领导风格及员工与领导的匹配问题，并运用社会学习理论、自我决定理论等论述前摄行为的影响机制，而忽略了资源保存理论双视角下团队竞争对前摄行为的双向路径研究。类似于“马太效应”，不同个体对于资源损失的风险抵抗力和资源获取能力不一，资源富裕的个体更能够获取资源增量，而资源匮乏者更难获得资源增量且会导致资源的进一步损失。在外界环境变化压力下，资源的获取吸引力和损失敏感性或将激励个体的前摄行为。因此，本章将从资源保存视角切入研究。

其次，完善前摄行为研究的情境因素。已有研究表明，支持性组织氛围这一积极氛围能够正向调节角色宽度自我效能感对前摄行为的关系，但未提及组织内消极氛围对前摄行为研究的影响。因此，在中国的“关系”文化下，当由关系异质性引起的团队差序氛围浓厚时，个体实施前摄行为的概率可能有所降低。

二、团队竞争

（一）概念内涵

学术界围绕竞争概念进行了较多的理论研究与实证研究，学者们对于竞争的理解褒贬不一，经过多年的深入探析，目前学术界关于团队竞争的内涵定义主要有三类：

一是学者们基于社会互依理论认为竞争是以获得仅一人或一部分人能达到的目标而彼此排斥和对抗，将竞争概念化为两个个体间的主观竞争关系（Kilduff et al.，2010），强调零和竞争。二是部分学者从社会比较视角出发，认为竞争是个体通过比较和参考其他人最大化相对回报的动机导向（Malhotra，2010），这一动机可好可坏，既存在通过积极比较和参考而获得向上努力的内在动机，也存在由于比较给自我带来的消极情绪，如嫉妒、愤恨、不满等。此外，有学者从更为客观宽泛的意义上认为竞争是为获得比其他参照人更高的相对回报（物质或社会获得）而引发的彼此交互性（常涛等，2018）。当个体通过社会比较获得积极的内在动机时或许会选择积极挑战自我、完善自我，而由于社会比较产生负面情绪的个体则更可能为了获取这一相对回报采取一系列消极行为，如“暗中使绊子”“打小报告”“背后诋毁”等为了赢而不择手段的举措。三是有学者基于激励理论，认为竞争可被作为工作中强有力的激励手段，以此提升企业生产力，竞争的建设性动机将个人与其学习欲望集中，被建设性地激励意味着个体能够辨别、珍视并被自己和他人的能力所激励，个体在同他人进行比较时还会被激励在一个涉及考虑和尊重他人观点的社会环境中进行行动和学习。基于此，本章将采用个体感知的团队竞争氛围来评价团队竞争，并定义为个体感知到的薪酬激励、晋升等回报与团队内绩效比较的关联程度。

此外，学者对团队竞争的维度及测量也进行了相关分析。目前学术界对于竞争的维度划分较为多样。Tjosvold 等（2003）基于竞争对结果（如获取成就、人际关系等）的影响效应提出建设性竞争和破坏性竞争两个维度。其中，建设性竞争包括但不限于工作中的高效率、高成就，积极的心理情感，舒适的人际社交等能够给工作团队带来好结果的竞争；破坏性竞争则多指导致个体焦虑水平高、生产率低、缺乏动力等给个体本身和工作团队带来消极结果的竞争。同时，该学者通过研究发现规则的公平性、个体的获胜动机、个体拥有提高获胜机会的优势、竞争者之间的强正相关关系及相互确认对方能力的历史与建设性竞争的产生有着紧密联系。

Kelle（2009）则从文化认知的视角探析东西方文化差异下竞争与合作的关系，并提出了试图超越性竞争和试图破坏性竞争，以此区分合作和竞争的容易程度。其中，该学者将试图超越性竞争定义为通过提高团队成员相对于其他成员的绩效来提升其地位的行为，而将试图破坏性竞争定义为通过物质伤害其他团队成员来增加一些成员相对地位的行为，属于蓄意破坏，如团队成员通过向其他人提供错误信息来进行破坏，如果该错误信息被使用，就会导致该成员采取糟糕的行为，而这种行为将降低团队的整体表现。

常涛等（2018）基于调节聚焦理论的促进型调节聚焦和防御型调节聚焦将团队内人际竞争划分为促进型竞争和防御型竞争，并在以往对竞争测量的基础上，收集整理了现有人际竞争的相关量表，然后进行了半结构化访谈，访谈对象为 16 名从事团队管理或团队工作的山西大学 MBA 学员。经过初始量表预试、正式量表结构维度的验证及效度检验之后最终形成了 20 题项的测量量表，其中促进型竞争和防御型竞争的测量题项各 10 题项。

部分学者则将团队竞争分为团队超级竞争和团队发展竞争（He et al.，2014）。Ryckman 等（1994）分别开发出个人层面的超级竞争和发展性竞争测量量表，具体题项如“我发现竞争很有趣，因为我能够在竞争中表达自己的潜力和能力”“竞争并不能帮助我更多地发展自己的能力”等。He 等（2014）则基于以往学者的研究结果开发出团队超级竞争和团队发展竞争的测量量表，其中团队超级竞争共 7 个题项，团队发展竞争共 4 个题项，具体题项如“当团队成员之间存在竞争时，只要手段能达到目的，对他们来说什么都不重要”“我们的队员以强烈的运动精神互相竞争”等。本章则在 He 等（2014）的研究基础上对量表进行适当改编，形成本章关于团队竞争氛围感知的测量量表展开样本数据收集。

（二）相关研究

对于团队竞争的影响因素研究，学术界的相关研究较少。有学者通过研究发现相似性会增加竞争的心理风险，从而加剧竞争（Kilduff et al.，2010），而工作场所中的废话或垃圾话（如嘲笑和自我吹嘘）会导致更多的竞争，激发建设性和破坏性的行为（Yip et al.，2017）。

对于团队竞争的作用机制研究，学者们则持两种不同观点。一方面，有部分学者认为团队竞争能够为个体和团队带来积极效应。有研究表明建设性竞争对团队满意度有间接的正向影响，两者间关系受到任务冲突的中介（Abraham et al.，2019）。团队发展竞争倾向于促进团队效能（He et al.，2014）。类似地，促进型竞争能够促进个体的任务绩效（常涛等，2018）。有学者基于控制理论发现竞争正向调节了个体自我效能感和努力之间的积极作用（Dissanayake et al.，2018）。

另一方面，还有部分学者认为团队竞争会导致消极效应。有研究表明团队超级竞争倾向不利于团队的发展（He et al.，2014）。部分学者基于交互记忆理论认为过度竞争会产生消极的人际效应（如仇恨和攻击等），其团队成员倾向于将自己与其他团队成员区分开来，并减少知识共享，降低团队绩效，严重阻碍团队的有效运作（Tsai et al.，2016）。类似地，防御型竞争同样将负向影响个体的任务绩效（常涛等，2018）。此外，竞争感知会引发不道德行为（Kilduff et al.，2016）。从情感事件视角出发，有学者发现消极情绪在竞争氛围感知对知识隐藏行为的影响效益中起到部分中介作用（杨陈、唐明凤，2018），低估他人的表现和不帮助他人，从而削弱组织绩效。竞争心理氛围与离职倾向正相关，而与情感承诺负相关，并且竞争心理氛围能够通过降低员工情感承诺而导致离职倾向（Gim et al.，2015）。

综上所述，现有研究可从以下方面进行完善：

构建团队竞争对个体前摄行为的双元整合模型。关于团队竞争的研究，学术界尚未达成统一意见，不论是积极效应还是消极效应影响都有一定的数据支撑，这对于组织管理者对员工前摄行为管理带来了困扰。笔者认为导致意见不一的主要缘由是多数研究尚未明晰团队竞争的建设性本质及前摄行为隐含的消极信息。因此，本章将构建竞争氛围感知与个体前摄行为关系间的双路径模型。

探索中国文化下团队差序氛围在团队竞争与前摄行为的关系中的情境作用。鉴于团队内资源有限，结合团队资源分配者的主观性，在团队竞争存在的情况下，难以达到分配完全公平的程度。此时，与“掌权者”关系亲疏即团队差序氛围将影响个体资源获得量。因此，探索极具中国特色的团队差序氛围在团队竞争与个体前摄行为关系中的情境作用是本章的研究重点之一。

三、学习目标导向

（一）概念内涵

目标导向（Goal Orientation）① 的概念最早来源于教育心理学。目前学术界在对目标导向这一概念的界定中，主要有以下两种观点：一是将其定义为个体的某种具有稳定性的性格特质，将其归属于性格方面。二是将其视为一种目标状态，这种状态则是基于某种实验场景或者存在于某一特定背景条件下，即成就任务中的情境化导向。具体而言，部分学者认为个体生来就被做好了“预先设定”，不同个体具有不同的“设定”，因此属于一种稳定的个体特质。Brett 和 Vande Walle（1999）则将目标导向视为一种心智模式，这种模式能够在个体的任务达成过程或目标实现过程中开启。然而，有学者则认为个体并非本身具备这一特质，而是在与环境的交互作用下对周围情境做出的不同反应的模式（Swartz，2002），即受到了组织情境的影响，从而动态地选择成就目标（Shamim et al.，2017）。

此外，学者对目标导向的维度及测量进行了相关分析，见表 5-2。

表 5-2　目标导向的维度划分

学者（时间）	概念	维度分类	具体表述	关系
Elliott 等（1988）	成就目标导向	学习目标导向	以学习和掌握能力与知识为目的；倾向于关注自身技能提升与发展	并非非此即彼的独立关系，个体可能同时具备学习目标导向和证明目标导向，仅取向程度有所差异，个体在学习掌握能力的同时也会努力争取更好的绩效表现，以此获得他人的高评价，并证明自己的能力
		绩效目标导向	希望通过与他人比较证明其个人能力，从而获取相较于他人更高的外界评价	
罗瑾琏等（2016）	目标导向	学习目标导向	倾向于关注其能力发展和学习动机	
		证明目标导向	关注其能力证明和外部评价，呈现积极动机状态	
		回避目标导向	倾向于安于现状和避免失败，属于消极的动机状态	

可见，目标导向是个体在与环境交互作用下对成就动机的目标偏好，这种偏好具有动态性，并能够影响其对目标的选择及行为方式。因此，Vande Walle 认为学习目标导向是“个体基于自我发展的想法来通过各种途径获取新技能以达

① Goal Orientation 也被译为目标取向、目标定向、成就目标导向。

到个人专业能力或综合能力的提升”。因此，本章将学习目标导向界定为个体对自身能力发展的学习动机偏好，代表了个体通过学习获取工作技能提升的强烈意愿。

学习目标导向的测量量表多来源于学者们对目标导向分维度的测量量表。目前学术界关于目标导向的测量较多使用 Vande Walle 所开发的量表，表 5-3 为具体量表内容。

表 5-3　学习目标导向的测量量表

学者（时间）	维度划分（题项数）	示例题项
Vande Walle（1997）	学习目标导向（3 个）	经常阅读与我的工作相关的材料来提高我的能力
		我愿意选择一项具有挑战性的工作任务，从中我可以学到很多东西
		我喜欢工作中富有挑战性和困难的任务，在那里我可以学到新的技能
	证明目标导向（3 个）	我倾向于证明我能比同事做得更好
		我试着想办法在工作中向别人证明我的能力
		当工作中其他人意识到我做得很好时，我很开心
Matzler 等（2011）	学习目标导向（3 个）	做一个艰难的项目是非常令人满意的
		成为好员工的重要部分是不断提高我们的技能
		有时为了学习新东西，我付出了很大的努力
	证明目标导向（3 个）	我知道我比其他员工表现出色时，我感觉很好
		我总是试着把我的成就告诉我的经理
		我花了很多时间思考我的表现与别人相比如何

综上所述，本章借鉴 Vande Walle 的测量量表，在此基础上编制适用于本章研究的学习目标导向测量量表。

（二）相关研究

目前学术界主要从个人心理因素、工作任务因素等方面探析学习目标导向的产生机制。一方面，以往研究多聚焦于个体本身特质如大五人格特质等变量。Dweck 等（1988）曾从个体认知能力和自信角度出发，对其与目标导向之间的关系和影响机制进行研究尝试。在此之后，Elliott 等（1997）研究发现个体目标取向可以从其能力、知识水平出发进行鉴别。也有学者发现个体的成就动机和职业发展欲望能够刺激其学习目标导向（任杰、路琳，2010），而促进调节定向同样能够起正向影响作用（王晨曦等，2018）。此外，贾艳玲等（2020）在对新员工创新行为的影响研究中发现领导和同事的发展性反馈均能在一定程度上激发员工的学习目标导向。另一方面，研究表明目标难度、时间约束、工作要求能够影响个体的状态目标取向，目标难度过大、工作复杂或者较强的时间约束会让个体认为自己的努力无效而倾向于选择放弃或回避（Yeo et al.，2009）。

首先，对于学习目标导向的影响机制，学术界则多聚焦于其对创新行为、工作绩效、知识分享等影响的内在机理。有学者发现员工的创新行为将受到个体的绩效趋近目标导向和学习目标导向的正向作用，同时受到绩效回避目标导向的负向影响（曹洲涛、李语嫣，2021），并且个体的学习目标导向与其自我效能感及元认知高度正相关（Sackett et al.，2017）。也有学者从团队层面出发，基于目标导向理论和创造力成分模型构建目标导向对个体和团队创造力的多层次模型（罗瑾琏等，2016），并基于角色理论视角，探析领导—员工学习目标导向与领导反馈环境对员工创造力的交互作用（巩振兴等，2020）。此外，教练型领导通过双元学习对团队创造力进行影响的内在机制还将受到团队学习目标导向的调节（赵红丹、刘微微，2018）。

其次，有学者基于角色认知、创造性自我效能、目标导向理论、动机心理学理论和人—环境匹配等理论发现学习目标导向对员工能力（员工创造力）、工作行为（工作投入）、内在动机和认知（离职动机、创造性自我效能、创造性角色认同）及实际工作结果（工作绩效）等有正向作用（王文卓等，2017），并且被视为调节定向这一动机性特质在动态认知上的具体化表征，学习目标导向能够中介促进调节定向与个体绩效（创新绩效和任务绩效）之间的关系（王晨曦等，2018）。

最后，有学者通过研究发现证明目标导向负向影响隐性知识共享，而学习目标导向却对隐性知识共享存在显著正向影响。其中，学者们证明目标导向能够进一步调节学习目标导向对隐性知识共享的正向关系（刘博等，2020），并且还将通过隐性知识共享行为间接影响员工的创新行为（李永娟等，2016）。此外，基于目标取向理论和特征激活理论，部分学者认为高团队心理安全感下团队对员工的包容性更强，能够促进团队成员间的合作交流，因此能够在目标导向与知识共享的关系中起到一定的调节作用（杨相玉等，2016），而员工的学习目标取向越强，领导—成员交换对建言行为的影响越大（朱玥、王晓辰，2015）。也有学者基于认知视角，通过对团队数据的处理分析发现团队学习将受到其掌握目标导向的正向作用，并且知识共享在以上机制中起着部分中介作用（周小兰，2017）。

综上所述，现有研究可从以下方面进行完善：

第一，探析学习目标导向在竞争氛围感知与前摄行为关系间起到的作用。已有研究表明学习目标导向能够对前摄行为产生影响，但是并未涉及竞争视角下学习目标导向所起到的效应。因此，本章将重点探析学习目标导向在团队内竞争氛围感知与前摄行为之间的桥梁作用。

第二，探索团队差序氛围对学习目标导向影响机制的情境意义。目前学术界多聚焦于个体层变量对目标导向的影响机制研究，而较少涉及团队或组织层因素对个体学习目标导向的作用机制。然而，中国“圈子”文化所衍生的差序氛围在职场中难以避免，并可能对个体学习目标导向有所影响，因此有必要探索团队中的差序氛围在学习目标导向研究领域中的情境意义。

四、地位威胁感知

（一）概念内涵

以往研究中，存在正式地位和非正式地位的划分（刘智强等，2015）。在这一划分类型中，将所在组织所授予的岗位或职级即有文件可证明的地位视为正式地位；而将没有明确发文或职级的，基于个体自身职场魅力或基于某种特殊因素而在非正式组织中所体现的地位称为非正式地位。此外，威胁感被学者们定义为个体为了维持自身地位（正式和非正式）的一种感知。地位威胁则被定义为对一个人的地位的挑战，这种挑战可能会导致潜在的地位丧失。在组织中，地位作为一种社会资源是有限的，这很容易产生员工对地位的竞争，并对已经拥有地位的人如领导者造成威胁，其中地位威胁是失去地位的潜在风险，而不是真正意义上的地位丧失。因此，由于个体更关心其在组织或团队层面上所体现的影响力或地位，从而将从某些方面和其他成员进行地位比较，并由此感知到其他个体对其地位丧失的挑战，本章将其定义为地位威胁感知。

学者对地位威胁的测量进行了相关分析。学者们目前大多集中于领导感知的地位威胁，并对此开发了相应的测量量表。其中，Bendersky 和 Hays（2012）最初为了捕捉团队成员之间在团队级别上相对地位位置的争议而开发了 4 题项的地位冲突测量量表，并且这些量表是从团队成员的角度来构建的，具体条目包括“我的团队成员经常在冲突中站队（即结成联盟）”“我的团队成员经历过冲突，因为成员试图维护他们的主导地位”“我的团队成员为了影响力而竞争”“我的团队成员不同意成员贡献的相对价值”。

个体层面的地位冲突具有双向的表现形式：一是行动者挑战他人的地位；二是他人挑战行动者的地位。其中，后一种形式是地位威胁。因此，有学者（Zhang et al.，2020）对这 4 题项量表做了适当的调整，使得题项内容更加贴近地位威胁，具体题项包括“我觉得有些同事串通一气来挑战我在公司的地位”“我感到自己在工作中的支配地位受到了其他同事的威胁”“有些同事与我竞争，以增加他们在公司的影响力”“我觉得有些同事不同意我对公司贡献的相对价值”。

此外，部分学者让被调查对象回忆一次自己在工作中遭遇的不公正、过失的某种冒犯或不公正待遇，并以三个问题评估这种情况在多大程度上冒犯了自己，具体包括“这种情况在多大程度上让你觉得自己是公司/团体中不受尊重的一员?”“这件事在多大程度上损害了你在公司/集团中的地位?”“这件事在多大程度上让你觉得自己正站在这家公司/集团被质疑的地方?”。

本章则根据地位威胁感知的界定选择采取 Zhang 等（2020）关于地位威胁感知的四题项量表。

（二）相关研究

已有研究基于权力依赖理论等探析了地位威胁对领导依赖、道德行为等的作用机制。基于权力依赖理论，有学者认为经历地位威胁会增强领导者对下属的依赖，因为下属能够为领导提供其所需的与地位相关的资源（如绩效、忠诚、信任等），如果领导者能够获得替代资源以应对这一地位威胁，那么该领导对下属的依赖将会得到减弱（Zhang et al.，2020）。此外，有学者通过研究表明领导者经历地位威胁时会表现出更多的道德领导行为，尤其是当他们的团队结构是基于团队而不是个人的时候。这是由于地位威胁被视为一种普遍现象，有地位等级就会存在地位威胁。因此，在组织中，地位威胁作为一种压力环境可能会持续较长的时间，并会给地位威胁感知者带来一种不确定性，而这种不确定性将会刺激个体的行为，如领导者与下属关系的动机投资增加。

此外，个体的地位威胁感知与地位差异合法化有关。有研究表明当地位差异合法时，高地位组的成员会表现出相对更多的挑战，而当地位差异不合法时，低地位组的成员则表现出相对较少的威胁，而那些表现出更强挑战倾向的人在新的一轮任务中表现得更好。据此可知，在感知到竞争时，高地位的个体会更加积极表现，在地位差异合法即防御型竞争下，地位高的人会接受到更大的挑战，而在地位差异不合法即促进型竞争的情况下，地位低的人感知到的地位威胁会更低，并更偏向于积极行动，更可能将自我目标与团队目标相结合。同时，相较于团队外的其他成员，团队内与其更亲近的成员可能会更容易带来地位威胁感知，即当团队其他成员在团队中表现得更出色时，会对自身构成更大的个人威胁（Tesser et al.，1988）。

综上所述，现有研究可从以下方面进行完善：

第一，聚焦资源保存理论的损耗视角下竞争氛围感知对地位威胁的影响。已有研究多基于权力视角如权力依赖或社会支配视角进行地位威胁研究，较少从资源保存视角切入。然而，鉴于地位本身是职场资源的一类，资源的有限性

和竞争的零和性导致在感知到竞争氛围浓厚时个体较易产生资源流失的危机感，因此资源损耗视角或许是地位威胁感知研究较好的切入点。本章将基于资源保存理论重点探析地位威胁感知在竞争氛围感知与前摄行为关系之间所起到的作用。

第二，探析地位威胁感知对个体前摄行为的影响。目前学术界多聚焦于领导层面的地位威胁感知，而较少涉及个体层面的地位威胁感知。然而，普通员工在职场中同样容易感知到来自他人对自我团队地位的威胁，并且由于地位等级的不一致，普通员工在面对地位威胁时所采取的应对措施或许会与领导有所差异。因此，探析个体地位威胁感知对其前摄行为的影响机制成为本章研究的重点议题之一。

五、团队差序氛围

（一）概念内涵

差序氛围是指团队各成员围绕团队资源掌控者（通常是团队领导）所形成的关系疏密的差异程度（刘军等，2009），这一概念来源于学者费孝通于 1948 年提出的差序格局研究。费孝通所提出的差序格局理论中指出，在以个体为核心的社会关系网络中，会出现如石头投入水中所泛起的水波纹的情形，离石头越近的水纹代表着与个体关系亲密的人群，离石头越远的水纹则代表着与该个体关系疏远的人群，该类人群所能获取到的资源也相对更少。

在此基础上，黄光国等学者对其进一步深入研究，并提出中国人的人情和面子模型。该模型充分反映出具有中国特色的资源分配，多数人采用人际关系的亲密程度等级以作为现有资源的分配标准。在此基础上，“信任格局”这一概念被提出。有学者认为人与人之间的信任与否及信任程度达成什么水平是基于个体对亲疏远近的判断，而这种所谓的信任则主要来源于与生俱来的血缘关系和个体与个体间在生活和工作中的交往互动。此外，郑伯埙（2006）基于中国文化背景进一步提出以下观点：管理者从人际关系、忠诚与否、个人才能出发，将其作为划分标准差序对待下属。基于此，刘贞妤（2003）将差序氛围定义为下属感知到的组织领导对待不同下属员工所采取差序管理的氛围。

本章则根据刘贞妤的观点和实际操作，将团队差序氛围定义并操作化为团队内成员对其所在团队的实际资源掌控者即团队领导对成员所采取的差异化管理氛围的感知。

此外，学者对团队差序氛围的维度及测量进行了相关分析。有学者将差序氛围划分为三个维度。其中，偏私对待主要是指在工作待遇或者职位晋升等资源分配环节，与领导或组织关系存在差异的不同个体将受到来自领导或其他资源掌控者的差别化对待；相互依附则主要来源于个体间情感上的连接，领导与下属由于部分因素而有较强的依附关系；亲信角色则具体是指领导将其中某一位或某几位下属视为自己的亲信，这些员工就会被赋予较高的信任。在此基础上，该学者开发出 11 题项的三维度量表，示例条目包括“主管有某些特定的员工来传达其部分信息”等。刘军（2009）在此基础上进行了探索性因子分析，并进一步验证了这一量表的可靠性，结果显示该量表具有良好的信效度。基于此，本章关于团队差序氛围的测量量表将选用学者刘贞妤于 2003 年开发的差序氛围测量量表进行数据收集。

（二）相关研究

学术界关于差序氛围的研究多聚焦于其影响效应，如个人认知、个体行为及团队绩效等。一方面，学者们通过研究发现团队差序氛围将对个体的积极职场认知产生消极的影响效应，如负向影响个体的上下级价值观匹配感知（沈伊默等，2019）、职业召唤（黄攸立等，2018）、创新自我效能感和情感承诺（马伟、苏杭，2020）。在以上研究中，同时得出差序氛围对员工积极工作行为和结果如知识共享、组织公民行为和工作绩效（沈伊默等，2019）、创新行为（马伟、苏杭，2020）等的负向效应，并发现了家长式领导风格或团队成员交换关系差异能够通过差序氛围感知影响员工的组织公民行为或沉默行为。

另一方面，差序氛围这一变量多被作为调节变量使用。差序氛围感知既能够调节领导成员关系在政治技能与工作场所排斥关系中的中介作用（薛亦伦等，2016），也能够负向调节领导风格如授权型领导对员工心理所有权的关系（罗忠恒、林美珍，2017），并调节服务型领导通过团队工作满意度对团队绩效的间接关系（李露等，2016）。

第三节 研究假设

一、团队竞争与前摄行为

本章以个体感知的团队竞争氛围来评价团队竞争，反映个体对职位晋升、绩效奖励、薪酬涨幅等回报与团队内绩效比较程度的主观感知，以及个体对团队内不同成员的工作表现与其绩效回报关联度的感知（徐洋洋、林新奇，2021）。不少学者将团队竞争视为一种具有破坏性的团队行为，并关注竞争所带来的消极结果，如不道德行为、知识隐藏、离职倾向（Gim et al.，2015）等。然而，越来越多的学者对其进行深入研究发现了竞争的建设性影响，认为团队竞争同样能够带来积极结果，如促进个体与团队的绩效。此外，已有研究多将竞争氛围作为情境变量，探析其在领导风格与因变量关系中的影响，如在谦虚型领导与员工组织公民行为、团队反思关系中的调节效应（王宏蕾、尹奎，2021），而忽视了其作为自变量对个体行为直接影响的重要性。

根据资源保存理论，个体拥有获得、保护和建立具有价值资源的动机，并倾向于通过努力开发资源剩余，以抵消未来资源损失的可能性（Hobfoll，1989）。前摄行为是员工以未来为导向、试图改变自身处境、有意图性的自发行为。个体实施前摄行为的目的在于有意义地改变自我或所处环境（田晓明、李锐，2015），在一定程度上避免未来资源的损耗，并希望获得资源增量。基于资源保存理论的增益视角，具有心理优势的员工更愿意投入已有资源以实现资源增量，从而主动实施前摄行为。同时，基于资源保存理论的损耗视角，心理资源不足的员工在面对未来的不确定性及竞争压力时，不敢投入自身资源，更倾向于选择“躺平”以规避风险，从而抑制了前摄行为的表现。本章主要聚焦于科技、金融等创新型企业员工，该类员工往往具备较高的技术和专业能力，普遍具有较强的个体资源和心理资本。因此，基于资源保存理论的增益视角，面对组织外日趋激烈的市场竞争和技术环境，以及人才流动加剧的组织内竞争氛围，创新型企业团队成员很难选择“躺平”实现独善其身，而敢于投入更多的个体资源加强学习创新以持续保持竞争力和适应性，并且更倾向于实施具有变革导向的前摄行为来获取资源增量或保护自我资源，以适应组织内外激烈的竞争环境。据此，本章提出如下假设：

H1-团队竞争对员工的前摄行为具有正向影响。

二、学习目标导向的中介效应

学习目标导向是指个体对自身能力发展的学习动机偏好，代表个体通过学习获取工作技能提升的强烈意愿（Vande Walle，1997）。资源保存理论认为，当个体本身拥有较多资源时，能够抵御资源损失带来的影响。同时，个体会通过提高工作技能等资源间接投资来保护资源的损失，从损失中恢复并获取资源增量（Hobfoll et al.，2018）。基于资源保存理论的增益视角，个体在感知到较强的团队内竞争氛围时会出于对资源的间接投资，选择提升自我技能，通过增加技能和信心资源以获得资源增量。相反，当个体本身拥有较少资源时，会优先选择保护已有资源。同时，由于其本身心理资源不足，资源“弱者”会更倾向于以保守的姿态面对外部环境，从而在感知到较强的竞争氛围时选择“躺平”，放弃获取更多资源的机会。本章主要聚焦于科技、金融等创新型企业员工，这些员工在知识、技能和心理等方面普遍具有较高的“资源存量”。面对日趋激烈的内外部竞争环境，“资源充足”的创新型员工更愿意投入个体资源，通过学习增加技能和信心资源以获得资源增量。因此，本章研究认为个体的团队内竞争氛围感知将增强其学习目标导向。

当个体具有较高的学习目标导向时，个体更注重自身能力提升和学习机会，并能够通过预见未来事物有效地设定目标。学习目标导向较强的个体具有强烈的内在提升动机，注重自身未来的发展，并喜欢有挑战性的工作（Vande Walle，1997），在面对工作难题的情况下愿意付出额外的努力开拓新方法、思考并创造性地提出解决办法，进而实施具有自发性、未来导向和变革导向属性的前摄行为。由此可见，高学习目标导向的个体更可能也更有能力采取前摄行为，以积极的工作心态缩小与他人的差距，并提升自我能力，以达到改变未来或所处环境的目的。据此，本章提出如下假设：

H2-学习目标导向在团队竞争与前摄行为的关系中存在中介效应。

三、地位威胁感知的中介效应

地位是指个体从他人处获得的尊敬、声誉及尊重程度（Anderson & Kilduff，2009）。地位威胁感知是团队成员感知到其他成员对其自身能力、尊严、自我价值感等的挑战、质疑或削弱，对其正式地位存续、声望等造成的威胁（马璐、纪建伟，2021）。资源保存理论认为，由于资源的稀缺性，团队内成员在感知到较强的竞争氛围时，会选择优先保护自己的利益和资源（Zhu et al.，2018）。当团队成员之间的资源争夺比较严重时，处在不同团队地位的成员都可能感受到地位威胁。一方面，由于享有或占据有利地位、声望、影响力，以及从中获取到更多的利益、特权和尊重，高地位团队成员对潜在地位和利益的损失更为敏感（黄玮等，2017），浓厚的竞争氛围使其更易感知到地位威胁；另一方面，低地位团队成员可能由于高地位成员对其工作价值和贡献的忽视，而感觉自身被边缘化，从而感受到较强的地位威胁（马璐、纪建伟，2021）。由此推测，竞争氛围感知对团队成员的地位威胁感知具有促进作用。

资源保存理论认为，个体资源富足是其承担风险的基础（Chen et al.，2014）。当个体缺乏资源或害怕损失时，会因自身资源的有限性而倾向于通过回避来应对不确定性，以避免个人风险和陷入资源损失螺旋，从而保存资源。由于资源的稀缺性，在浓厚的竞争氛围下，个体会产生较强的地位威胁感知，更倾向于优先保护自己的利益和资源（Zhu et al.，2018）。当个体意识到资源的流失或即将流失时，会想办法避免和克服资源流失的情形出现，即在面对压力情境时，个体倾向于选择自我保护，降低情感认知投入，减少在主动性行为如突破性创新

（魏巍等，2020）上的时间精力付出。由此可见，基于资源保存理论的损耗视角，当感知到较强的地位威胁时，团队内成员将出于资源保护的目的选择降低在具有变革性和较大风险性的前摄行为上的投入，以此避免资源的损失。据此，本章提出如下假设：

H3-地位威胁感知在团队竞争与前摄行为的关系中存在中介效应。

四、团队差序氛围的调节效应

团队差序氛围是团队成员之间围绕团队资源掌控者所形成关系疏密的差异程度，成员会因与领导者的关系亲疏而形成“圈内人”或“圈外人”，其中“圈内人”互相信任，“圈外人”则互相提防不信任。根据资源保存理论，密切的上下级关系是成员重要的组织和心理资源（梁潇杰等，2019）。当团队内差序氛围较高时，团队成员讲究“关系”“圈子”，根据差序格局进行资源分配（沈伊默等，2019），从而加剧了团队竞争的复杂性，弱化了良性的团队竞争氛围对个体学习成长、能力提升的积极作用。此时，个体不愿树立提升和完善自我的学习目标，不会通过增加技能和信心资源以获得资源增量，反而会以防御型回避来等待帮助或使压力源（如团队竞争）消失或减弱（Hobfoll et al.，2018）。另外，高团队差序氛围下的差异化管理会进一步影响个体的自身行为和认知（贾艳玲等，2020）。此时，更加复杂化的团队竞争加剧了资源的稀缺性，从而进一步影响了“圈内”和“圈外”成员的地位威胁感知。一方面，处在关系“圈内”的成员更担心自身潜在地位和利益的损失；另一方面，处在关系“圈外”的成员更担心自身被进一步边缘化，他们都对地位丧失更加敏感，感知到更强烈的地位威胁。

相反，当团队内差序氛围较低时，“圈内”“圈外”成员界限感较弱，团队内成员能够更容易获得组织支持或职场友谊，成员间的关系紧密，个体更可能获得关键性资源，如同事情感、技术及信息支持等（张昊民、曹飞苑，2020）。此时，资源富足的个体更不易受到资源损失的影响，较少面临资源耗尽的情形，也能够做好资源管理。一方面，对于注重自我提升或晋升的人而言，更注意寻求机会导向，也更有信心在未来获取资源，他们更可能将风险视为机遇；另一方面，由于资源的充裕，个体对地位资源流失的敏感程度较低，此时面对团队内竞争更不容易感受到其地位威胁。因此，根据资源保存理论，在低团队差序氛围下面对团队竞争时，个体的学习目标导向更强，地位威胁感也相对更弱。据此，本章提出如下假设：

H4-团队差序氛围在团队竞争对学习目标导向的影响中存在负向调节效应。

H5-团队差序氛围在团队竞争对地位威胁感知的影响中存在正向调节效应。

依据上述理论分析和假设，本章认为团队差序氛围也分别调节了学习目标导向、地位威胁感知在竞争氛围感知对个体前摄行为影响之间的中介作用。具体而言，当员工感知到的团队差序氛围越高时，学习目标导向在竞争氛围感知对前摄行为影响之间的正向作用越弱；当员工感知到的团队差序氛围越低时，学习目标导向在竞争氛围感知对前摄行为影响之间的正向作用越强。类似地，在高团队差序氛围情境下，竞争氛围感知通过地位威胁感知影响前摄行为的作用更强；在低团队差序氛围情境下，竞争氛围感知通过地位威胁感知影响前摄行为的作用更弱。据此，本章提出如下假设：

H6-团队差序氛围调节学习目标导向在团队竞争与前摄行为关系的中介作用。

H7-团队差序氛围调节地位威胁感知在团队竞争与前摄行为关系的中介作用。

第四节　研究方法

一、研究样本与程序

本章研究样本范围主要集中于江西、广东、北京等地区，涉及科技型、金融业等行业员工。通过问卷调查方式，采用线上线下结合形式进行数据收集。鉴于团队竞争和地位威胁等概念的特殊性和敏感性，为确保填写问卷的个体能够没有顾忌并如实报告自身工作情况，笔者承诺所收集数据仅供本次学术研究分析使用。本章研究共收集 308 份样本数据，为进一步确保数据的有效性，采用一系列措施对明显不合格的数据进行筛选，如只出现一个答案的问卷、部分题项尚未作答的问卷，将其做剔除处理。最终获得有效样本 274 份，问卷有效回收率为 88.96%。

具体而言，在调研对象中，男性占 40.10%，女性占 59.90%；25 岁及以下占比 27.74%，26~35 岁占比 62.04%，36~45 岁占比 7.30%，46 岁及以上占比 2.92%；所在团队成员数为 5 人及以下的占比 25.91%，6~10 人的占比 24.45%，11~15 人的占比 7.66%，16~20 人的占比 5.84%，20 人及以上的占比 36.13%。据此，本章研究样本百分比数据对参与员工在不同性别、年龄、学历水平及所在团队成员数方面进行了覆盖，为后续研究的科学性和普适性奠定了基础。具体内容见表 5-4、表 5-5。

表 5-4　人口变量描述性统计

变量	分类标准	数量（人）	百分比（%）
性别	男	110	40.10
	女	164	59.90
年龄	25 岁及以下	76	27.74
	26~35 岁	170	62.04
	36~45 岁	20	7.30
	46 岁及以上	8	2.92
受教育程度	高中及以下	3	1.09
	中专或大专	39	14.23
	本科	186	67.88
	硕士及以上	46	16.79
团队工作年限	3 个月及以下	21	7.66
	4~6 个月	26	9.49
	7~12 个月	46	16.79
	12 个月以上	181	66.06

表 5-5　所在团队及企业基本情况

变量	分类标准	数量（人）	百分比（%）
所在团队成员数	5 人及以下	71	25.91
	6~10 人	67	24.45
	11~15 人	21	7.66
	16~20 人	16	5.84
	21 人及以上	99	36.13
团队类型	生产部门	16	5.84
	研发部门	21	7.66
	业务部门	69	25.18
	职能部门	116	42.34
	其他	52	18.98

续表

变量	分类标准	数量（人）	百分比（%）
企业性质	私营企业	69	25.18
	国有企业	88	32.12
	政府机关/事业单位	87	31.75
	外资企业	3	1.09
	合资企业	5	1.82
	其他	22	8.03
行业性质	能源/化工	12	4.38
	建筑/房地产	16	5.84
	互联网/通信	25	9.12
	制造业	9	3.28
	金融保险业	54	19.71
	批发零售业	3	1.09
	教育行业	55	20.07
	其他	100	36.50

二、测量工具

为保证量表能够有效地测量本章研究变量，本章尽量采用经学者实证验证过且已在中国本土应用开发的成熟量表，可靠性较强。为了统计方便有效，本章遵循前人研究，使用李克特五点计分法来测量（1=非常不同意，5=非常同意）。

（1）团队竞争。采用的是 He 等（2014）编制的团队竞争氛围感知量表。量表包括 9 个题项，如“我认为我们的团队成员有一种‘赢输’的关系”等。该量表的 Cronbach's α 值为 0.673。

（2）学习目标导向。采用的是 Vande Walle（1997）开发的学习目标导向量表。量表包括 8 个题项，如“我愿意选择一项具有挑战性的工作任务，从中我可以学到很多东西”等。该量表的 Cronbach's α 值为 0.788。

（3）地位威胁感知。主要借鉴 Zhang 等（2020）研究的成熟量表，最终得到测量量表。量表包括 4 个题项，如“我感觉我在工作中的主导地位受到了其他团队成员的威胁”等。该量表的 Cronbach's α 值为 0.836。

（4）前摄行为。主要借鉴 Belschak（2010）和 Frese 等（1997）研究的成熟量表，最终得到测量量表。量表包括 11 个题项，如“每当出现问题，我总是立即寻找解决方案”等。该量表的 Cronbach's α 值为 0.936。

(5) 团队差序氛围。采用的是刘贞妤（2003）开发的团队差序氛围量表。量表包括 11 个题项，如"在整个团队中我感觉到主管对下属的差别待遇比较大"等。该量表的 Cronbach's α 值为 0.892。

(6) 控制变量。借鉴以往研究经验将性别、年龄、受教育程度、团队成员数作为控制变量。

第五节　研究结果

一、同源方差和区分效度检验

由于量表题项均来自员工的自我报告，可能存在同源方法偏差。因此，本章采用了 Harman 单因子检验和不可测量潜在方法因子检验（Hair et al.，2012）两种常用方法检验同源方法偏差。

首先，本章进行了 Harman 单因子检验。根据表 5-6 的结果，累计解释方差为 57.625%，未经旋转的第一个主成分解释的变异为 26.234%，未超过 40%的临界值，因此本章研究不存在严重的同源方法偏差。此外，本章进行验证性因子分析以检验竞争氛围感知、学习目标导向、地位威胁感知、前摄行为和团队差序氛围之间的区分效度。结果如表 5-7 所示，五因子模型拟合效果最好（χ^2 = 789.061，df = 379，CFI = 0.913，TLI = 0.900，RMSEA = 0.061），说明五因子模型具有较好的区分效度。同时根据 Malhotra 等的研究，同源误差的检验也可采用验证性因子进行分析，说明尽管同源方差可能存在，但是对研究的影响较小。

表 5-6　解释的总方差

成分	初始特征值			提取载荷平方和		
	总计	方差百分比（%）	累计百分比（%）	总计	方差百分比（%）	累计百分比（%）
1	7.870	26.234	26.234	7.870	26.234	26.234
2	4.139	13.798	40.032	4.139	13.798	40.032
3	2.193	7.311	47.343	2.193	7.311	47.343
4	1.799	5.998	53.341	1.799	5.998	53.341
5	1.285	4.285	57.625	1.285	4.285	57.625

表 5-7 验证性因子分析

模型	因子	χ^2	df	χ^2/df	CFI	TLI	RMSEA
六因子模型	TC，ST，LG，DA，PB，CMB	373.780***	181	2.065	0.945	0.929	0.060
五因子模型	TC，ST，LG，DA，PB	789.061***	379	2.081	0.913	0.900	0.061
四因子模型	TC，ST+LG，DA，PB	1117.549***	383	2.918	0.844	0.823	0.081
三因子模型	TC，ST+LG+DA，PB	1208.936***	386	3.132	0.826	0.803	0.085
二因子模型	TC+ST+LG+DA，PB	1237.752***	388	3.190	0.820	0.798	0.086
单因子模型	TC+ST+LG+DA+PB	1837.021***	389	4.722	0.693	0.657	0.113

注：N=274；TC=团队竞争感知，ST=地位威胁感知，LG=学习目标导向，DA=团队差序氛围，PB=前摄行为；"+"代表前后两个因子合并；*** p<0.001。

其次，为了控制未测量的潜在因素的影响，本章添加了一个名为"CMB"的潜在变量，该变量加载在五个理论结构的所有指标上。因此，开发了一个"六因子模型"，其中包括五个理论变量和 CMB。结果表明，六因子模型（χ^2 = 373.780，df = 181，χ^2/df = 2.065，RMSEA = 0.060，CFI = 0.945，TLI = 0.929）改善了五因子模型的拟合优度（$\Delta\chi^2$ = 415.281，Δdf = 198，p<0.05）。然后，本章计算了 CMB 平均提取方差以判断潜在变量的存在，结果为 0.157，低于 0.50 临界值（Hair et al.，2012）。这表明同源方差并不能成为影响本章研究假设关系的潜在变量。

综上所述，笔者认为本章研究的统计分析结果并未受到同源方差的影响。

二、描述性统计分析

表 5-8 显示了各个变量的均值、标准差及变量之间的相关系数。结果表明：团队竞争与学习目标导向显著正相关（r=0.393，p<0.01），学习目标导向与前摄行为显著正相关（r=0.635，p<0.01）；团队竞争与地位威胁感知显著正相关（r=0.171，p<0.01），地位威胁感知与前摄行为显著负相关（r=-0.181，p<0.01）；团队竞争与团队差序氛围显著正相关（r=0.222，p<0.01），团队差序氛围与地位威胁感知显著正相关（r=0.582，p<0.01），团队差序氛围与前摄行为显著负相关（r=-0.088，p<0.05）。该结果为本章提出的研究假设提供了初步支持。

表 5-8 描述性统计分析

变量	均值	标准差	1	2	3	4	5	6	7	8	9
性别	1.680	0.465	1								
年龄	1.800	0.640	-0.355**	1							
受教育程度	2.970	0.596	-0.228**	0.126**	1						
团队成员数	4.240	1.369	-0.077	0.098*	-0.014	1					
团队竞争	2.984	0.440	-0.025	-0.150**	0.044	-0.003	1				
学习目标导向	3.435	0.531	0.237**	0.020	0.004	0.001	0.393**	1			
地位威胁感知	2.339	0.715	-0.122**	0.131**	-0.002	0.046	0.171**	-0.086*	1		
团队差序氛围	3.016	0.688	0.031	0.053	0.065	0.005	0.222**	-0.027	0.582**	1	
前摄行为	3.722	0.621	0.129**	-0.075	-0.065	0.206**	0.426**	0.635**	-0.181**	-0.088*	1

注：** 在 0.01 级别（双尾），相关性显著；* 在 0.05 级别（双尾），相关性显著。

三、假设检验

（一）直接效应检验

本章运用 SPSS25.0 统计分析软件进行回归假设检验，结果见表 5-9。在模型 1 中放入控制变量（性别、年龄、受教育程度、团队成员数）；在模型 5 中同样仅放入控制变量，因变量为前摄行为；模型 6 则在模型 5 的基础上放入团队竞争，发现团队竞争对前摄行为（β=0.442，p<0.001）的正向效应显著，因此假设 H1 成立。

表 5-9 层级回归

变量	学习目标导向		地位威胁感知		前摄行为				
	模型 1	模型 2	模型 3	模型 4	模型 5	模型 6	模型 7	模型 8	模型 9
性别	0.276***	0.309***	-0.093*	-0.078	0.098*	0.133***	-0.082*	0.083	-0.046
年龄	0.069	0.147***	0.099*	0.135**	-0.015	0.067	-0.060	0.001	0.012
受教育程度	0.059	0.038	-0.035	-0.044	-0.043	-0.065	-0.081*	-0.049	-0.093**
团队成员数	0.016	0.012	0.029	0.027	-0.197***	-0.202***	-0.208***	-0.193***	-0.204***
团队竞争		0.421***		0.192***		0.442***			0.251***

续表

变量	学习目标导向		地位威胁感知		前摄行为				
	模型 1	模型 2	模型 3	模型 4	模型 5	模型 6	模型 7	模型 8	模型 9
中介变量									
学习目标导向							0.654***		0.533***
地位威胁感知								-0.163***	-0.176***
R^2	0.064	0.236	0.026	0.061	0.057	0.246	0.458	0.083	0.519
ΔR^2	0.064	0.171	0.026	0.036	0.057	0.189	0.400	0.026	0.273
F	9.952***	35.631***	3.813**	7.527***	8.773***	37.712***	97.363***	10.441***	88.592***

注：* p<0.05，** p<0.01，*** p<0.001。

（二）中介效应检验

本章运用 SPSS 中的 Process 插件进一步检验学习目标导向、地位威胁感知在团队竞争与前摄行为之间的中介效应，结果如表 5-10 所示。“团队竞争→学习目标导向→前摄行为”这一中介路径的 95%置信区间为［0.247，0.392］，不包含 0，说明中介效应显著，即假设 H2 成立；“团队竞争→地位威胁感知→前摄行为”这一中介路径的 95%置信区间为［-0.076，-0.026］，不包含 0，说明中介效应显著，即假设 H3 成立。该两条路径之间存在显著差异。

表 5-10　中介效应检验

作用路径	估计值	标准误	95%的置信区间（上、下限）	
			下限	上限
团队竞争→学习目标导向→前摄行为（a）	0.316	0.037	0.247	0.392
团队竞争→地位威胁感知→前摄行为（b）	-0.048	0.013	-0.076	-0.026
a-b	0.273	0.037	0.292	0.438

（三）调节效应检验

为进一步检验团队差序氛围对团队竞争与学习目标导向、地位威胁感知之间的调节效应及团队差序氛围对学习目标导向和地位威胁感知在团队竞争与前摄行为之间中介作用的调节效应，本章采用 SPSS25.0 软件中的 Process 程序进行 5000 次的 Bootstrap 随机抽样检验，置信区间为 95%，Bootstrap 分析结果如表 5-11、表 5-12 所示。

表 5-11　调节效应检验

变量	模型 10 学习目标导向						模型 11 地位威胁感知					
	系数	标准误	T 值	显著性	LLCI	ULCI	系数	标准误	T 值	显著性	LLCI	ULCI
性别	0. 333	0. 044	7. 575	0. 000	0. 247	0. 420	-0. 100	0. 054	-1. 855	0. 064	-0. 206	0. 006
年龄	0. 131	0. 031	4. 199	0. 000	0. 070	0. 192	0. 096	0. 033	2. 914	0. 004	0. 031	0. 160
受教育程度	0. 049	0. 023	2. 084	0. 038	0. 003	0. 094	-0. 100	0. 047	-2. 127	0. 034	-0. 193	-0. 008
团队成员数	-0. 002	0. 018	-0. 098	0. 922	-0. 036	0. 033	0. 024	0. 017	1. 393	0. 164	-0. 010	0. 058
团队竞争	0. 544	0. 046	11. 724	0. 000	0. 453	0. 635	0. 096	0. 054	1. 778	0. 076	-0. 010	0. 201
团队差序氛围	-0. 096	0. 031	-3. 114	0. 002	-0. 156	-0. 035	0. 582	0. 028	20. 867	0. 000	0. 527	0. 639
团队竞争×团队差序氛围	-0. 291	0. 060	-4. 883	0. 000	-0. 408	-0. 174	0. 451	0. 066	6. 849	0. 000	0. 321	0. 580

表 5-12　有调节的中介效应检验

前摄行为									
中介变量	调节的间接效应					被调节的中介效应			
	调节变量	效应	Boot SE	Boot LLCI	Boot ULCI	INDEX	Boot SE	Boot LLCI	Boot ULCI
学习目标导向	低(-1SD)	0.464	0.055	0.362	0.578	-0.186	0.039	-0.262	-0.113
	高(+1SD)	0.214	0.029	0.157	0.271				
地位威胁感知	低(-1SD)	0.033	0.010	0.017	0.055	-0.070	0.015	-0.103	-0.042
	高(+1SD)	-0.062	0.017	-0.100	-0.035				

首先，模型 10 的因变量为学习目标导向，团队竞争与团队差序氛围的交互项系数为-0.291（$p<0.001$），说明团队差序氛围在团队竞争与学习目标导向之间起负向调节作用，即假设 H4 成立。此外，根据图 5-3 的简单斜率分析结果，当团队差序氛围较低时，团队竞争对学习目标导向的简单斜率值显著（$\beta=0.745$，$p<0.001$）；当团队差序氛围较高时，团队竞争对学习目标导向的简单斜率值显著（$\beta=0.344$，$p<0.001$），但低于团队差序氛围较低时的效应值，再次验证了假设 H4。

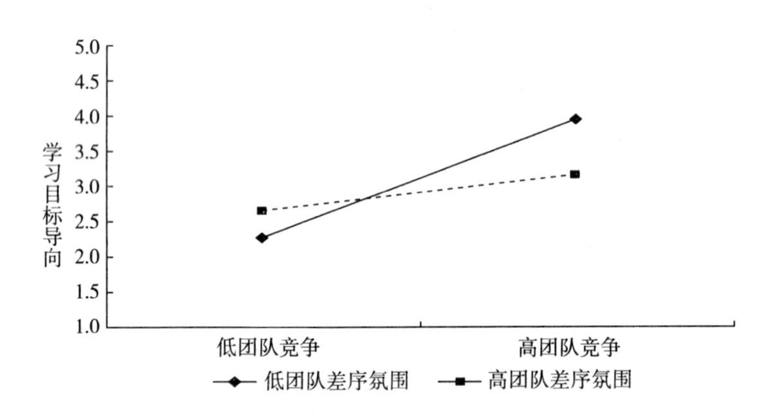

图 5-3　团队差序氛围在团队竞争与学习目标导向之间的调节效应

其次，模型 11 的因变量为地位威胁感知，团队竞争与团队差序氛围的交互项系数为 0.451（$p<0.001$），说明团队差序氛围在团队竞争与地位威胁感知之间起正向调节作用，即假设 H5 成立。此外，根据图 5-4 的简单斜率分析结果，当团队差序氛围较低时，团队竞争对地位威胁感知的简单斜率值显著（$\beta=-0.214$，$p<0.05$）；当团队差序氛围较高时，团队竞争对地位威胁感知的简单斜率值显著

（β=0.406，p<0.001），再次验证了假设 H5。

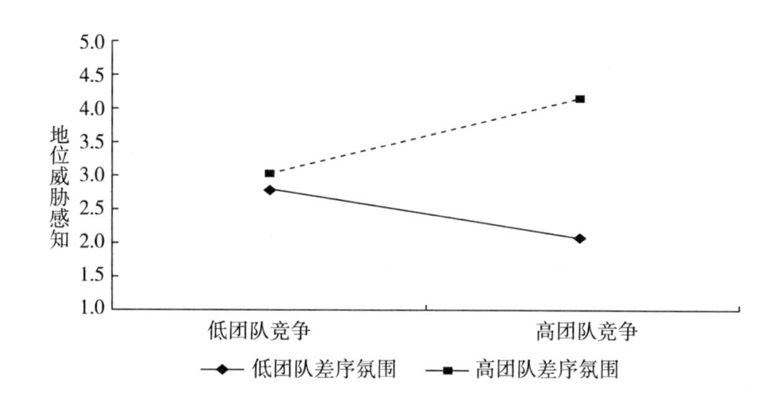

图 5-4　团队差序氛围在团队竞争与地位威胁感知之间的调节效应

最后，当团队差序氛围较低时，团队竞争通过学习目标导向、地位威胁感知影响员工前摄行为的间接效应值分别为 0.464、0.033，95%的置信区间分别为［0.362，0.578］、［0.017，0.055］，均不包含 0；当团队差序氛围较高时，团队竞争通过学习目标导向、地位威胁感知影响员工前摄行为的间接效应值分别为 0.214、-0.062，95%的置信区间分别为［0.157，0.271］、［-0.100，-0.035］，均不包含 0。此外，当中介变量为学习目标导向时，被调节的中介效应判定指标 INDEX 为-0.186，置信区间为［-0.262，-0.113］，不包含 0，进一步表明被调节的中介效应显著；当中介变量为地位威胁感知时，被调节的中介效应判定指标 INDEX 为-0.070，置信区间为［-0.103，-0.042］，不包含 0，表明被调节的中介效应显著。因此，团队差序氛围对学习目标导向、地位威胁感知的中介效应均具有调节作用，即假设 H6、假设 H7 成立。

第六节　结论与启示

一、主要结论

本章研究结果表明：一是团队竞争正向影响个体的前摄行为。二是团队竞争通过学习目标导向对前摄行为产生积极作用。三是团队竞争通过地位威胁感知对前摄行为产生消极影响。四是团队差序氛围在团队竞争与学习目标导向的关系中起着负向调节作用，在团队竞争与地位威胁感知的关系中起着正向调节作用；团队差序氛围调节了团队竞争通过学习目标导向、地位威胁感知影响前摄行为的中介作用。此外，本章研究的理论贡献主要包括：

首先，本章采用资源保存理论从增益和损耗双视角来探析团队内团队竞争对前摄行为的影响效应。以往研究大多基于社会学习、自我决定、社会认同等视角探析领导行为［如自我牺牲型领导、辱虐型领导（许勤等，2015）、双元领导（赵红丹、郭利敏，2018）］、员工状态［如工作嵌入（Li et al.，2022）］、情感激活状态、角色宽度自我效能感（Sonnentag & Spychala，2012）等对前摄行为的影响机制，而较少从资源视角探析外部环境对员工前摄行为的作用。由于不同个体对资源损失的风险抵抗力和资源获取能力不一，资源富裕的个体更能够获取资源增量，而资源匮乏者更难获得资源增量且会导致资源的进一步损失。在外界环境变化压力下，资源的获取吸引力和损失敏感性或将激励个体的前摄行为。因此，本章从资源保存视角切入研究，进一步扩展了前摄行为的研究领域。

其次，本章聚焦团队竞争对前摄行为的内在影响机制，探究学习目标导向和地位威胁感知在团队竞争与前摄行为内在机理的双路径。以往研究大多从单一路径深入探究前摄行为的内在机理（丁道韧，2020），忽视了竞争视角下个体前摄行为动机的变化。有学者将团队竞争视为一种具有破坏性的团队行为，认为竞争不利于团队发展，并将带来破坏性结果。另有学者认为团队竞争同样能够带来积极结果，如促进个体与团队的绩效（常涛等，2018）。由此可知，虽然学者们已经关注到了竞争对员工行为的影响，但是团队竞争对员工前摄行为的影响效应尚存争议且路径不明。因此，本章聚焦团队竞争，从目标导向和地位威胁两种不同的内在动机出发，探析学习目标导向和地位威胁感知在团队竞争对前摄行为影响研究中的作用机理，进一步丰富了前摄行为影响研究的理论成果。

最后，本章引入团队差序氛围作为情境要素探究其对前摄行为的调节效应。已有研究表明支持性组织氛围这一积极氛围能够正向调节角色宽度自我效能感对前摄行为的关系（苏磊、徐碧琳，2017），未涉及组织内消极氛围（如差序氛围）对前摄行为影响关系的调节作用。中国情境下组织的政治色彩较为浓烈，并且组织内部人员多受到组织政治氛围或差序氛围的影响（沈伊默等，2019），但是其高度敏感性往往被管理者所忽视或规避。在中国的“关系”文化下，由关系异质性引起的团队差序氛围浓厚时，个体实施前摄行为的概率可能有所减少。因此，本章探究具有中国特色的差序氛围下员工前摄行为的内在机理变化，进一步拓展了前摄行为的边界研究。

二、研究启示

第一，加强对员工前摄行为管理。组织期望员工的前摄行为，并倾向于通过调控组织或团队内竞争机制以期达到鲇鱼效应，提高员工的工作积极性和危机感。但是，并非任何时期的团队内竞争氛围均能带来积极效应。因此，组织管理者需要制定更科学合理的目标管理、绩效考核等措施对团队内竞争进行适度管控，通过对团队成员的内在动机或需求的了解和关注，采取相应的积极性调动机制，充分发挥员工的内在动机，促进其学习目标导向的形成，避免过度竞争导致其地位威胁感知过强或其他资源流失感过大，以此促进鲇鱼效应对前摄行为的积极作用。

第二，引领建设性团队竞争氛围。早期研究将其定性为破坏性的团队现象，而忽略了其中蕴含的建设性作用。当团队成员处在公平竞争时，成员感知到工作投入和产出相匹配，从而更易产生积极性内在动机，并实施积极性工作行为。因此，组织管理者可以增加或强化人力资源业务伙伴（HRBP）、企业文化专员等工作角色以有效识别团队工作氛围，及时发现消极团队氛围的潜在风险。此外，组织管理者还可以通过员工培训、人才开发、团队建设等多元方法，培养团队成员树立良性竞争的价值观念，以增强塑造团队内的建设性竞争氛围。

第三，促进组织完善团队规章制度。在团队差序氛围浓厚的情境下，由于预知个人投入与回报受到“关系”差序格局的影响，个体的主动性热情容易受到抑制，团队建设性竞争所带来的积极动机减少，员工实施前摄行为的概率降低。为了破解这些团队管理难题，组织管理者应当制定更加公平公正的规章制度，尤其涉及团队成员的薪酬分配、绩效考核、晋升发展等重要制度，更应注重过程、信息、结果公平，弱化团队差序氛围对团队管理的消极影响。

综上所述，虽然已有研究在相关领域具有一定的价值贡献，但未来研究可再完善：首先，可采取多方评价，收集配对数据样本以降低个体主观性的影响。其次，可进一步开展跨层研究，探析团队或组织层面的差序氛围、竞争氛围对个体前摄行为的影响机制。最后，本章研究样本主要来源于科技型、金融业等行业员工，未来研究可扩大样本以增加其多样性，开展更全面的研究。

第六章　团队反思下团队多样性、团队竞争对团队创造力的双元机制影响

第一节　引言

市场发展趋势显示，依托于团队的创新正展现出强大的生命力和无限的潜能，组织中团队创新逐渐取代个体创新成为大势所趋（林晓敏等，2014）。随着国内劳动力市场更新换代，企业的人力属性呈现出多元化的趋势，同一团队的成员属性变得越来越多样化。团队多样性在为团队注入活力的同时，又使得成员之间协调合作的难度加大。以往学术界关于团队多样性对团队创造力的影响尚未达成一致意见，团队多样性通常被称为一把“双刃剑”，已有研究基于信息处理理论和社会分类理论解释了其对团队产出的积极影响和消极影响。信息处理理论认为团队多样性会导致信息、知识和观点的增加，从而加强信息的处理和决策（Bui et al.，2019），由此积极影响团队产出。社会分类理论则认为个体会将团队成员划分为圈内人和圈外人，团队多样性的增加可能会导致更多基于相似性而形成的圈子，圈子之间沟通变得更加困难（Crucke et al.，2016），由此消极影响团队产出。然而这些研究多聚焦于团队成员之间的认知交互，忽视了成员之间的情感交互。因此，本章基于社会比较理论，从团队成员之间的认知与情感交互入手，进一步探究团队多样性对团队创造力的影响机制。

目前关于团队多样性对团队创造力影响的作用机制不明。研究表明，团队多样性程度越高，成员之间交互作用也越强，导致团队内部产生频繁的合作或者对抗（Chung et al.，2015），从而对团队创造力产生影响。竞争作为一个中性词，包含合作与对抗两个维度。有学者根据社会比较理论，突破了以往对竞争的狭隘认识，认为竞争是为获得比参照人更高的相对回报而引发的彼此交互性，这种获

得回报动机的不同会对团队产出产生不一样的影响，因为这既可能是努力的动力也可能是妨碍他人的嫉妒心（Festinger，1954）。由于社会比较会产生两种不同类型的竞争，本章基于此引入团队促进型竞争与防御型竞争，正好对应团队多样性可能引起的两类结果——合作与对抗，进而对团队产出也有两种可能——积极促进或消极抑制。因此，本章运用社会比较理论，深入探析团队多样性通过团队促进型竞争与团队防御型竞争对团队创造力的影响机制。

本章还将进一步厘清团队多样性作用于团队创造力的情境因素。团队反思是团队成员公开反思和沟通团队的目标、策略和过程，并使其适应当前或预期环境的程度（张文勤、刘云，2011）。当团队成员集体反思他们的工作方式和工作环境，计划适应这些方面并做出相应改变时，团队将更加有效（West，1996）。基于社会比较理论，有研究表明团队成员会进行更为频繁的社会比较（Chung et al.，2015）。多元化程度较高的团队成员掌握的知识技能差异较大，而团队反思性强有利于成员之间进行信息交换，相互交流学习，由此营造良好的团队竞争氛围，团队成员之间良性竞争，团队创造力也得到提升。因此，本章引入团队反思这一变量作为一个"阀门"，调节团队多样性对团队竞争的作用；同时，本章还将探讨团队反思调节团队多样性通过团队促进型竞争和团队防御型竞争作用于团队创造力的中介作用，尝试解释团队多样性对团队创造力影响的边界条件。

综上所述，本章运用社会比较理论开展以下研究：一是聚焦团队层次，检验团队多样性对团队促进型竞争和团队防御型竞争的作用；二是检验团队促进型竞争和团队防御型竞争在团队多样性与团队创造力关系中的中介效应，厘清其中的作用机制；三是检验团队反思在团队多样性对团队竞争的作用中的调节作用，同时检验团队反思在团队多样性通过团队促进型竞争与团队防御型竞争对团队创造力的作用中的调节作用，探析其中的边界条件。本章研究模型见图 6-1。此外，由于第五章已经对"团队竞争"进行文献回顾，本章不再对其梳理和总结。

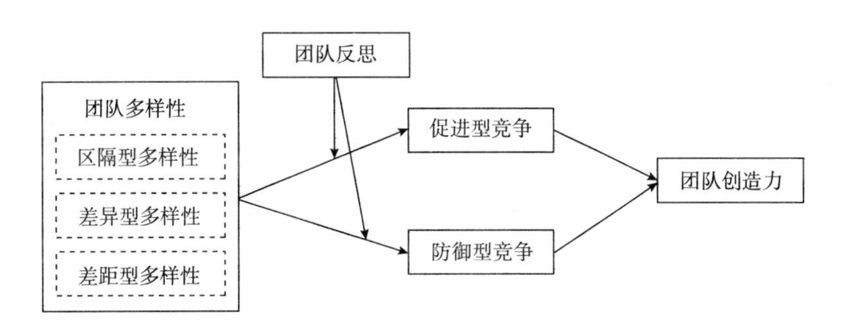

图 6-1　本章研究模型

第二节 文献回顾

一、团队创造力

（一）概念内涵

创造力是新奇、潜在有用观点的发展，当该观点成功在组织或单位中实施时则被称为创新（Amabile，1996）。因此，团队创造力是团队创新的第一步（Scott & Millar，2005），是由知识整合与转化、构思产生与实施组成的复杂的互动过程（张宁俊等，2019），也是团队成员通过合作产生新奇且有用的想法的能力（Wang et al.，2016）。关于团队创造力内涵的界定主要有两种观点：一方面，团队创造力是个体创造力的函数和加权平均。Taggar（2002）认为，以个体创造力作为输入变量的函数结果就是团队创造力，团队过程在其中发挥调节作用。Piorla 和 Mann（2004）认为，团队创造力是团队内部各个成员创造力的总和。另一方面，团队创造力并非个体创造力的相加汇总，其差异性与团队内部的某些因素相关，如激励机制、团队内部相互作用等（Drazin et al.，1999；刘明伟等，2019）。团队创造力是团队目标、决策、冲突管理等团队过程的函数（Gilson & Shalley，2004）；不仅包含团队内部新颖且有用的观点、产品、服务、方法、程序等的产出，还包含团队内外部环境等因素的交互过程（袁楚芹，2019）。

此外，学者对团队创造力的维度及测量进行了相关分析。长期以来，如何衡量团队创造力大小总是涉及该团队有关的行为、过程或结果的新颖性和有用性。因此，团队创造力作为个体创造力这一概念的延伸自然也离不开这两个核心的维度。所谓新颖性是指团队的某一行为、创造过程或创造成果（包括团队提出的想法观点或开发的新产品技术服务等）在以前从未出现过，或者与如今存在的有着显著的差异；有用性则指该行为、创造过程或创造成果具备了一定的价值或使用价值（Amabile，1997；Deng et al.，2020）。

之后的研究都是在此基础上延伸，如把团队创造力划分为三个维度：独创性、创造性和创新性（Pirola-Merlo & Man，2004）。Kaufman 和 Sternberg（2007）从思维的发散性角度来界定和衡量团队创造力，他们认为团队创造力从三个维度进行测量：流畅性、灵活性及精密性。其中，流畅性是指团队中新想法和新观点的数量；灵活性是种类数量；精密性是指团队中所提出的新想法的周密程度（如其实施难度等）。根据一个概念构建的基本思路，团队创造力也可以遵循投入—

过程—产出（IPO）模式进行测量评估，其中包括投入端的创造性主体、过程端的创造过程、创造性环境及产出端的创造性成果（Engelen & Kratzer，2003）。

由于团队创造力这一概念本身就具有跨层次的特性，所以必须把获得的团队成员自我报告式测量数据经过进一步的团队数据聚合处理。此类研究最为常用的方法主要包括以下两种：第一种是对团队成员个体创造力进行加总，算出其累计值、加权平均数或者极大值和极小值来衡量团队创造力强弱（丁志华等，2015；Dreu et al.，2011）；第二种是用团队成员对团队整体创造力的感知评价的加权平均值作为团队创造力的最终取值（West，2002；Barlow，2000）。

如今学术界关于直接对团队创造力大小的测量方法尚未达成共识，学者们发现与其一直深究团队创造力的大小测量，不如直接从“什么会引起团队创造力”入手，当“引起团队创造力”的因素得到满足时，就表明团队创造力已经发生，所以这些“引起团队创造力”的因素的程度大小就决定团队创造力的大小，如团队成员总体的思维开放性、团队整体的创新氛围等。秉承这一宗旨，学术界涌现了许多的团队创新氛围测量工具，常见的有 Amabile（1997）的 KEYS 量表、Ekvall（2002）的创造氛围测量问卷、Isaksen 等（2001）的情境态势问卷、傅世侠和罗玲玲（2005）的科技团队创造氛围量表等。

（二）相关研究

关于团队创造力的影响研究，主要分为两个层面：个体和团队。以个体创造力为研究起点的研究者关注连接个体特征与团队创造力之间的关系；以团队创造力为研究起点的研究者主要关注团队特征、团队过程、团队领导、团队即时状态、团队网络对团队创造力的影响。主要包括以下方面：

第一，团队成员属性。其主要包括团队成员所具有的和任务相关的信息多样性；教育背景多样性、专长知识多样性（Shin & Zhou，2007；Tiwana & Mclean，2005）；个体创造力禀赋、人格特质、认知风格、创造动机、情绪状态等（Grant & Berry，2011）。

第二，团队结构因素。其主要包括团队认知多样性、性别多样性（张燕、章振，2012）；团队关系网络；团队级别员工组织关系与工作相关的沟通密度，高水平的员工贡献与激励（Jia et al.，2014）；子团队的平衡性与团队情感（倪旭东、周琰喆，2019）；团队的内外部关系（张宁俊等，2019）。

第三，团队领导行为、特征和风格。其主要包括领导差异化授权（陈超，2022）、领导幽默（杨陈，2022）、团队领导跨界行为（余义勇等，2020）；悖论式领导（彭伟、马越，2018）、共享式领导（赵佳等，2019）、谦卑型领导（刘新梅等，2019）、变革型领导（Zhang et al.，2011）、辱虐型领导（彭伟等，2020）；领导特征（王黎萤、陈劲，2010）；领导风格（陈璐等，2013）。

第四，团队环境与文化。其主要包括团队权力距离和集体主义（胡冬青、顾琴轩，2022）；文化水平、反馈和团队凝聚力（Joo et al.，2012）、团队思维方式（张建卫等，2019）；团队冲突（Fairchild & Hunter，2014）、团队知识共享（朱雪春等，2015）。

二、团队多样性

（一）概念内涵

有学者认为团队多样性是团队内成员在个体层次的特征或差异的总称（Moon，2016），也是团队内各工作单元在不同属性特质上的分布情况，这些属性特质主要包括年龄、性别、教育背景、职业背景等（武月、崔勋，2019；Homberg & Bui，2013）。随着研究深入，对团队多样性的定义也由成员个体层次上升到群体层次，认为群体多样性既包括专业、性别、种族等单一指标的多样性，也包括多指标如群体断层的联合多样性（张景焕等，2016）。

关于团队多样性分类，学界有多种结论。例如，团队成员的二维分类，包括任务型（知识、信息、技能）和关系型（年龄、性别、种族）（Moon，2016），实际型（客观评价的特征）和感知型（成员间相似程度的特征）（李树祥等，2012），浅层型（年龄、性别、种族）和深层型（价值观、个性、信仰）（Kim，2017）；团队成员的三维分类，包括社会类别多样性或人口统计特征（年龄、性别），信息异质性或较难辨别的特征（工作年限、受教育程度），价值观异质性或潜在特质（价值观、信念和兴趣）（韩立丰，2010；Jehn et al.，1999）。

此外，Harrison 和 Klein（2007）将复杂的多样性（性别多样性、种族多样性等）进行分解，并把多样性的属性与其分布状态结合起来分类，包括区隔型、差距型和差异型。其中，区隔型多样性是基于个体之间对于同一个事件不同的认知差异来定义的，如观点、看法等；差距型多样性是指团队成员知识和经验的来源差异，如经验、职能背景等；差异型多样性是指在团队中所获得的资源差异，与上一种划分方法的信息多样性有所区分，具体如收入、地位等。这也是本章采用的团队多样性的结构维度。

（二）相关研究

关于多样性的相关研究，学者主要基于社会分类（武月、崔勋，2019）、相似吸引（韩立丰等，2010）、信息决策（Talaulicar & Judge，2017）、群体断层（Spoelma & Ellis，2017；Joycer & Rupert，2016；陈志红等，2015）等理论，从团队成员构成属性的角度来探讨其对团队发展进程及产出的影响。基本逻辑是多样性会导致团队成员情感反应差异，并通过团队行为方式的差异表现出来，进而影响到绩效产出（杨震宁等，2016；徐细雄等，2005），但这种影响效应的结论

尚存争议，具体可以从以下两个方面总结：

一方面，有些学者从社会分类视角认为由于多样性产生的小团队、亚群体，可以强化团队内部的凝聚力，促进团队内部合作和绩效（Rabl & Triana，2014）。然而，团队内部高度一致性，也可能带来对其他团队的排斥，从而造成团队间的断层和割裂，导致团队间产生冲突并阻碍绩效（范合君、杜博，2015；Putnam，2007）。另一方面，有些学者基于信息决策理论认为多样性的异质性知识结构有助于提升团队创造力（周虹、李端生，2018；吕洁、张钢，2015）。同时，小团队的存在可能产生从众和极化现象进而影响有效决策（Kim，2017；Hogg et al.，2004）。可见，多样性对绩效产出（如创新）可能带来积极和消极的"双刃剑"效应（Milliken & Martins，1996）。此外，近年有研究关注动态多样性与绩效产出的非线性影响关系（刘刚等，2017）。详细内容见表 6-1。

表 6-1 多样性的相关研究回顾

理论视角	研究发现
• 社会分类 • 社会认同 • 相似吸引 • 群体断裂 • 信息决策	积极关系：认同感、凝聚力、团队内部合作与组织绩效（Rabl & Triana，2014；Hogg & Terry，2000；Riordan & Shore，1997）；异质性特征与团队创造力、团队决策（武月、崔勋，2019；周虹、李端生，2018；张景焕等，2016；吕洁、张钢，2015；Harvey，2013；Hoever et al.，2012）
	消极关系：团队排斥、团队间断层和割裂、团队间冲突与绩效（Spoelma & Ellis，2017；范合君、杜博，2015；韩立丰等，2010；Putnam，2007）；从众、极化现象与有效决策、亚群体与团队学习（Kim，2017；Hogg et al.，2004；Gibson & Vermeulen，2003）
	非线性关系：关系多样性与生产力、知识异质性与团队创造力、成员异质性和商业模式创新、经验多样性和创新绩效（刘刚等，2017；胡望斌等，2014；Barjinder，2013；Milliken & Martins，1996）

综上所述，多数研究表明，团队多样性程度越高，团队成员之间的交互作用就越强，可能会促使团队内部产生更频繁的合作或者对抗。但是之前的研究却很少引入一个变量来描述团队成员之间合作或者对抗的程度，只是基于团队多样性会产生合作和对抗直接过渡到了对团队最终产出的影响上。本章基于此引入团队竞争变量，并采用了团队竞争的最为适合本章研究的一种分类方式，把团队竞争分为促进型竞争与防御型竞争，正好对应团队多样性可能引起的两类结果——合作与对抗，进而引发团队多样性对团队产出的两种可能，即积极促进或消极抑制。

三、团队反思

（一）概念内涵

团队反思被定义为团队成员公开反思和沟通团队的目标、策略（如决策）和过程（如沟通），并使其适应当前或预期环境的程度（West et al.，1997）。随后，West根据团队反思的内容，对团队反思做了进一步说明和解释，认为团队反思不是独立的某种行为，而是包括提出质疑、分析问题、制订计划、分享学习等一连串的行为。Swift和West（1998）则根据团队反思过程，进一步扩充了团队反思的含义，他们认为团队反思包括了三种类型的团队过程，即回顾过去并进行反省、展望未来并制订计划，以及分析组织内外部环境并进行调整。此后，Edmondson（2002）从社会学习视角来诠释了团队反思如何激发团队成员通过知识分享和相互学习，进而对团队的过程和结果产生新的观点。

有学者对团队反思的结构维度及测量进行了梳理总结，得出单维度、双维度和三维度三种测量团队反思的方法。一是单维度。很多学者认为团队反思等同于对工作任务的反思，直接用任务反思的测量结果衡量团队反思。例如，Swift和West（1998）采用的9条目量表，测量了团队的内外环境情况、对团队的发展策略和对目标的回顾与检讨，以及如何做出调整以适应内外部环境和战略目标。二是双维度。Carter和West（1998）认为团队反思包括与工作任务相关的反思，如考察团队的战略计划、目标设定、团队工作流程等方面。Hirst和Mann（2004）也认为团队反思包括任务反思，并用4个条目对其进行测量，他们还提出团队反思包括过程反思，并用3个条目对其进行了测量。三是三维度。基于West（1996）对团队反思的界定，张文勤和刘云（2011）将团队反思分为三维度进行测量：任务反省、过程反省和行动调整。其中，任务反省是对团队所制定的发展目标和实施内容进行反思；过程反省是对团队的行动决策和团队内部成员之间的互动等过程方面进行反省；行动调整是指为了适应组织内部和外部环境，从工作流程、计划目标等方面采取适应性调整的措施。

（二）相关研究

第一，前因变量。首先，团队特征。有学者认为在团队依赖程度和团队成立时间影响下，团队在性别、受教育水平和工龄等方面的多样性对团队反思产生影响（Mac Curtain，2010）。其次，领导因素。例如，创新型领导、变革型领导带领的团队会更大概率进行团队反思活动（Hirst & Mann，2004；Schippers，2008）。最后，团队互动。有研究表明，团队成员之间的互信、合作、建言行为会促进团队反思（Tojsvold；2003；Zhang，2012）。

第二，结果变量。首先，工作认知和能力。有研究表明，团队反思可提升团

队成员的愉悦感和幸福感（Carter & West，1998），促进团队内部的心智共享（Gurtner，2007），产生信赖团队和组织的认知，提高团队专长能力（王端旭、武朝艳，2010）。其次，工作行为。多样研究发现，团队反思对员工的认同行为、责任行为、学习行为和创新行为等都有积极的影响（Mac Curtain，2010；王智宁等，2019）。最后，工作结果。大多数研究认为团队反思有利于提高团队绩效、角色内绩效和决策效率（Van Ginkel，2009；Hammedi，2011）。

第三，调节变量。团队反思的调节效应主要体现在领导力风格与团队表现之间。例如，在包容型领导与团队心智模型（刘冰等，2017）、团队行为整合和双元创新（曲小瑜，2017）关系中，团队反思发挥正向调节效应。此后，魏昕和张志学（2018）研究表明，当团队反思程度较高时，团队的和谐型创新激情与团队创新之间的正向关系更强，变革型领导力与团队创新的正向关系也更强。

四、社会比较理论

社会比较理论由美国社会心理学家 Festinger 在 1954 年首次提出，该理论认为个体拥有一种评价自我观点和能力的基本内驱力，在缺乏客观的评价标准情况下，个体将会与他人就各自的能力和观点进行比较以实现自我评价。社会比较能够带来的结果是帮助个体提高自信心，并在此之后成为其不断完善自我的基础（Wood，1996）。人们通过社会比较觉察到周围的个体对自己的意义，从而会有意或无意地改变自己的行为或者想法，目的都是使自己能够更好地适应社会。同时，个体进行社会比较可能存在多种动机，包括为了实现自我评价、减少不确定性，目的是拥有正确的自我能力观；实现自我改进，目的是完善自我；自我提升，目的是保护或提升对自我的态度（Manis et al.，1991）。在 Festinger 创立的社会比较理论之后不断有新理论出现，使社会比较的领域扩大了。后来的学者们认为社会比较不仅会发生在个体与其他个体之间，即自己不仅会与他人进行比较，也会与过去、现在的自我进行比较（Coyne et al.，1999）。同时，个体不仅仅会把客观存在的标准作为比较对象，也会把他人的未来属性与自我的未来属性进行比较（Stockdale et al.，2017）。

按照社会比较方向的不同，可以将社会比较分为三类：上行比较、下行比较和平行比较。上行比较是个体选择在某些方面优于自己的人进行比较（孙晓军等，2016），而下行比较是个体选择在某些方面弱于自己的人进行比较（Holmstrom et al.，2004），平行比较就是个体选择在某些方面与自己相似水平的人进行比较（Wheeler，1966）。研究发现不管是哪种比较，都会对个体产生积极的或消极的影响。例如，个体进行下行比较后，一方面，可能会获得自我的肯定、情感的满足、自信的增加，会带来愉快的工作体验，得到了一种潜意识的自我鼓励。另一方面，个体也可能会害怕自己被超越，而产生压力，造成心理负担，分散工作专注力。个体有可能会采取消极的“妨碍”来限制比自己“差”的个体的发展（Cramer & Song，2016）。同样，个体进行上行比较之后也可能会有两种结果：第一种是个体获得自我的评价，认识到自己的不足从而产生自我完善的内在动力；第二种是个体对“实力差距”过大感到失落，使个体产生消极倦怠情绪（Collins，1996）。

具体而言，以上现象反映社会比较的两种相反效应：同化效应和对比效应。Collins（1996）认为“同化效应”是指当个体面对社会比较信息时，其自我评价水平朝向比较目标的现象，即个体面对上行比较信息时会提升其自我评价水平，而面对下行比较信息时会降低其自我评价。例如，Vander（1998）发现癌症病人会花费更多的时间去了解其他病人的一些乐观消息，而且了解到的积极内容越多，病人自己的积极情绪体验就会越频繁，对自己病情的评价也会乐观起来。但是如果持续向病人告知其他病人的恶化信息，即使不是同一种病，也会降低病人应对疾病的期望。然而，Blanton（2001）认为社会比较对个体自我评价的影响与其比较方向存在反向联系，即“对比效应”。个体面对上行比较信息时会降低其自我评价水平，而面对下行比较信息时会提升其自我评价水平。Stapel（2004）基于此设计了一个实验，在求职过程中，如果求职者看到的是一个西装笔挺、气场很足的对手，其自我评价水平会降低；但当面对的是一个不修边幅，一看就是职场新手的对手时，其自我评价水平便会比较高。

个体经过社会比较之后是产生同化效应还是对比效应，关键在于调节变量，包括主观的关注自我水平、快乐水平、自尊水平、自我确定性水平等（Lockwood & Kunda，1999）。例如，高自尊的个体往往喜欢进行向上比较产生同化效应，而低自尊的人进行向上比较会产生对比效应。另外，还有客观的目标可达性水平、信息的特异性水平等因素都会影响个体进行社会比较后所产生的结果（Stapel & Koomen，2000）。例如，如果目标很难达到，那么个体进行社会比较之后多是产生对比效应；如果目标具有一定挑战性且不太难完成，那么个体进行社会比较之后多是产生同化效应。

综上所述，个体倾向于选择与之接触较多、较为相似的人进行比较（Chung et al.，2015）。在同一团队内，大部分团队成员倾向于与其他团队成员进行社会比较以形成自我评估。同时，团队中的社会比较在成员互动中的重要性远远高于其他类型的社会比较。这是因为团队成员进行社会比较后做出的消极或积极行为，不仅会对其自己的工作结果产生影响，也会对其他团队成员的工作结果产生影响。因此，本章将基于社会比较理论，从多样性员工之间的社会比较着手，探索团队多样性对团队创造力的影响机制和边界条件。

第三节　研究假设

一、团队多样性与团队竞争

本章选取的团队多样性是将其划分为三类，分别是区隔型多样性、差异型多样性、差距型多样性（Harrison & Klein，2007）。其中，区隔型多样性代表团队成员在观点和立场等方面的差异，如观点、态度、信仰、价值观等；差异型多样性代表团队成员在知识、背景和经历等方面的差异，如专业知识、人际关系网络、行业经验等；差距型多样性代表团队成员在资源和权力等方面的差异，如收入、威望、地位、决策权、社会权力等。

首先，区隔型多样性与团队竞争的关系。每个人都有想要赶超比自己优秀的人的上进心及怕被同等优秀甚至不如自己优秀的人赶超的危机感。根据社会比较理论，个体之间会进行观点与价值观的比较（Sabharwal，2014）。在观点碰撞中会产生两种结果：一是团队成员在交流中发现自己逻辑的漏洞和对方观点中的亮点，受到提升自我潜能动机的影响，团队成员会向优秀的员工学习，在这个过程中弥补知识盲区并实现自我的成长（Ren et al.，2015），由此有利于形成团队促进型竞争。二是团队成员虽然知道自己的观点不够严谨，但是为了维护自尊，仍然坚持自己的看法，同时由于害怕别人表现得比自己更好，于是在工作中采取的是不合作的态度（Carton & Cummings，2012），导致形成团队防御型竞争。

其次，差异型多样性与团队竞争的关系。根据社会比较理论，团队成员频繁接触加剧了成员之间的社会比较（Chung et al.，2015），从而导致了两种结果：一是团队成员意识到彼此之间知识、经历等方面的差距，出于想要赶超他人动机的影响，员工会努力扩展自己的知识面，不断丰富自己的经历，从而产生团队促进型竞争。二是团队成员之间知识技能不同，个体并不能清楚地知道他人的实际付出。根据公平理论，个体会把自己所得与付出的比率与他人所得与付出的比率进行比较，当认为自己理应获得更多，结果却和他人获得相同的报酬时，个体便会产生不公平感（孙伟、黄培伦，2004）。这种不公平感会导致员工采取减少工作投入或是妨碍其他成员工作等消极行为，由此形成团队间的防御型竞争。

最后，差距型多样性与团队竞争的关系。根据社会比较理论，个体会进行上行比较、平行比较和下行比较（刑淑芬、俞国良，2005）。差距型多样性的存在使员工产生两种不同的心理动机：一是想要变得更好的心理动机。地位或薪酬较低的员工在上行比较后认识到自己的不足，会主动向优秀的成员学习，实现自我提高（Blanton & Stapel，2008）。同时，下行比较的员工面对不断努力的“后起之秀”，也会更加努力完善自己，而这些行为有利于团队形成促进型竞争。二是妨碍他人的心理动机。员工在上行比较的过程中，发现与团队成员之间的差距过大从而产生“破罐子破摔”的心理（Appel et al.，2015），由此在日常工作中表现出不合作、故意制造麻烦或者诬告等行为。同样，下行比较的个体会产生一种害怕被超越的压力，当压力超过某个限度时，个体便会采取一些不正当的行为来保持他人与自己的差距，巩固自己的地位，由此导致了团队防御型竞争。综上所述，本章提出如下假设：

H1a-团队多样性促进团队中的促进型竞争。

H1b-团队多样性促进团队中的防御型竞争。

二、团队竞争的中介作用

本章将团队竞争划分为促进型竞争与防御型竞争。促进型竞争是个体通过自身努力超越他人从而获得相对优势的倾向，而防御型竞争是个体期望通过他人未超越自己从而获得相对优势的倾向。社会比较理论认为竞争是社会比较的结果，由于团队成员之间的社会比较一直存在，而团队多样性给成员之间的社会比较提供了更多的参照物（Gerber et al.，2018），加剧了这种社会比较，进而会更加频繁地影响到个体与个体间的交互行为。

这种交互行为会朝着两种不同的方向发展，一种是以提升自我价值为导向的促进型竞争，另一种则是以维护自己地位与尊严为导向的防御型竞争。对于前者，个体想要变得更好的动机会使得其客观审视自己的缺点，在公平的、舒适的竞争环境中不断挑战自我、完善自我，由此积极促进团队创造力；而对于后者，个体可能会为了取得竞争优势而不择手段，采取作弊、妨碍同事等破坏性行为来使自己获得更多的资源，由此消极抑制团队创造力。综合以上分析，再结合前文关于团队多样性与团队竞争关系的分析，本章提出如下假设：

H2a-团队促进型竞争会积极促进团队创造力。

H2b-团队防御型竞争会消极抑制团队创造力。

H3a-团队促进型竞争在团队多样性与团队创造力的关系中起中介作用。

H3b-团队防御型竞争在团队多样性与团队创造力的关系中起中介作用。

三、团队反思的调节作用

首先，在区隔型多样性与团队竞争关系中的调节作用。区隔型多样性表现为

团队成员在观点、立场等方面的不同。反思性高的团队会鼓励成员大胆说出自己的想法，积极与其他成员交流，就算成员之间想法相悖，也不会对其观点进行批驳，而是采取宽容的态度（张文勤等，2008）。在这种氛围下团队成员更容易反思自己观点的不足，主动向其他员工学习，不断提升自己，由此有利于形成团队促进型竞争。相反，反思性低的团队对于不同观点会表现出排斥的态度（张毅、游达明，2014），这无疑会加深团队之间的敌对气氛。同时，出于害怕被别人超越的心理，员工可能会隐瞒自己的观点，在这种氛围下团队成员的观点得不到有效交流，员工无法认识到自己观点的不足，也无法进一步提升自己，于是加剧了团队的防御型竞争。因此，本章研究认为团队反思在区隔型多样性与团队竞争的关系中起调节作用。

其次，在差异型多样性与团队竞争关系中的调节作用。差异型多样性表现为团队成员在知识、背景等方面的不同。在反思性高的团队，成员之间会经常交流自己工作的进度、遇到的难题等，并且及时向其他成员咨询解决方案（何文心、刘新梅，2021）。在这一过程中，团队成员不仅可以在专业知识上进行交流借鉴，而且也能认识到其他成员对于团队目标完成的不可或缺性，从而产生一种要更加努力才能配得上所得回报的感受，于是有利于团队形成促进型竞争。相反，在反思性低的团队，由于缺少沟通，不仅知识技能交流不能实现，而且成员之间不清楚对方在团队中的具体贡献，会产生一种自己对于团队不可或缺的错觉（Schippers et al.，2009）。于是员工出于维护自己地位的心态，可能会采取不合作甚至妨碍他人工作的行为，这样也就导致了团队防御型竞争。因此，本章研究认为团队反思在差异型多样性与团队竞争的关系中起调节作用。

最后，在差距型多样性与团队竞争关系中的调节作用。差距型多样性表现为团队成员在薪酬、职位等资源占有方面的不同。根据社会比较理论，团队成员会比较自己与其他成员的差距，从而意识到自己的不足与上升空间。在反思性高的团队，成员之间的社会比较会使其产生积极的内驱力，激发其不断上进（Martinez et al.，2017），由此有利于产生团队促进型竞争。反之，在反思性低的团队，由于成员之间缺少交流，员工会怀疑高资源拥有者获得回报的正当性（Cullen et al.，2014），从而在工作中保持不合作的态度（詹小慧等，2018）。另外，即使知道高资源拥有者是通过正当手段取得较高成就，但由于成员之间缺少沟通、交流与学习，成员之间的差距愈发扩大，会使得处于劣势的团队成员产生一种无力感，这种无力感可能会引发其嫉妒的心理（吕逸婧等，2014），从而采取妨碍他人继续获利的行为（Kim et al.，2010），由此加剧了团队防御型竞争。因此，本章研究认为团队反思在差距型多样性与团队竞争的关系中起调节作用。综上所述，本章提出如下假设：

H4-团队反思在团队多样性与团队竞争的关系中起着调节作用，在团队反思性高的团队，团队多样性更容易使团队成员产生促进型竞争；在团队反思性低的团队，团队多样性更容易使团队成员产生防御型竞争。

四、有调节的中介作用

在假设 H3a 和假设 H3b 中，本章论述了团队促进型竞争与团队防御型竞争可能在团队多样性对团队创造力的影响关系中发挥中介作用；在假设 H4 中，本章探析了团队反思可能在团队多样性对团队促进型竞争及团队防御型竞争的影响关系中存在调节作用。于是本章认为团队反思可能调节了团队促进型竞争及团队防御型竞争在团队多样性与团队创造力关系之间的中介作用。具体而言，在反思性高的团队，团队多样性更容易使团队成员产生促进型竞争进而积极影响团队创造力；在反思性低的团队，团队多样性更容易使团队成员产生防御型竞争进而消极影响团队创造力。因此，本章提出如下假设：

H5a-团队反思调节了团队多样性通过团队促进型竞争对创造力的影响。

H5b-团队反思调节了团队多样性通过团队防御型竞争对创造力的影响。

第四节　研究方法

一、研究样本与程序

本章研究样本来自江西省属重点高校 MBA 学员所在企业团队及广东、浙江等地的科技型企业团队。问卷发放的主要对象是学术团队、销售团队、猎头团队、律师团队、教育培训团队等。由于本章研究变量都是团队变量，为了解决问卷配对问题，研究者在问卷的开始设置了一道填空题：您所在团队的团队编码。研究者在向团队成员发送问卷的同时，会给他一个数字编号，并要求他告知团队中的其他成员在问卷开始的填空题中填写这个数字编号，从而解决了这一问题。

经过两个月的数据收集，总共获得 94 个团队的 699 份问卷，在剔除一些不符合要求的问卷后，最终获得 82 个团队的 524 份问卷，有效问卷回收率为 75%。在 82 个团队中，来自科研机构的团队有 20 个（占 24.4%），来自企业的团队有 62 个（占 75.6%）；团队规模以中小规模为主，团队成员人数在 6~10 人之间的有 53 个（占 64.6%）；而从团队成员样本的描述性统计结果来看，男性 271 人（占 51.7%）；21~30 岁的团队成员 253 人（占 48.3%）；本科及以上学历的团队

成员 425 人（占 81.1%）。具体样本情况见表 6-2。

表 6-2　样本的描述性统计分析结果

团队成员样本分布情况			
人口统计		数量（人）	比例（%）
性别	男	271	51.7
	女	253	48.3
年龄	20 岁及以下	18	3.4
	21~30 岁	253	48.3
	31~40 岁	194	37.0
	40 岁以上	59	11.3
受教育水平	专科以下	28	5.3
	专科	71	13.5
	本科	304	58.0
	硕士及以上	121	23.1
职务	团队组长	82	15.6
	团队成员	332	63.4
	其他	110	21.0
团队样本分布情况			
团队属性		数量（个）	比例（%）
团队规模	5 人及以下	8	9.7
	6~10 人	53	64.6
	10~15 人	14	17.1
	15 人以上	7	8.5
团队成立年限	1~6 个月	5	7.3
	7 个月~1 年	13	15.9
	2~3 年	27	32.9
	4 年及以上	36	43.9
团队类型	科研机构	20	24.4
	企业	62	75.6

二、测量工具

本章所使用的测量量表均是经过学者实证验证并且已在中国本土应用的成熟

量表，因此本身拥有良好的信度和效度。另外，本章所使用的量表均采用李克特五点计分法，其中“1”代表“非常不同意”，“5”代表“非常同意”。

（1）团队多样性。采用了主观量表来测量团队成员所感知到的多样性，主要借鉴了 Gribi（2010）关于团队成员感知多样性的量表。量表包括 9 个题项，如“本团队成员在工作中会出现意见不一致的情况”等。其中，区隔型多样性量表的 Cronbach's α 值为 0.885；差异型多样性量表的 Cronbach's α 值为 0.905；差距型多样性量表的 Cronbach's α 值为 0.899。

（2）团队竞争。采用国内学者常涛等（2018）对团队竞争的维度划分，把团队竞争划分为促进型竞争与防御型竞争。量表包括 14 个题项，如“我在团队中力争上游，以使我在工作上比其他人更出色”等。其中，团队促进型竞争量表的 Cronbach's α 值为 0.942；团队防御型竞争量表的 Cronbach's α 值为 0.907。

（3）团队反思。采用张文勤和刘云（2011）在中国文化背景下编制的团队反思量表。该问卷把团队反思划分成任务反省、过程反省和行动调整三个维度，共 11 个题项，如“我所在的团队执行任务前会经常讨论完成任务的方法”等。其中，任务反省量表的 Cronbach's α 值为 0.847；过程反省量表的 Cronbach's α 值为 0.911；行动调整量表的 Cronbach's α 值为 0.892。

（4）团队创造力。采用赵卓嘉（2009）在杨志蓉（2006）开发的量表的基础上在语言表述方面做了进一步修改和完善后得到的量表，量表共计 10 个题项，如“我们经常提出大量的新点子”等。该量表的 Cronbach's α 值为 0.931。

（5）控制变量。由于本章关注的是团队层面的属性和团队行为及行为结果之间的相互关系，需要控制和剥离的主要是团队特征对结果变量的相关影响。因此，将职务、团队规模、团队成立年限作为控制变量。

三、聚合分析

本章构建的是团队层次的理论模型，但团队多样性、团队反思、团队竞争和团队创造力的测量都是由团队中的单个成员完成的，因此需要将个体层数据聚合到团队层。由于 ICC（2）的值受到样本大小的影响（赵卓嘉，2009），所以本章选择 Rwg 值和 ICC（1）值作为数据聚合处理的参考标准。

研究发现在 82 个团队中，团队区隔型多样性、差异型多样性、差距型多样性的 Rwg 值分别为 0.83、0.81、0.83，ICC（1）值分别为 0.73、0.74、0.71，ICC（2）值分别为 0.95、0.95、0.94；团队反思的 Rwg 值为 0.94，ICC（1）值为 0.82，ICC（2）值为 0.97；团队促进型竞争和团队防御型竞争的 Rwg 值均为 0.91，ICC（1）值均为 0.79，ICC（2）值均为 0.96；团队创造力的 Rwg 值为 0.93，ICC（1）值为 0.83，ICC（2）值为 0.97。这些变量的 Rwg 值和 ICC（1）

值均高于 0.7，说明同一团队的成员对团队层面特征或现象的编码和评价基本一致，证明了各个变量个体数据聚合到团队数据的合理性与适当性。

第五节　研究结果

一、描述性统计分析

表 6-3 显示了本章研究各个变量的均值、标准差及各个变量之间的相关系数。结果表明：团队多样性与团队创造力正相关（r=0.527，p<0.01）；团队多样性与团队促进型竞争正相关（r=0.496，p<0.01）、与团队防御型竞争正相关（r=0.363，p<0.01）；团队促进型竞争与团队创造力正相关（r=0.479，p<0.01），团队防御型竞争与团队创造力负相关（r=-0.426，p<0.01）。

表 6-3　各变量均值、标准差及相关系数

变量	均值	标准差	1	2	3	4	5	6
团队成立年限	3.789	0.912	1					
团队规模	2.395	0.709	0.035	1				
团队促进型竞争	3.301	0.346	0.338**	-0.137	1			
团队防御型竞争	3.036	0.329	-0.328**	0.203*	-0.269**	1		
团队多样性	3.263	0.363	0.278**	-0.029	0.496**	0.363**	1	
团队反思	3.313	0.370	0.397**	-0.137	0.591**	-0.494**	0.555**	1
团队创造力	3.281	0.333	0.335**	-0.075	0.479**	-0.426**	0.527**	0.693**

注：** p<0.01，* p<0.05。

二、聚合效度与区分效度检验

（一）聚合效度检验

本章采用的是 Amos24.0 来进行验证性因子分析以检验本章研究中所涉及的核心变量的聚合效度，本章采纳的是 Fornrll 和 Larcker（1981）的建议，即当变量的平均方差抽取量（Average Variance Extracted，AVE）大于 0.5 时，则说明该变量有良好的聚合效度。

第一，团队多样性。如表 6-4 所示，团队多样性的三个维度的所有题项因子载荷都是显著的（p<0.001），并且区隔型多样性、差异型多样性和差距型多样性的平均方差抽取量（AVE）分别为0.720、0.760和0.750，均大于0.50的临界值，说明这三个维度都具有较好的聚合效度（收敛效度）。另外，这三个维度的组成信度（CR）分别为0.885、0.905和0.899，大于0.60的临界值，这进一步说明了三个维度都具有较好的内部一致性。

表6-4 团队多样性的参数显著性估计、因子载荷、AVE值及组成信度

变量	题项	参数显著性估计				因子载荷	收敛效度	组成信度
		非标准化系数	标准误	T值	显著性	Std.	AVE	CR
区隔型多样性	Q8	1.000				0.831	0.720	0.885
	Q9	1.178	0.208	5.661	***	0.825		
	Q10	1.494	0.236	6.335	***	0.888		
差异型多样性	Q11	1.000				0.867	0.760	0.905
	Q12	0.882	0.131	6.755	***	0.866		
	Q13	1.232	0.176	6.990	***	0.882		
差距型多样性	Q14	1.000				0.863	0.750	0.899
	Q15	1.085	0.054	19.993	***	0.964		
	Q16	0.875	0.055	15.888	***	0.759		

注：*** p<0.001。

第二，团队反思。如表6-5所示，团队反思的三个维度的所有题项因子载荷都是显著的（p<0.001），并且任务反省、过程反省和行动调整的平均方差抽取量（AVE）分别为0.584、0.721和0.736，均大于0.50的临界值，说明这三个维度都具有较好的聚合效度（收敛效度）。另外，这三个维度的组成信度（CR）分别为0.847、0.911和0.892，大于0.60的临界值，这进一步说明了三个维度都具有较好的内部一致性。

表6-5 团队反思的参数显著性估计、因子载荷、AVE值及组成信度

变量	题项	参数显著性估计				因子载荷	收敛效度	组成信度
		非标准化系数	标准误	T值	显著性	Std.	AVE	CR
任务反省	Q17	1.000				0.764	0.584	0.847
	Q18	0.946	0.089	10.686	***	0.657		
	Q19	1.173	0.087	13.574	***	0.869		
	Q20	1.017	0.081	12.507	***	0.768		

续表

变量	题项	参数显著性估计				因子载荷	收敛效度	组成信度
		非标准化系数	标准误	T 值	显著性	Std.	AVE	CR
过程反省	Q21	1.000				0.909	0.721	0.911
	Q22	0.952	0.119	8.018	***	0.889		
	Q23	0.938	0.126	7.419	***	0.862		
	Q24	0.669	0.127	5.261	***	0.723		
行动调整	Q25	1.000				0.764	0.736	0.892
	Q26	1.241	0.080	15.604	***	0.964		
	Q27	1.172	0.076	15.339	***	0.869		

注：*** p<0.001。

第三，团队竞争。如表 6-6 所示，团队竞争的两个维度的所有题项因子载荷都是显著的（p<0.001），并且团队促进型竞争、团队防御型竞争的平均方差抽取量（AVE）分别为 0.700 和 0.587，均大于 0.50 的临界值，说明这两个维度都具有较好的聚合效度（收敛效度）。另外，这两个维度的组成信度（CR）分别为 0.942 和 0.907，大于 0.60 的临界值，这进一步说明了两个维度都具有较好的内部一致性。

表 6-6　团队竞争的参数显著性估计、因子载荷、AVE 值及组成信度

变量	题项	参数显著性估计				因子载荷	收敛效度	组成信度
		非标准化系数	标准误	T 值	显著性	Std.	AVE	CR
团队促进型竞争	Q28	1.000				0.882	0.700	0.942
	Q29	0.858	0.122	7.018	***	0.865		
	Q30	0.832	0.133	6.235	***	0.815		
	Q31	0.818	0.109	7.526	***	0.894		
	Q32	0.695	0.099	6.985	***	0.863		
	Q33	0.557	0.120	4.647	***	0.681		
	Q34	0.808	0.123	6.548	***	0.836		
团队防御型竞争	Q35	1.000				0.666	0.587	0.907
	Q36	1.334	0.111	11.967	***	0.679		
	Q37	1.794	0.616	2.913	***	0.710		
	Q38	1.569	0.549	2.858	***	0.686		
	Q39	1.858	0.561	3.312	***	0.940		
	Q40	1.626	0.549	2.960	***	0.732		
	Q41	1.828	0.560	3.264	***	0.901		

注：*** p<0.001。

第四，团队创造力。如表 6-7 所示，团队创造力的所有题项因子载荷都是显著的（$p<0.001$），平均方差抽取量（AVE）为 0.585，大于 0.50 的临界值，说明该变量具有较好的聚合效度（收敛效度）。另外，团队创造力的组成信度（CR）为 0.934，大于 0.60 的临界值，这进一步说明了团队创造力这一变量具有较好的内部一致性。

表 6-7 团队创造力的参数显著性估计、因子载荷、AVE 值及组成信度

变量	题项	参数显著性估计				因子载荷	收敛效度	组成信度
		非标准化系数	标准误	T 值	显著性	Std.	AVE	CR
团队创造力	Q42	1.000				0.760	0.585	0.934
	Q43	1.024	0.231	4.433	***	0.741		
	Q44	0.976	0.208	4.684	***	0.777		
	Q45	1.173	0.251	4.681	***	0.777		
	Q46	1.392	0.312	4.458	***	0.745		
	Q47	1.330	0.261	5.092	***	0.834		
	Q48	0.933	0.220	4.237	***	0.713		
	Q49	1.111	0.224	4.955	***	0.815		
	Q50	1.343	0.290	4.637	***	0.770		
	Q51	0.982	0.233	4.217	***	0.710		

注：*** $p<0.001$。

（二）区分效度检验

本章进行验证性因子分析以检验团队多样性、团队促进型竞争、团队防御型竞争、团队反思和团队创造力之间的区分效度（见表 6-8）。结果表示五因子模型的拟合效果最好（$\chi^2/df=1.824$，RMSEA=0.059，CFI=0.915，TLI=0.904），说明五因子模型具有较好的区分效度。

表 6-8 各因子模型验证性因子分析结果

模型	χ^2	df	χ^2/df	RMSEA	CFI	TLI
五因子模型	565.503	310.000	1.824	0.059	0.915	0.904
四因子模型	853.920	314.000	2.719	0.085	0.820	0.799
三因子模型	1116.224	317.000	3.521	0.103	0.734	0.705
二因子模型	1512.392	320.000	4.726	0.125	0.603	0.565

续表

模型	χ^2	df	χ^2/df	RMSEA	CFI	TLI
单因子模型	1703.027	322.000	5.289	0.135	0.540	0.499

注：①五因子模型：团队多样性、团队促进型竞争、团队防御型竞争、团队反思、团队创造力；②四因子模型：团队多样性+团队促进型竞争、团队防御型竞争、团队反思、团队创造力；③三因子模型：团队多样性+团队促进型竞争+团队反思、团队防御型竞争、团队创造力；④二因子模型：团队多样性+团队促进型竞争+团队防御型竞争+团队反思、团队创造力；⑤单因子模型：团队多样性+团队促进型竞争+团队防御型竞争+团队反思+团队创造力。

三、假设检验

本章使用 Mplus7.4 运行路径分析，对假设进行检验。具体的路径分析结果见图 6-2。为了检验路径系数的显著性，本章再根据温忠麟和叶宝娟（2014）的建议，进一步使用 Mplus7.4 运行 Bootstrapping（Monte Carlo 复制 = 20000 次）分析检验团队促进型竞争和团队防御型竞争中介效应、调节效应以及有调节的中介作用的显著性，显著性检验的 Bootstrap 分析结果见表 6-9、表 6-10。

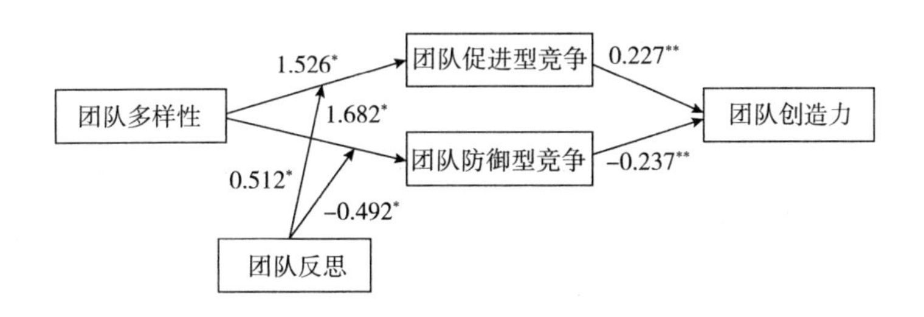

图 6-2　附有路径系数的中介模型

注：** p<0.01，* p<0.05。

表 6-9　中介效应与调节效应显著性检验的 Bootstrap 分析

路径	非标准化估计值	标准误	T 值	显著性	95%置信区间（上、下限）	
					下限	上限
MTD→MCPG	1.526	0.734	2.079	0.040	0.074	2.979
MTD→MCPB	1.682	0.746	2.255	0.026	0.207	3.158
MCPG→MTCR	0.227	0.073	3.133	0.002	0.084	0.371
MCPB→MTCR	-0.237	0.072	-3.303	0.001	-0.378	-0.095
MTD→MCPG→MTCR	0.117	0.061	—	—	0.025	0.268

续表

路径	非标准化估计值	标准误	T 值	显著性	95%置信区间（上、下限）	
					下限	上限
MTD→MCPB→MTCR	-0.116	0.073	—	—	-0.303	-0.005
INT→MCPG	0.512	0.205	2.499	0.014	0.107	0.918
INT→MCPB	-0.492	0.208	-2.361	0.020	-0.904	-0.080

注：MTD 代表团队多样性；MTCR 代表团队创造力；MCPG 代表团队促进型竞争；MCPB 代表团队防御型竞争；MTR 代表团队反思；INT 代表 MTD×MTR。

表 6-10　有调节的中介效应

中介效应	团队反思	效应值	标准误	95%置信区间
团队多样性—团队促进型竞争—团队创造力	低	-0.0043	0.0398	[-0.0822，0.08]
	中	0.0389	0.0294	[-0.0074，0.1099]
	高	0.082	0.035	[0.0269，0.1631]
团队多样性—团队防御型竞争—团队创造力	低	-0.0554	0.0430	[0.0103，0.1638]
	中	-0.0124	0.0249	[-0.0810，0.0237]
	高	0.0307	0.0311	[-0.0226，0.1060]

注：N=82，BootstrapN=20000。

（1）团队多样性对团队促进型竞争的效应值为 1.526（$p<0.05$），假设 H1a 成立；团队多样性对团队防御型竞争的效应值为 1.682（$p<0.05$），假设 H1b 成立。

（2）团队促进型竞争对团队创造力的效应值为 0.227（$p<0.01$），假设 H2a 成立；团队防御型竞争对团队创造力的效应值为-0.237（$p<0.01$），假设 H2b 成立。

（3）团队多样性通过团队促进型竞争、团队防御型竞争的间接效应值分别为 0.117、-0.116，95%的置信区间分别为［0.025，0.268］和［-0.303，-0.005］，置信区间不包括 0，说明中介效应显著。假设 H3a、假设 H3b 成立。

（4）团队反思与团队多样性的乘积项对团队促进型竞争、团队防御型竞争的效应值分别为 0.512、-0.492，95%的置信区间分别为［0.107，0.918］和［-0.904，-0.080］，置信区间不包括 0，说明调节效应显著。假设 H4 成立。为了更直观地呈现团队反思的调节作用，笔者分别绘制了在高团队反思（其均值+1 个标准差）和低团队反思（其均值-1 个标准差）的条件下团队多样性与团队促进型竞争和团队防御型竞争之间的关系图（见图 6-3、图 6-4）。当团队反思

水平较高时，团队多样性对团队促进型竞争产生更强的正向促进效果；当团队反思水平较低时，团队多样性对团队防御型竞争的促进效果更强。再次验证了假设 H4。

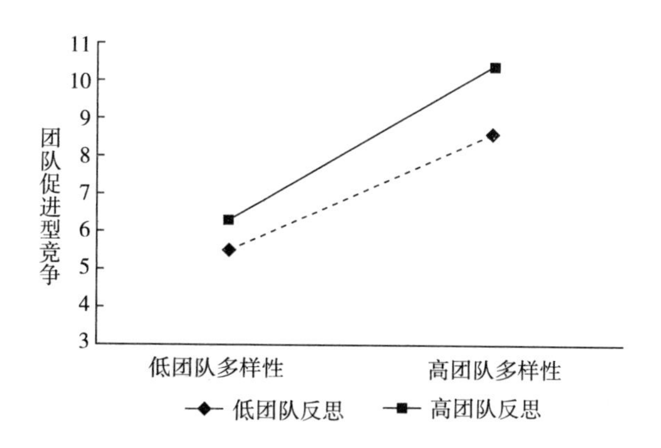

图 6-3　团队反思在团队多样性与团队促进型竞争之间的调节效果

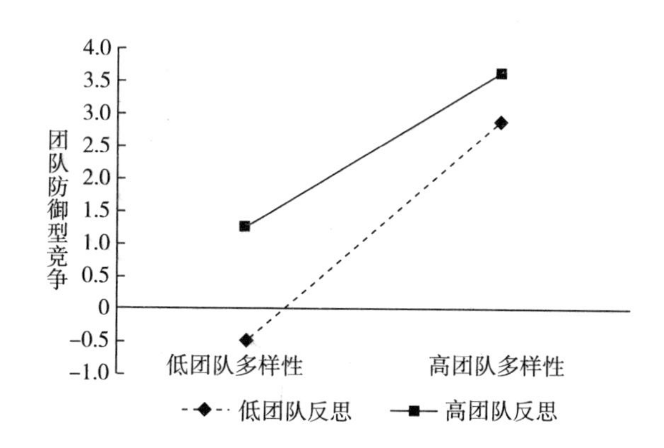

图 6-4　团队反思在团队多样性与团队防御型竞争之间的调节效果

（5）当团队反思水平较高时，团队促进型竞争在团队多样性与团队创造力的中介作用显著（效应值为 0.082，标准误为 0.035，95%的置信区间为［0.0269，0.1631］），团队反思在低水平和中水平两种情况下，团队促进型竞争的中介作用不显著，见表 6-10。当团队反思水平较低时，团队防御型竞争在团队多样性与团队创造力的中介作用显著（效应值为-0.0554，标准误为 0.0430，95%的置信区间为［0.0103，0.1638］），团队反思在高水平和中水平两种情况下，团队防御型竞争的中介作用不显著。因此，假设 H5a、假设 H5b 成立。

四、实验结果讨论

本章建立了一个双中介的带调节变量的模型，探讨团队多样性对团队创造力水平的影响，考察了团队促进型竞争和团队防御型竞争在团队多样性影响团队创造力过程中的中介作用，以及团队反思在团队多样性影响团队促进型竞争和团队防御型竞争过程中的调节作用。首先，本章通过 SPSS22.0 与 Amos24.0 软件检验收集到的样本数据，结果表明实证数据具有较高的信效度。在此基础上，通过 Mplus7.4 软件，对模型中变量的中介效应与调节效应的效应方向和显著性进行检验，通过数据分析后，发现研究假设都得到了数据的支持。

第六节　结论与启示

一、主要结论

本章基于社会比较理论，建立了团队多样性对团队创造力的双中介带调节变量的模型，探究团队促进型竞争和防御型竞争在团队多样性与团队创造力影响中的双元影响路径，同时验证团队反思在团队多样性通过团队竞争影响团队创造力的情景化效用。结果表明：一是团队多样性促进团队促进型竞争及防御型竞争。二是团队多样性通过团队促进型竞争对团队创造力产生积极作用，通过团队防御型竞争对团队创造力产生消极影响。三是团队反思调节了团队促进型竞争及团队防御型竞争在团队多样性与团队创造力之间的中介作用。在反思水平较高的团队，团队多样性更容易使团队成员产生促进型竞争进而积极影响团队创造力；在反思水平较低的团队，团队多样性更容易使团队成员产生防御型竞争进而消极影响团队创造力。

二、研究启示

（一）理论启示

本章研究结论对理论研究带来启示：

首先，本章创新性地采用社会比较理论从团队内个体之间的交互过程来探讨团队多样性如何影响团队创造力。以往大多数学者采用的是社会分类理论或是信息处理理论来研究团队多样性对团队最终产出的过程机理，如采用社会分类理论的学者得到的结果几乎都是团队多样性消极影响团队创造力（Crucke et al.，

2016）；反之，采用信息处理理论的学者得到的几乎都是相反的结论（Bui et al.，2019）。这些理论在不同程度上忽视了团队成员之间的情感交互，较多地涉及认知交互。本章基于社会比较理论，同时从团队成员之间的情感交互与认知交互入手，解释了团队多样性对团队创造力水平的影响机制。

其次，本章引入团队促进型竞争和团队防御型竞争作为中介变量，尝试解释团队多样性对团队创造力的双元影响机制。学术界关于团队多样性对团队创造力的影响仍然存在争议，一部分学者认为团队多样性会加剧团队中的群体分化，引发更多的团队冲突，进而降低团队创造力水平（Crucke et al.，2016）；另一部分学者则认为团队多样性会带来知识与观点等的多样性，进而有利于团队创新活动的发生（Bui et al.，2019）。这两类研究都对团队多样性存在非黑即白的误解，事实上团队多样性并没有好坏之分，关键是团队成员在此情境中采取何种应对方式，最终本章证实了团队促进型竞争和团队防御型竞争中介了团队多样性与团队创造力的关系，丰富了团队创造力的相关研究。

最后，本章论证了中国情境下团队反思的适应性。由于团队的属性被定义为“协作共赢”，所以很多研究者把团队认为是一个更大的个体，只聚焦于团队整体属性，不重视甚至忽略团队内个体与个体之间的情感交互。但事实是，当一个组织被划分成一个个小团队时，组织成员因为团队化拉近了个体之间的距离，个体与个体之间的情感交互会更加频繁（Carton & Cummings，2012）。本章基于此引入团队反思作为调节变量，注重团队成员之间的认知与情感交互，使得本章研究在不忽视团队整体属性影响效果的同时兼顾团队中微观层面的交互作用，最终也证实了团队反思在团队多样性对团队创造力影响路径中的调节作用。

（二）管理启示

本章研究结论的管理启示包括以下几点：

第一，重视团队内多样性建设。团队成员属性的多样性会影响整个团队的创造力水平，进而影响到团队与组织的创新，最终决定组织对动态环境的适应力。管理者在组建团队时，要充分考虑每个团队成员的核心属性，要合理配置资源。在尽量保证团队成员属性丰富的同时，团队成员之间的受教育水平、价值观等方面又不宜差异太大，因为这样会造成团队成员之间难以沟通和协作。因此，管理者要充分了解每个团队成员的特点，基于团队整体目标细化的具体要求，保证团队目标完成过程中各个模块沟通流畅，模块之间相互监督、协调一致、优势互补。

第二，提高团队反思水平。衡量团队成果，不是简单把团队中各个成员的工作成果加总，而是应该意识到团队是个整体，成员之间应该增加交流和反思，形成“1+1+1>3”的协同效应。当团队成员反思能力提升时，团队创造力水平会得到提高，团队绩效可以得到改善。由此，团队成员对于所在团队的归属感和承诺得到提高，又会进一步优化团队成员之间的协作模式，形成良性循环。因此，管理者可以增加培训与开发的投入，增强团队探索新方法的意识与能力；鼓励团队成员参与团队管理，及时发现团队管理中的问题；给予成员在团队中发挥自己才能、贡献自己智慧的平台，为团队目标制定、目标完成过程出谋划策。

第三，实现团队良性共赢发展。在团队中过于强调传统的合作会削弱一些员工的积极性，但也不能一味地宣传“狼性”文化，把残酷的优胜劣汰搬到团队中来。适度的竞争压力会使员工将注意力集中在工作任务完成的过程中，使得工作以更高的效率完成。但是，竞争压力过大，不仅会使一些处于发展阶段的员工受到打击而意志消沉，也会使得一些原本有能力完成任务的员工在高压环境下无法发挥出自己的真实水平。因此，管理者在团队任务分配时应该因人制宜，对于喜欢挑战性工作的员工合理给予其高难度、回报大的工作任务，激发其潜力的同时也能提高其工作热情；对于经验尚浅或者工作能力不突出的员工，可以适当降低其工作难度，给予其不断积累经验的机会。此外，未来研究还可以从团队多样性的不同测量方法及团队创造力的其他促进机制等方面进一步探析。

第七章　组织政治氛围下员工情绪智力、创新过程投入对创新行为的影响机制

第一节　引　言

在数智经济背景下，创新已成为组织引领技术变革、决胜商业竞争的核心要素（Hou，2017；Amabile & Khaire，2008）。面对不断变化的商业环境和持续加剧的市场竞争，越来越多的组织管理者开始通过加大资源投入、创新管理模式等手段大力推动员工创新（Zhang & Bartol，2010）。因此，员工创新行为的影响研究也成为学界的重要领域，从“个体—团队—组织”等多层次分析，到“输入—过程—输出”的整合模型构建（刘伟国等，2018），为创新影响研究开展了深入的探索。然而，现有的相关研究尚存在以下几点不足：

首先，忽略了个体情绪管理对创新的直接影响。创新行为是创意的产生、促进和实施的系统过程（Tu & Lu，2013；Zhou & George，2001），其间充满复杂性和不确定性，是一项高风险的投资，所以个体实施创新行为需要具备自我激励、逆境调控等情绪管理能力（Lassk & Shepherd，2013）。作为识别、调整、促进情绪的管理能力，情绪智力对于个体面对困境和压力时的积极作用应有突出表现。然而，已有研究虽然关注了个体的创新特质和动机、意愿（Hou et al.，2018；李晋等，2018）对“是否能”和“是否想”创新的影响，也关注了团队和领导情绪智力对员工创新绩效产出的影响，却较少探析员工个体情绪管理能力对创新行为的直接影响，甚至否定了两者存在相关性。虽然第三章研究了新生代员工情绪智力与创新行为的影响关系，但相关研究还未得到更广泛的验证。

其次，鲜有学者关注组织消极氛围对创新影响过程的情境化作用。已有研究

探析了员工通过创新行为来回馈和维护领导与组织营造的支持、安全、公平感知氛围（Hou et al.，2018；Tu & Lu，2013），但这些研究多数关注组织积极氛围对创新影响过程的正向调节作用，却鲜有探析组织政治氛围对个体创新过程可能存在的负面边界影响。组织政治氛围表现出组织成员关系的“自利”和“权术”，与“公平”和“公正”对立（Breland et al.，2007），而创新需要知识分享、开放沟通（Hou，2017），因此组织政治将影响资源配置、信息传递和知识共享（Kaya et al.，2016）。尤其是中国文化背景下的组织政治生态，更讲究“关系”和“人情”（刘军等，2008），从而加剧了创新环境的复杂性和不确定性。

最后，较少学者从资源视角来探析创新过程的影响机制。已有研究从个体层次的认知、动机（李晋等，2018；Amabile et al.，2004），到团队层次的社会交换、学习（Tu & Lu，2013；陈超、刘新梅，2019），再到组织层次的公平、信息决策等视角（张学和等，2012；Zhang & Bartol，2010）论述了知识分享、心理资本、积极情感等方面对创新过程的影响机制，但这些研究往往忽略了“情绪”这种重要的心理资源在创新过程投入中的作用，以及鲜有学者运用资源视角来解释“情绪”资源在此过程中的关系。已有研究认为，资源保存理论从“资源增益”和“资源损耗”视角揭示了个体对资源的保存、获取和利用的心理动机，而不同的资源处理动机会对心理、态度、行为产生不同的影响。因此，本章认为资源保存视角对于解释情绪智力与创新行为的影响机制具有较为充分的理论支撑。个体情绪智力为何对创新过程产生影响？又是如何通过识别、控制、促进“情绪资源”以改变创新过程投入的程度进而影响创新行为，这些正是本章研究的立题之义。

综上所述，为了进一步完善现有成果，本章将开展以下研究：①从资源保存理论的“增益”视角论述并检验员工情绪智力通过创新过程投入的中介效应对创新行为产生的影响；②从资源保存理论的“损耗”视角解释并检验组织政治氛围对员工情绪智力与创新过程投入关系的调节效应；③整体论述并检验员工情绪智力对创新行为有中介的调节影响模型。另外，由于前面章节已检验了新生代员工情绪智力对创新行为的直接效应，为扩大样本适应性，本章研究样本还包括非新生代员工。本章研究模型见图 7-1。

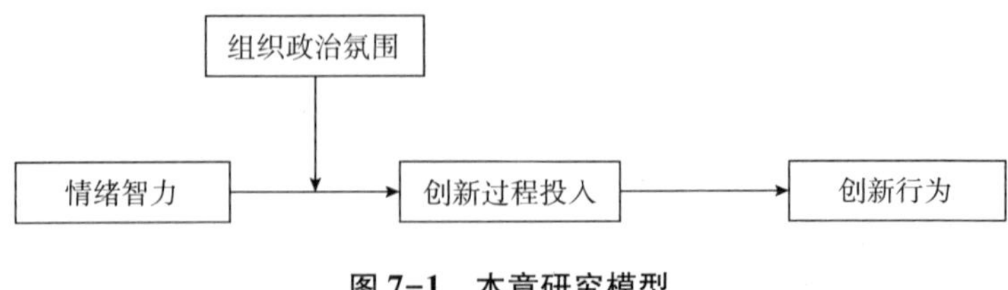

图 7-1　本章研究模型

第二节 文献回顾

一、组织政治氛围

在组织行为研究中，政治行为是一种普遍存在于各类组织的互动性因素，它是行为主体不顾组织和他人利益或无视公平与公共规则为增加自身利益而采取的行为（Hsu & Chong，2017），学者通常采用员工知觉的政治行为状况来反映政治氛围（梁明辉、易凌峰，2018）。个体层次上，反映的是成员个体对于组织中其他人政治行为强度的主观理解，如果该认知被组织或团队成员共享，则可以汇聚到组织上，代表组织的政治氛围，成为组织成员政治思维与行为的背景（Chen et al.，2015；刘军等，2008）。因此，本章结合已有研究将组织政治氛围定义为组织成员对组织内发生的运用权力或资源实施自利且缺乏组织认可行为的共同感知，反映行为主体从事政治行为的平均水平（张晓怿等，2016；Kaya et al.，2016）。

目前，学者主要关注组织层次的政治氛围。Landells 和 Albrecht（2013）从权力基础视角认为组织政治氛围由位置权力、个人权力、信息权力和关系权力四维度构成。作为一种消极的组织氛围（段锦云等，2014），它的主要特征是“自利”和“权术”，与“公平”和“公正”对立（Breland et al.，2007），也可能与其他类型的特定氛围（如创新氛围、公平氛围等）共存于组织（Drory，1993）。

在相关研究中，学者们主要从压力、资源保存、社会交换等视角（张亚军等，2018；梁明辉、易凌峰，2018）解释组织政治氛围的消极影响效应。一方面，高组织政治氛围会导致个体情感资源的消耗（Chang et al.，2009），并使员工产生不安全感进而演变成工作压力，对员工的工作投入、离职倾向、心理疏离（Cuyper et al.，2012）等方面产生影响。另一方面，高政治氛围的组织（刘军等，2008），奖励基于权利和关系（Kimura，2013），这种不确定性和不公平感会导致个体对通过努力获得有利回报失去信心，并认为对组织的长期贡献是种风险投资，从而可能减少对组织额外资源的投入（Saravi et al.，2017）或产生退出行为，也影响其工作满意度、组织承诺和组织创新（陈梦媛，2017；Harris et al.，2007）。

然而，已有研究不论是基于资源消耗理论还是社会交换理论，其本质都是以个体的心理感知、投入与回报作为研究视角，并常常以个体层次的政治知觉样本数据直接用于组织政治氛围的实证检验，这对有效探析多样性人才在组织中如何类化、互动存在局限。尤其是随着团队化、项目化工作形态的不断深入，组织的公平感知、自利行为将更深刻地、更直接地影响组织成员的工作状态。关于组织氛围，学者主要从情感事件、社会认知等视角对组织层次的竞争氛围、公平氛围等进行理论探析（杨陈、唐明凤，2018；Chen et al.，2015），却忽略了中国情境下组织政治氛围对个体创新效能的重要性。

综上所述，本章将检验组织政治氛围在员工创新效能影响机制中的情境效应。鲜有研究从组织视角来探析政治氛围在员工创新效能产出的边界作用，而中国情境的高权力距离和“关系”内涵更容易产生强政治氛围（刘军等，2008），这有可能加剧员工的情绪资源损耗和创新风险，进而抑制情绪管理能力在创新过程投入中的积极效应。

二、创新过程投入

创新过程投入（Creative Process Engagement）的理论基础（创新理论）虽较为成熟，但其作为一个独立的科学概念和研究变量却是在近几年才被提出的。它是指个体投入创新的过程和方法，以及在创新过程或相关活动中的投入水平（Zhang & Bartol，2010），其结构模型由问题识别、信息搜集与编码、创意与方案的形成三维度构成（Zhang & Bartol，2010）。该结构内涵反映出，个体在发现问题、研究问题和寻找解决方案中投入更多的努力可能提高创新产出。在问题初期，想法比较规则且缺少创意，但随着想法在识别或验证过程中不断被提升质量将产生更高的创造性。

在组织情境中，创新过程投入中员工的低水平创新投入所能提供的想法对于问题解决可能是无效的；反之，当投入更多的精力时，员工可以更有效地识别问题和搜集信息，从而提出更多的有效方案（Gilson & Shalley，2004）。虽然创新理论（Amabile et al.，1996）对创新过程做出具体说明，但与创新有关的大量研究聚焦在影响创新绩效的个体和情境因素（Shalley et al.，2004）方面，却忽视了创新过程的重要性（Shalley & Zhou，2008）。

创新过程投入对创新行为（Amabile et al.，1996）和创新绩效（Amabile & Mueller，2008）的影响效应还是得到学界的认同，也有学者运用注意力理论（Attention Capacity Theory）和激发理论（Activation Theory）解释了工作经验对创新过程投入与工作绩效的调节作用，并认为创新绩效在两者关系中起部分中介作用（Zhang & Bartol，2010），以及验证了创新过程投入的新颖解决方案与标准化、合理化解决办法的区别（Lubart，2001）。

综上所述，本章将检验组织政治氛围下员工创新过程投入的中介效应。虽然国内外已有的研究认同创新过程投入的概念（Gilson & Shalley，2004）及其对创新行为的影响（Amabile et al.，1996），但是鲜有从资源视角探析员工情绪智力通过创新过程投入对创新效能产生影响。尤其是已有研究尚未探明创新过程投入的中介效应是否在不同的组织政治氛围下存在差异性，而这些结论将为开展员工创新效能研究奠定重要的理论基础。

第三节 研究假设

一、情绪智力与创新行为

情绪智力是个体有效识别、表达、理解、调控自我和他人的情绪（Parke et al.，2014；Salovey & Mayer，1990），并通过管理、激励自我情绪来促进把握人际关系和适应外部环境的能力（Zeidner et al.，2004）。学者普遍认为情绪智力具有四维能力结构模型特征，包括认知、促进、理解和管理能力（侯烜方、邵小云，2017）。创新行为是指个体层面产生的新颖、可行，对组织有价值的产品、过程、方法与思想（Tu & Lu，2013）的产生、推动和实践的多阶段连续过程（Van der Vegt & Janssen，2003），具有高风险性、不确定性、复杂性等特点。目前，学术界开展情绪智力与创新的关系研究尚处在起步阶段（Hou et al.，2018）。

已有研究表明情绪智力的潜在人际角色与创新行为的联系（Castro et al.，2012），如不同团队和领导的情绪智力对团队创新的促进（Barczak et al.，2010），并聚焦社会促进机制来探析情绪智力通过信任和人际关系影响创新（Parke et al.，2014），但是这些研究并没有解释和验证个体角色的情绪智力到底如何影响员工的创新行为。另外，一些学者运用情绪智力的特征和复合模型去解释对创新的影响（Harris et al.，2013），但是他们对情绪智力的概念缺少理论和实证支撑，而且与员工产出的重要预测变量相重叠，如自我效能、个性、一般心理能力（Côté，2014；Maccann et al.，2014）。甚至有学者认为情绪智力与社会智力相关，但与创新没有明显关系（Mayer et al.，2008）。这种逻辑认为情绪智力作为一种自控能力或规范思考，将对社会和情感状态产生规范的解决方式，而创新代表新颖和差异化思维能力，因此否定了情绪智力与创新的相关性（Zenasni & Lubart，2009）。随后，Parke 等（2014）运用认知理论推翻了这种质疑，但该研究探讨过程信息差异背景下的情绪智力与创新关系（Hou et al.，2018）却忽略了两者之间的情感机制。

本章将“情绪”概念化为一种心理资源，而个体的情绪智力正是认知、调节、激励这种心理资源的重要能力。同时，创新任务通常具有高风险性和周期性特点（Hou，2017），所以员工实施创新行为更需要具备自我激励、逆境调控等情绪管理能力（Lassk & Shepherd，2013）。基于资源保存理论的增益视角，拥有充足心理资源的个体会产生更大的资源增量（Hobfoll，1989），因此高情绪智力的个体不仅善于运用情感来促进思维过程（Ivcevic et al.，2007；侯烜方、邵小云，2017），还能在压力面前更好地自我控制和激励，从而增强面对失败（创新过程中）的毅力，进而减少负面情绪或保持积极情绪（Parke et al.，2014），这些都有助于促进员工的创新行为。具体而言，积极情感促进创意和灵感，具有较高情绪识别能力的员工通常更了解自我的情绪波动状态，这有利于员工选择在情绪积极时投入创意开发，而避免在情绪低落时陷入创新的混沌状态，从而提升创新水平；面对创新困境和压力，具有较高情绪管理能力的员工表现出更好的情绪调适和自我激励的水平，从而更好地应对创新过程的复杂性和不确定性带来的消极情绪，进而改善创新行为的有效性。因此，本章提出如下假设：

H1-员工情绪智力对创新行为具有积极影响作用。

二、创新过程投入的中介效应

（一）员工情绪智力对创新过程投入的影响

创新过程投入（Creative Process Engagement）是指个体投入创新的过程和方法，以及在创新过程或相关活动中的投入水平（Zhang & Bartol，2010），其结构模型由问题识别、信息搜集与编码、创意与方案的形成三维度构成（Zhang & Bartol，2010）。可见，创新过程投入反映了个体在不同创新阶段的工作投入状态。Schaufeli 等（2002）认为，工作投入是一种以活力、奉献和专注为特征的积极、完满的工作状态，因此在复杂多变、充满风险的创新过程中，识别问题、挖掘信息、形成创意都需要积极专注、充满活力的个体工作投入。研究表明，作为一种积极情感的激发（Activation）状态（Bakker et al.，2011），工作投入的变化受到情绪影响。个人体验到的积极情绪（Positive Affect）与工作投入正相关（Tims et al.，2011），而负面情绪（Negative Affect）则与工作投入负相关。可见，积极或消极的情绪状态也会影响个体在创新过程中的工作投入水平。

基于资源保存理论的增益视角，个体拥有的生理、认知和情绪资源能够帮助他们更好地掌控工作环境，并在工作中表现出积极、完满的投入状态（陆欣欣、涂乙冬，2015）。作为识别和管理情绪资源的一种能力，情绪智力的高低直接影

响了个体情绪资源的程度（Hou et al.，2018），具有高情绪智力的个体拥有更强的情绪资源，这不仅可以保持和促进更多的积极情绪，也可以控制和管理更多的消极情绪。可见，面对创新过程中问题探索和创意萌发的不确定性，具有高情绪智力的员工将表现出更具活力、专注的积极创新状态。尤其在创新过程中遇到困境和压力时，高情绪智力的员工更易于管控消极情绪的蔓延及激发积极情绪的产生，这都有利于提升个体创新过程的工作投入水平。因此，本章提出如下假设：

H2a-员工情绪智力对创新过程投入具有积极影响作用。

（二）创新过程投入的中介效应

已有学者验证了创新过程投入对创新行为（Amabile et al.，1996）和创新绩效（Amabile & Mueller，2008）的影响效应，也有学者运用注意力理论和激发理论解释了工作经验对创新过程投入与工作绩效的调节作用（Zhang & Bartol，2010），以及验证了创新过程投入的新颖解决方案与标准化、合理化解决办法的区别（Lubart，2001）。从创新过程投入的三维度结构模型来看，个体在发现问题、研究问题和寻找解决方案中投入更多的努力将有助于提高创新产出。具体而言，在问题初期，想法容易受制于思维惯性而缺少创意。随着创新过程投入的不断加深，创意的质量在识别或验证过程中将进一步提升，从而推动创新行为的有效实施。

资源保存理论认为，工作投入本身会消耗个体的资源，需要通过生理、认知和情绪的恢复（Recovery）（陆欣欣、涂乙冬，2015；Kühnel et al.，2012）来维持下一阶段的工作投入，而情绪智力正是衡量个体管理情绪资源水平的核心变量。因此，基于资源保存的增益视角，高情绪智力将更有利于员工情绪的调适和促进，从而更有效地维系和激发工作投入的热情。尤其是面对创新过程中的机遇和挑战，高情绪智力的员工拥有更充足的情绪资源，善于运用情感来促进思维过程（Ivcevic et al.，2007；侯烜方、邵小云，2017），还能在压力面前更好地自我控制和激励，从而保持创新活力和积极状态以提升创新过程投入水平。显然，高水平的创新过程投入又进一步提升了个体发现问题、搜集信息和寻找方案的努力程度与资源投入，进而促进了创新行为表现（Zhang & Bartol，2010）。因此，本章提出如下假设：

H2b-创新过程投入中介于员工情绪智力对创新行为的积极影响。

三、组织政治氛围的调节效应

组织政治是指行为主体为获得、运用权力和其他资源而采取的各种行动，并在潜在动机支配下，为获得和保护个人及相关团体的利益对他人或团体施加的影响（段锦云等，2014）。组织政治氛围是组织中的众多行为主体从事政治行为的平均水平，也指那些积极从事政治活动的个体数量在总体中的比例（Kaya et al.，2016），其主要特征是“自利”和“权术”，与“公平”和“公正”对立（Kimura，2013）。学者通常采用个体感知的组织政治行为状况来反映组织政治氛围（梁明辉、易凌峰，2018）。在资源保存视角下，组织政治知觉作为一种个体对资源流失威胁的主观感觉，可能会导致个体情感资源的消耗（Hobfoll & Shirom，2000），并使员工产生不安全感，进而演变成工作压力（Kacmar et al.，2013），对员工的工作投入（Cropanzano et al.，1997）、离职倾向（Cuyper et al.，2012）等方面产生影响。

情绪智力是个体在不同情境下对自我情绪的促进、调控和激励的能力（Salovey & Mayer，1990），面对创新过程中的风险、压力和困境，高情绪智力的个体拥有更充足的情绪资源，更有利于个体实施情绪管控和自我激励，从而专注创新过程，激发创新活力，进而保持更加积极的创新过程投入状态。已有研究表明组织成员的情绪状态和工作投入与组织政治氛围存在密切关系（梁明辉、易凌峰，2018；Cropanzano et al.，1997）。基于资源保存理论的损耗视角，当感知到更强的不公平氛围和不确定性的投入风险时，员工会减少资源投入以避免资源的进一步损耗（Hou et al.，2018）。高组织政治氛围反映出组织内部“讲权术”“重关系”，并具有“不公平”“自利性”等消极组织氛围特征（段锦云等，2014），这将加剧创新资源分配不公的可能性和创新投入的风险性，从而强化员工对组织的不公平、不确定性感知，进而损耗员工的积极情绪资源。为了规避情绪资源的更多损耗，员工会减少情绪资源的进一步投入。

因此，虽然高情绪智力的员工对情绪资源具有更强的识别和管理能力，更敢于投入心理资源以应对创新压力和风险（Lassk & Shepherd，2013），从而提升创新过程的投入水平，但是高组织政治氛围会抑制情绪资源的投入，从而减少了情绪智力激活的积极心理资源，由此弱化了情绪智力对创新过程投入的积极影响。相反，低组织政治氛围强调资源公平配置、制度公开透明，这有利于情绪资源充沛的员工愿意投入更多的积极心理资源。因此，在面对创新风险和压力困境时，低组织政治氛围会增强员工情绪智力带来的积极情绪资源，从而进一步促进创新过程的投入程度。因此，本章提出如下假设：

H3-组织政治氛围调节了员工情绪智力对创新过程投入的影响。

四、有中介的调节效应

在假设 H2b 中，本章论述了创新过程投入可能对情绪智力与创新行为的影响关系存在中介作用；在假设 H3 中，本章探析了组织政治氛围可能对情绪智力与创新过程投入的影响关系存在调节作用。鉴于组织政治氛围和情绪智力可能对创新过程投入存在共有影响效应，并且创新过程投入可能与创新行为密切相关，因此，本章提出如下假设：

H4-组织政治氛围间接调节了员工情绪智力通过创新过程投入对创新行为的影响。

第四节　研究方法

一、研究样本与程序

样本来源于杭州、南昌的两家电信和医药企业。为了降低同源偏差和横截面数据的影响，本章采用分节点的配对问卷获取样本数据。在调查过程中，研究者向参与者介绍研究目的和流程，由企业人力资源部门组织相关人员匿名集中填写。所有问卷事先已进行匹配编码，填写后用信封密封，现场发放并收回。该问卷分两个时间节点搜集：第一批问卷由员工匿名评价自己的情绪智力、组织政治知觉和创新过程投入；10 周后搜集第二批问卷，由直属领导评价对应员工的创新行为。

第一批共发放 260 份问卷，结果有效问卷 243 份（问卷有效率为 93.46%）；第二批对应发放 243 份问卷，最终有效问卷 237 份（问卷有效率为 97.53%）。两批问卷配对后，共获得 237 份配对问卷。在样本中，男性 106 人（占 44.73%），员工平均年龄 27.28 岁，拥有大专及以上学历的员工共 182 人（占 76.79%），员工平均工作年限为 5.54 年。

二、测量工具

本章所有的问卷测量均采用李克特五点计分法，从“1”至“5”分别表示被试者从“很不同意”到“非常同意”的感知程度。量表来源如下：

（1）创新行为。采用 Scott 和 Bruce（1994）的量表，共 6 个条目（如在工作中，他会主动寻求应用新技术、新流程或新方法）。该问卷在本章研究中的信度系数为 0.88。

（2）情绪智力。采用 Wong 和 Law（2002）编制的量表，共 16 个条目（如我对别人的感受和情绪非常敏感）。该问卷在本章研究中的信度系数为 0.83。

（3）创新过程投入。采用 Zhang 和 Bartol（2010）编制的包括 11 个条目的量表，该量表在 Amabile（1983）、Reiter 和 Illies（2004）的研究基础上开发获得（如我经常会搜集众多不同类型的信息）。该问卷在本章研究中的信度系数为 0.85。

（4）组织政治氛围。参考 Kimura（2013）、Ferris 和 Kacmar（1992）的研究，运用组织政治知觉量表测量组织政治氛围，共 5 个条目（如员工们总是通过把别人拉下来的方式以发展自己）。该问卷在本章研究中的信度系数为 0.78。

（5）控制变量。本章将员工的年龄、性别、工龄等可能对创新行为有影响的变量设置为控制变量。其中，年龄和工龄的单位为“年”；男性用“1”、女性用“2”进行标记。

第五节　研究结果

一、区分效度检验

本章对情绪智力、创新过程投入、创新行为、组织政治氛围四个变量进行 Harman 单因子检验。结果表明，四因子模型的拟合效度最好（$\chi^2=125.67$，df=62，CFI=0.93，GFI=0.92，IFI=0.94，RMR=0.04，RMSEA=0.06），而单因子模型到三因子模型的拟合度都不满足阈值。这也表明各变量是独立变量，具有较好的区分效度。

二、描述性统计分析

通过 SPSS 分析得出：员工的情绪智力与创新行为正相关（$r=0.66$，$p<0.01$），与创新过程投入正相关（$r=0.53$，$p<0.01$）；创新过程投入与创新行为正相关（$r=0.49$，$p<0.01$），组织政治氛围与情绪智力负相关（$r=-0.12$，$p<0.05$），与创新过程投入负相关（$r=-0.20$，$p<0.01$）。因此，本章研究各变量之间存在较好的关联性，相关性质与研究假设相符，具体内容见表 7-1。

表 7-1　变量的均值、标准差及相关系数矩阵

变量	均值	标准差	1	2	3	4	5	6	7
年龄	27.28	4.00	1						
性别	1.52	0.45	-0.004	1					
工龄	5.54	3.84	0.84**	0.11	1				
组织政治氛围	2.39	0.43	-0.017**	-0.03	-0.16*	1			

续表

变量	均值	标准差	1	2	3	4	5	6	7
情绪智力	3.45	0.45	0.12	-0.15	0.14*	-0.12*	1		
创新过程投入	3.42	0.52	0.13*	-0.13*	0.08	-0.20**	0.53**	1	
创新行为	3.36	0.55	0.18**	-0.22**	0.14*	-0.13*	0.66**	0.49**	1

注：N=237；＊p<0.05，＊＊p<0.01。

三、假设检验

基于分层多元回归法，本章使用 8 个模型检验研究假设。其中，员工的年龄、性别、工龄设置为控制变量，具体步骤如下：

模型 1 至模型 5 检验创新过程投入在情绪智力对创新行为影响的中介效应。其中，模型 1 和模型 3 加入控制变量；模型 2 检验情绪智力对创新过程投入的直接效应；模型 4 检验情绪智力对创新行为的直接效应；模型 5 在模型 4 的基础上增加创新过程投入，以检验其中介效应。

模型 6 至模型 8 检验组织政治氛围在情绪智力对创新过程投入影响中的调节效应。其中，模型 6 加入控制变量；模型 7 检验情绪智力对创新过程投入的直接效应；模型 8 在模型 7 的基础上增加情绪智力和组织政治氛围的交互作用，见表 7-2。

表 7-2　分层多元回归分析结果

变量	创新过程投入		创新行为			创新过程投入		
	模型 1	模型 2	模型 3	模型 4	模型 5	模型 6	模型 7	模型 8
年龄	0.02	0.03*	0.02	0.02	0.02	0.02	0.02	0.02
性别	-0.15**	-0.07	-0.28***	-0.17**	-0.17**	-0.15*	-0.07	-0.07
工龄	-0.01	-0.02	0.01	-0.01	-0.01	-0.01	-0.02	-0.02
情绪智力		0.60***		0.76***	0.66***		0.59***	0.46***
创新过程投入					0.18**			
组织政治氛围							-0.18**	-0.37***
情绪智力×组织政治氛围								-0.16**
R^2	0.04	0.3	0.08	0.46	0.49	0.02	0.30	0.38
F	2.97*	26.69***	6.98***	50.54***	43.56***	2.97**	21.66***	19.20***

注：N=237；＊p<0.05，＊＊p<0.01，＊＊＊p<0.001。

由表 7-2 可知，模型 4 表明情绪智力对创新行为具有显著正向作用（β=0.76，p<0.001），假设 H1 得到验证；模型 2 表明情绪智力对创新过程投入具有显著正向作用（β=0.60，p<0.001），假设 H2a 得到验证；模型 5 显示在回归方程中加入创新过程投入以后，情绪智力对创新行为依然具有显著正向作用（β=0.66，p<0.001），但是预测作用变小了。同时，模型 5 显示创新过程投入对创新行为具有显著正向作用（β=0.18，p<0.01），假设 H2b 得到验证。

模型 7 在模型 6 的基础上，加入情绪智力和组织政治氛围，结果显示 R^2 有显著提高，同时两个自变量的回归系数分别为 0.59 和-0.18，并通过 T 检验（p<0.01），这表明情绪智力和组织政治氛围对创新过程投入具有显著影响。模型 8 在模型 7 的基础上，再加入情绪智力和组织政治氛围的交互项，结果显示其回归系数为-0.16，并通过 T 检验（p<0.01），同时 R^2 有所提高，这说明组织政治氛围对情绪智力与创新过程投入影响关系存在调节作用。因此，假设 H3 得到验证。

为了更直观地反映组织政治氛围的调节作用趋势，本章采用简单斜率分析法画出调节作用示意图。图 7-2 表明，高组织政治氛围会抑制员工情绪智力对创新过程投入的积极影响；相反，低组织政治氛围有利于员工情绪智力对创新过程投入的积极影响。

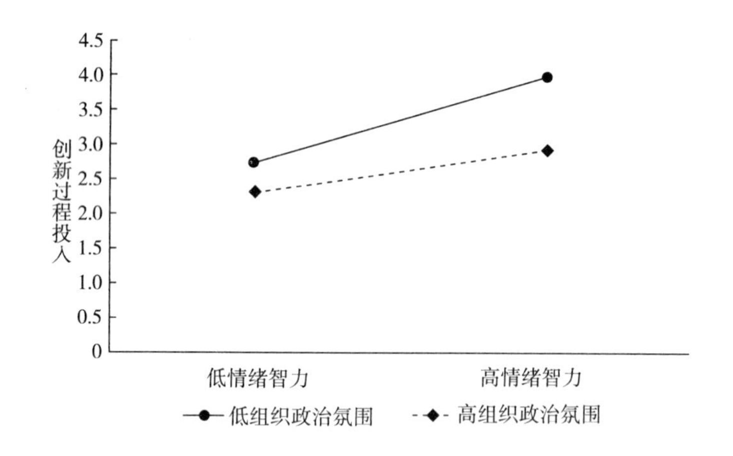

图 7-2　组织政治氛围对情绪智力与创新过程投入影响关系的调节效应

此外，本章运用 Process 插件检验情绪智力对创新行为有调节的中介效应。表 7-3 显示，基于组织政治氛围的有条件的间接效应显著。具体而言，在高度组织政治氛围和中度组织氛围下，情绪智力通过创新过程投入对创新行为的有条件

的间接效应显著，其间接效应分别为0.18和0.12，但是低组织政治氛围下，这种有条件的间接效应不显著，因为95%的置信区间为［-0.03，0.13］，包含0，因此，假设H4得到验证。

表7-3　有调节的中介效应

中介效应	组织政治氛围	有条件的间接效应	95%置信区间
情绪智力—创新过程投入—创新行为	低	-0.05	［-0.03，0.13］（包含0）
	中	0.12	［0.03，0.23］（不包含0）
	高	0.18	［0.04，0.28］（不包含0）

注：N=237，BootstrapN=5000。

第六节　结论与启示

一、主要结论

本章基于资源保存理论的“增益”和“损耗”视角，以组织政治氛围为情境因素，论述并检验了员工情绪智力、创新过程投入对创新行为有调节的中介影响模型，得出以下主要结论：

首先，员工情绪智力通过创新过程投入的中介效应对创新行为产生积极影响。高情绪智力意味着个体具有较高的情绪识别和情绪管理能力。基于资源保存理论的“增益”视角，面对具有风险、压力和不确定性的创新过程，高情绪智力的员工拥有更充足的情绪资源，有利于其实施情绪识别和情绪管理，保持更加积极的情绪投入状态，提升员工发现问题、搜集信息和寻找方案的努力程度和资源投入，进而促进了创新行为表现。

其次，组织政治氛围在员工情绪智力对创新过程投入的影响关系中具有调节效应。高组织政治氛围加剧了创新资源分配不公的可能性和创新投入的风险性，从而损耗了员工的积极情绪资源。基于资源保存理论的“损耗”视角，为了规避情绪资源的更多损耗，员工会减少情绪资源的进一步投入，进而抑制了情绪智力对创新过程投入的积极影响。

最后，组织政治氛围调节了创新过程投入在情绪智力对创新行为影响中的中介作用。虽然员工的情绪智力通过促进创新过程投入对创新行为产生积极影响，但更高的组织政治氛围会抑制员工投入更多的心理资源，而积极情绪是创新过程投入的重要心理资源，由此弱化了创新过程投入水平在情绪智力对创新行为影响机制中的传导作用。

二、研究启示

（一）理论启示

本章研究的理论启示具体如下：

第一，聚焦员工情绪智力对创新行为的影响机制，弥补了以往研究的不足。现有研究关注了个体创新特质、动机和意愿及团队和领导的情绪智力对创新的影响（Hou et al.，2018；罗瑾琏等，2010），忽略了个体情绪管理对创新的直接影响。作为一项充满不确定性和复杂性的高风险投资，创新行为的实施还需要个体拥有自我激励、逆境调控等情绪管理的能力（Lassk & Shepherd，2013）。本章将个体情绪管理纳入创新行为的直接影响模型，验证了员工情绪智力通过创新过程投入对创新行为的影响，填补了个体情绪管理视角下创新行为影响的研究不足。

第二，在中国文化背景下研究组织政治氛围对创新过程的影响具有显著的情境意义。组织政治影响着资源分配、信息传递等创新过程（Cuyper et al.，2012），尤其在中国文化背景下，组织政治愈发加剧了创新环境的复杂性和不确定性（梁明辉、易凌峰，2018）。已有研究大多关注了组织积极氛围对创新影响过程的正向作用，鲜少关注组织消极氛围对创新过程可能存在的负面边界影响。本章将组织政治氛围作为创新行为研究的边界机制，关注组织政治氛围对创新影响过程的情境化作用，丰富了以往关于组织消极氛围对创新影响过程的情境化作用的研究。

第三，运用资源保存理论的“增益—损耗”双视角构建了情绪智力对创新行为影响的理论模型。已有研究从社会交换、社会学习、公平和信息决策等多个视角论述了知识分享、心理资本、积极情感等方面对创新过程的影响（陈超、刘新梅，2019；Tu & Lu，2013；张学和等，2012），鲜有从资源视角来探析创新过程的影响机制。资源保存理论指出，个体对资源的保存、获取和利用的心理动机不同，进而引发不同的心理、态度和行为。本章立足资源保存理论的“资源增益”和“资源损耗”视角，探讨“情绪”这种重要的心理资源对创新影响过程的作用，打开了创新过程研究的新视角，为今后从资源视角研究创新行为奠定了基础。

（二）实践启示

本章研究的实践启示具体如下：

一方面，本章研究有利于组织加强员工的情绪管理以促进创新行为的实施。

在现有的创新管理研究中，组织主要关注制度保障、激励方式，以及员工的技能水平、创新特质等方面，并未重视员工情绪智力对创新过程的重要影响作用。然而，创新过程存在诸多不确定性和风险性，也会面临多重压力和困境，尤其是以项目制和创客制为代表的团队创新模式在组织创新中越来越普遍，员工创新不再是“单枪匹马”的个体创新，而是“你中有我”的协同创新。因此，创新过程要求员工应有良好的自我及他人情绪识别和管理能力。组织管理者要充分挖掘、识别并利用员工的积极心理资源，鼓励和引导高情绪智力的员工在工作中充分发挥自身优势，保持积极的创新状态，管控消极情绪并激发积极情绪，提高创新过程投入水平，促进员工实施更多的创新行为。此外，针对情绪智力偏低的员工，应通过多阶段、多方法、多层次的实施路径加强情绪管理的培训与开发，以适应复杂多变的创新环境和新形势下的团队创新模式。

另一方面，本章研究为构建组织政治新生态提供管理启示。高政治氛围的组织在资源分配、职务晋升、人际互动中表现出“自利性”“不公平”等显著特征，尤其在中国文化背景下，“重关系”“讲人情”的组织氛围更容易加剧组织政治的敏感性和复杂性。本章研究表明组织政治氛围强化了员工对组织的不公平、不确定性感知，从而损耗员工的积极情绪资源，这也会进一步抑制员工在创新过程中的资源投入，进而削弱创新行为的实施。因此，组织管理者在制度设置与执行、资源投入与分配、人员晋升与发展等事关员工重大关切的问题上，应以公开透明、风清气正的政治价值导向为基础，以价值贡献、包容发展的创新激励导向为依托，打破“组织政治”的阴暗面，促进员工从“敢创新”到“能创新”，再到“想创新”的积极创新行为表现。

综上所述，本章研究还可以进一步完善。例如，由于中国文化和时代背景下的情绪智力和组织政治氛围与国外情境存在一定差异，因此在未来研究中可对现有量表进行本土化修订以保证其情境适应性。

第八章　组织政治知觉对新生代员工创新行为的影响机制

第一节　引言

在当前经济新常态下，创新已成为组织引领技术变革、决胜商业竞争的核心要素（Amabile & Khaire，2008）。面对不断变化的商业环境和持续加剧的市场竞争，越来越多的组织管理者开始大力推动员工创新（Zhang & Bartol，2010）。作为企业创新的理念源泉与核心要素，员工的创新对企业摆脱思维桎梏、突破工作局限、解决关键问题、实现可持续发展意义重大（于海云等，2015）。然而，管理实践表明，组织投入与创新产出之间存在“悖论”，背后诱因可能与组织的政治生态有关。中国文化背景下的组织政治生态，更讲究“关系”和“人情”（刘军等，2008），这可能是阻碍追求公平公正、挑战传统权威的新生代员工（侯烜方等，2014）实施创新行为的重要原因。因此，员工的组织政治知觉是否阻碍其创新行为，它们之间又有何内在影响机制，对这些问题进行深入探析，可以为破解新生代员工创新行为动因和提升组织创新产出提供重要的理论参考。

国内外关于创新行为的影响研究虽已进入系统阶段，但鲜有聚焦新生代员工的研究。学界通常将新生代员工指代 20 世纪 90 年代后出生的工作者（侯烜方等，2014）。作为职场新生力量，新生代员工已逐渐成为劳动力市场的主力军，其创新行为将为组织创新注入新活力。现有研究主要运用社会交换、社会学习和动机理论探讨领导方式（周飞等，2018）、团队氛围（张文勤等，2010）、工作与环境（Shalley et al.，2009）等方面对员工创新行为的影响，主要关注团队或组织传递的积极情感（如安全感知和支持氛围）（张学和等，2012）的影响，却

忽略了嵌入组织的政治氛围对创新行为的影响。虽然有研究从不同视角验证了组织政治对众多结果变量的影响效应，但其中的机理过程并未厘清，并且忽视了对创新行为的关系研究。此外，以往研究多基于社会交换和认知理论解释创新行为的影响机制（Ma et al.，2013），强调个体特质对创新的影响，却忽略了心理资源对个体实施创新的重要性。有研究发现，高政治氛围的组织中不确定性和不公平感可能会导致个体减少对组织额外资源的投入或产生退出行为（Hou et al.，2018），进而减少创新行为。同时，以往研究大多聚焦于单一路径研究，因此本章将基于资源保存理论，从心理资源状态和心理资源过程的双路径出发，系统探析组织政治知觉对新生代员工创新行为影响的内在机理。

具体而言，一方面，作为心理资源的状态，心理资本是指个体拥有的积极心理资源，包含自信、希望、乐观和坚韧性等方面的积极心理状态（Luthans et al.，2007）。关于心理资本与创新行为的相关性也得到了学界的证实，认为心理资本和员工创新行为之间存在显著正相关（王艳子，2018）。然而，员工的心理资本并不总是处于一个高水平的状态。基于资源保存理论，个体遭遇压力时会倾向于保存资源并避免资源流失，组织政治的“不公”和“权术”作为一种压力源（Kimura，2013），很可能会加剧追求公平公正的新生代员工的心理压力和资源损耗，导致员工心理资本的消耗。因此，组织政治知觉可能会对员工的心理资本产生影响，进而影响员工的创新行为。另一方面，作为心理资源的过程，创新过程投入是指个体投入创新的过程和方法，以及在创新过程或相关活动中的投入水平（Zhang & Bartol，2010）。资源保存理论认为，资源受到威胁的个体会减少资源投入以防止资源的进一步流失（Hou et al.，2018）。因此，当感知到自利性和不公平的组织政治时，新生代员工为了避免资源的进一步威胁，他们将减少资源的投入程度。创新过程投入作为运用心理资源的过程，当政治氛围导致情感资源消耗时，组织成员为了保存或抵消这种消耗将减少或退出相应的创新投入，进而影响创新行为的实施。因此，本章将基于资源保存理论，从心理资源状态和心理资源过程的双路径出发，以心理资本和创新过程投入作为中介变量，进一步探讨组织政治知觉对新生代员工创新行为的影响机制。

此外，本章还将探析组织政治知觉对创新行为影响的边界条件。现有研究大多将情绪智力作为自变量，探究其对员工绩效（屠兴勇等，2018）、员工建言（罗瑾琏等，2021）等的影响。然而，面对创新风险带来的工作困境和压力，新生代员工普遍存在情绪不稳、自我调控和激励能力不高等特点（Twenge et al.，2010），这是新生代与老一代员工突出的个体差异，也可能是影响新生代与老一代员工创新绩效的重要情境因素。一方面，在拥有较高情绪智力的情况下，该类员工会强化自我对情绪资源的管理和调控，即使感知到较浓厚的组织政治，也能更积极主动地面对组织政治对自我情绪的挑战，由此可能产生更高的心理资本，进而促进其创新行为的实施；而低情绪智力的新生代员工感知到组织政治的存在，会加剧心理资本的退出或削弱，阻碍创新行为的实施。因此，情绪智力可能调节组织政治知觉通过心理资本对创新行为的作用。另一方面，由于组织政治造成的资源威胁，新生代员工往往会减少创新过程投入（Hou et al.，2018），当其能较好地对情绪进行管理和应用即拥有较高的情绪智力时，可能会对创新行为产生高度热情，对实现创新想法具备坚定自信（李贞等，2017）。由此可见，高情绪智力的新生代员工即使感知到较浓厚的组织政治，也可能愿意实施创新过程投入，促进创新活动的开展。

综上所述，本章将运用资源保存理论开展以下研究：一是聚焦新生代员工，检验心理资本和创新过程投入在组织政治知觉与创新行为关系间的中介效应，厘清其中的作用机制；二是检验情绪智力在组织政治知觉对创新行为的作用机制中的调节作用，探析其中的边界条件。此外，前面章节已对本章研究的变量和理论进行文献综述，本章不再开展相关文献回顾，重点探明组织政治对新生代员工创新效能的作用机制。本章研究模型见图 8-1。

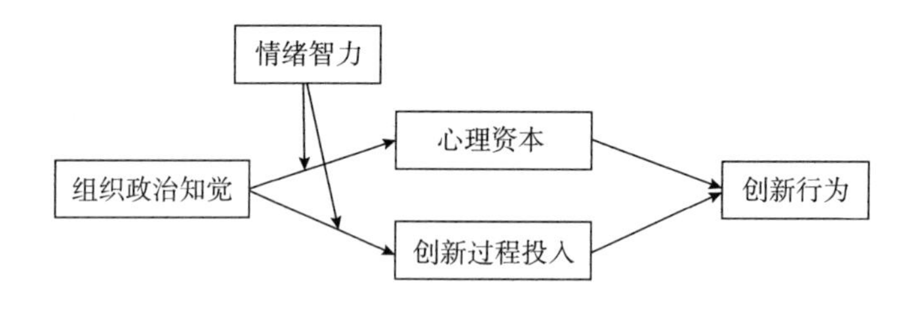

图 8-1　本章研究模型

第二节　研究假设

一、心理资本的中介作用

心理资本是指个体拥有的积极心理资源，包含自信、希望、乐观和坚韧性等方面的积极心理状态（Luthans et al.，2007），能够通过有针对性的投资和开发而使个体获得竞争优势。影响心理资本的因素主要包括个体特征变量与组织环境变量，其中组织环境变量涵盖组织支持、领导风格、工作特征、工作压力等因素

（熊猛、叶一舵，2014）。国内外已有大量研究证实心理资本对个体的工作态度和行为（Yuping & Jiatao，2019）、工作绩效（Fox et al.，2018）、工作满意度（Kose et al.，2018）等变量的正向影响，以及对离职意向、旷工（Zheng et al.，2016）等变量的负向影响。尽管以往研究关注了心理资本在组织环境与个体行为之间的中介作用，但却忽视了中国情境下，新生代员工所感知到的浓厚组织政治氛围对其创新行为的影响。

组织政治知觉（Perceptions of Organizational Politics）是个体对组织中他人自利行为及“自利”“权术”现象的归因，也是个体关于工作环境被同事或领导操控的主观感知与评价（Ferris et al.，2002）。在感知到强烈的组织政治氛围时，个体的情感资源容易受到损耗，这会影响个体对组织的情感依附（Cuyper et al.，2012），从而减少个体对心理资本这种积极心理资源的投资（Hobfoll，2011）。组织政治知觉强烈将导致个体较难感知到组织的支持，自身利益得不到保障（陈梦媛、吴隆增，2019）。基于资源保存理论损耗视角，这种资源流失或预期回报“缩水”会导致个体的心理不安全感加剧（秦晓蕾、杨东涛，2010），这种不安全感在缺乏政治技能的新生代员工身上更为明显（陶建宏、冯胭，2020）。此外，当感知到浓厚的“权术和不公”的组织政治时，相较于老一代员工，更加追求公平和自我感受的新生代员工更不愿隐忍沉默，从而导致其内心冲突更为强烈。强烈的心理不安全感与内心冲突会降低新生代员工的工作自信并使其对未来结果不抱希望，导致其心理资源的损耗，影响个体对实现创新目标的自信程度，以及对待创新困境或压力的坚定态度，进而加剧心理资本被剥夺的威胁。也有学者研究表明，组织支持感（杨中华等，2021）与组织公平感（黄浩等，2019）会对个体的心理资本产生积极影响。因此，当新生代员工有较高的组织政治知觉时，其心理资本水平会降低。

关于心理资本与创新行为的相关性得到了学界证实，学者们认为心理资本和员工创新行为之间存在显著正相关（Yuping & Jiatao，2019），并全面探析了心理资本的自信、乐观、希望、坚韧性等不同维度对创新行为的影响。有研究表明“坚韧性”能促使员工激发潜在动力，从而坚持不懈地完成创新工作（韩翼、杨百寅，2011）。同时，创新过程充满复杂性和不确定性，“自信”意味着员工敢于承担挑战性工作，而“希望”反映出寻找多种方案胜任挑战性工作的决心（Luthans et al.，2007）。另外，具有“乐观”解释性风格的员工往往产生掌控自己命运的感觉和积极的自我预期，因此更容易促进创新行为。心理资本的自信、乐观、希望、坚韧性是驾驭创新过程的复杂性和不确定性，并坚持不懈地完成挑战性工作的重要心理要素，有利于创新行为的实现（Sameer，2018）。高组织政治氛围感知会对个体的心理资本造成消极影响，而创新过程充满复杂性和不确定性，失去足够的信心和坚定的意志显然不利于新生代员工的创新产出。据此，本章提出如下假设：

H1-心理资本在组织政治知觉对创新行为的负向影响中存在中介效应。

二、创新过程投入的中介作用

创新过程投入（Creative Process Engagement）的理论基础（创新理论）虽较为成熟，但近年才作为一个独立的科学概念和研究变量被提出。创新过程投入是指个体投入创新的过程和方法，以及在创新过程或相关活动中的投入水平（Zhang & Bartol，2010），其结构模型由问题识别、信息搜集与编码、创意与方案的形成三维度构成。该结构内涵反映出，个体在发现问题、研究问题和寻找解决方案中投入更多的努力可能提高创新产出。在问题初期，想法比较规则且缺少创意，但是随着想法在识别或验证过程中不断被提升质量将产生更高的创造性。虽然创新理论对创新过程做出了具体说明，但与创新有关的研究大多聚焦于影响创新绩效的个体和情境因素（Shalley et al.，2009）方面，却忽视了创新过程的重要性。

组织政治知觉会导致个体感知到较少的组织支持，自身权益难以受到保护（陈梦媛、吴隆增，2019），同时感知到较大的不确定性和不公平，加剧个体的心理压力，导致个体的资源损耗。基于资源保存理论，缺乏资源的个体不但更易遭受资源损失带来的压力，而且这种压力的存在致使员工防止损失的资源投入往往入不敷出，从而会加速资源损失（Hou et al.，2018）。可见，"不公平、重权术"的组织政治知觉使新生代员工感知到资源流失的压力，这会对其心理资源总量造成威胁。为避免资源加速损失，新生代员工将会减少对于工作的资源投入。创新过程投入作为工作投入的一种形式，当政治知觉导致情感资源消耗时，组织成员为了抵消这种消耗将拒绝投入额外的资源到风险性较高的创新行为。此外，在高组织政治氛围下，利益的划分并不依据个人贡献（梁明辉、易凌峰，2018），员工预期实施创新并不能为自己带来资源增益，反而会加剧自我资源损耗。出于资源保存目的，员工会选择减少或退出创新过程投入，避免创新活动。可见，组织政治知觉更强的员工可能会减少创新过程投入。

在组织情境中，创新过程中员工的低水平创新投入所能提供的想法对于问题解决可能是无效的；反之，当员工投入更多的精力时，员工可以更有效地识别问题和搜集信息，从而提出更多有效方案。在发现、分析问题和寻找解决方案时，个体投入更多的努力可能产生更高的创新产出（Zhang & Bartol，2010）。有学者发现，创新过程投入对创新行为（Amabile et al.，1996）与创新绩效（Amabile & Khaire，2008）存在显著的正向影响效应，也有学者运用注意力理论和激发理论解释了工作经验对创新过程投入与工作绩效的调节作用，并认为创新绩效

在两者关系中起部分中介作用（Zhang & Bartol，2010）。由此可见，当员工的创新过程投入水平较高时，其更有可能产生创新行为，而当员工创新过程投入水平低时，员工出现创新行为的可能性更低。因此，较高组织政治知觉的员工可能感知资源受到威胁，为了防止资源流失而选择减少甚至退出创新过程投入，进而影响创新行为的实施。据此，本章提出如下假设：

H2-创新过程投入在组织政治知觉对创新行为的负向影响中存在中介效应。

三、情绪智力的调节作用

情绪智力是个体有效识别、表达、理解、调控自我和他人的情绪，并通过管理、激励自我情绪以促进把握人际关系和适应外部环境的能力。有研究发现，情绪智力的潜在人际角色与创新行为间存在某种联系，如不同团队和领导的情绪智力对团队创新的促进。学者聚焦社会促进机制来探析情绪智力通过信任和人际关系影响创新（Parke et al.，2015），并发现情绪智力能够通过员工内部社会资本正向影响其创新行为（李贞等，2017）。同时，有学者认为情绪智力能够中介或调节双元领导等不同领导风格与员工创新行为之间的关系（胡文安、罗瑾琏，2020）。此外，有研究发现组织政治氛围也可通过组织犬儒主义进一步影响创新行为，并且其中介作用会受到员工个人特质的影响（Zhang et al.，2019）。然而，鲜有研究聚焦独具时代特征的新生代员工，探讨其情绪智力在组织政治知觉对创新行为中所起的情境作用。

高情绪智力的个体不仅善于运用情感来促进思维过程（Hou & Shao，2017），还能在压力面前更好地自我控制和激励，从而拥有坚定面对创新过程中失败的毅力，进而减少负面情绪或保持积极情绪（Parke et al.，2015）。组织政治知觉作为一种工作场所的压力感知来源，会损耗员工的心理资本并给员工的情绪状况造成不良影响（梁明辉、易凌峰，2018），尤其是新生代群体之间存在着备受长辈关爱的独生子女及缺少父母陪伴的留守子女这两类特殊群体，这些新生代群体在面对职场上的冲突、压力和困境时容易出现情绪波动较大，自我情绪调控、激励能力较差的情况（张君等，2019）。根据资源保存理论增益视角，情绪智力高的新生代员工能够客观地了解自我情绪特质并采取适当的行为应对压力，有效地保存心理资源并且减少心理资源的流失，降低组织政治知觉对其情绪认知的消极影响，从而构建起自信、坚韧、乐观的心理资本。情绪智力低的新生代员工则难以察觉并及时调整自身情绪状况，容易受组织政治知觉影响并深陷心理资源流失威胁之中，因而心理资本水平较低。

此外，情绪智力不仅调节组织政治知觉与心理资本的关系，还显著调节心理资本在组织政治知觉与新生代员工创新行为之间的中介作用。具体而言，高情绪智力的新生代员工会强化自我对情绪资源的管理和调控，从而更积极主动地面对组织政治对自我情绪的挑战，这可能产生更高的心理资本。当新生代员工拥有更高水平的自信、乐观与坚韧性时，他们能够高效利用资源甚至获得外界资源来实施具有挑战性的创新行为（Sameer，2018）。低情绪智力的个体感知到组织政治的存在，将会难以排遣组织政治知觉所带来的消极情绪，无法克服组织政治知觉对心理资源的损耗，加剧对心理资本的退出或削弱。当新生代员工处于心理资本水平较低的状态时，他们便倾向于保存自身已有资源，拒绝将资源投入到需要额外精力的创新行为之中。据此，本章提出如下假设：

H3a-情绪智力负向调节组织政治知觉与心理资本的关系，即当情绪智力高时，组织政治知觉对心理资本的负向作用减弱。

H3b-情绪智力对组织政治知觉通过心理资本影响创新行为的间接效应具有负向调节关系，即情绪智力越高，组织政治知觉通过心理资本影响创新行为的负向效应越低。

情绪智力会影响组织政治被个体感知的方式与程度，并且情绪智力会通过组织政治知觉间接影响员工的态度与行为（Galit & Eran，2014）。尤其对于注重情感体验与公平环境的新生代员工而言，意味着不公正与自利的组织政治对其造成的影响程度更深。尽管员工感知到组织政治氛围浓厚时会形成资源流失威胁的主观感受，但情绪智力较高的员工对组织内同事与上级的行为评价倾向于内部归因。根据资源保存理论增益视角，情绪智力高的员工将此类行为归因于自身因素而非外部的不公，其感知到的组织不公平更低（梁明辉、易凌峰，2018），心理资源的流失程度也相对更低。此外，情绪智力高的员工更擅长使用其政治技能（Galit，2014），能够有效平衡组织政治知觉带来的消极感受，甚至获得同事与上级的物质精神支持，心理资源损耗减少并得到补充。因此，情绪智力高的员工能够通过积极归因与政治技能使用减少组织政治氛围所造成的心理资源流失，甚至获得额外的心理资源，他们拥有充足的资源可以投入到创新过程当中去。情绪智力较低的员工倾向于外部归因，容易对组织心生不满而引发心理资源损耗，并且缺乏政治技能来平衡组织政治知觉的消极影响。在心理资源损耗严重的情况下，他们为了保存资源将减少或退出相应的创新投入。在管理现实中，新生代与老一代员工在情绪管理方面的差异，导致了组织政治知觉对创新行为影响的内在区别。综上所述，个体感知到浓厚的“不公平、重权术”的组织政治对创新过程带来潜在的消极影响。相较于老一代员工，新生代员工情绪波动较大、自我调控能力不高的情绪智力特征会加剧组织政治知觉对创新过程的抑制作用，带来更高的心理资源损耗。

情绪智力不仅调节组织政治知觉与创新过程投入的关系，还显著调节创新过程投入在组织政治知觉与新生代员工创新行为之间的中介作用。具体而言，情绪

智力高的员工倾向于认为组织内部的领导与同事的行为表现是由自身能力不足导致的，他们更积极主动地运用自身政治技能来应对组织政治氛围，减少心理资源流失的同时尽量获取外部资源支持，从而拥有充足的心理资源投入创新过程之中，进而产生更多创新的行为。情绪智力低的员工则倾向于认为组织内部的不公氛围与自利倾向都是外部因素所造成的，自身不具备改变组织政治氛围的能力，并且情绪智力较低的员工往往不具备相应的政治技能来应对组织中的钩心斗角，因而容易陷入消极抱怨而难以自我调整的境地，心理资源不断损耗导致资源不足以投入创新过程之中，进而对创新行为产生消极影响。据此，本章提出如下假设：

H4a-情绪智力负向调节组织政治知觉与创新过程投入的关系，即当情绪智力高时，组织政治知觉对创新过程投入的负向作用减弱。

H4b-情绪智力对组织政治知觉通过创新过程投入影响创新行为的间接效应具有负向调节作用，即情绪智力越高，组织政治知觉通过创新过程投入影响创新行为的负向效应越低。

第三节　研究方法

一、研究样本与程序

本章研究样本范围主要集中于广东、山东、江苏、河南等省份城市，涉及科技、制造等行业员工。通过 Credamo 数据收集平台获取本章研究样本数据，调研对象主要为“80 后”“90 后”新生代员工。为确保填写问卷的个体如实报告自身工作情况，笔者采用匿名填写方式并承诺所收集数据仅供本次学术研究分析使用，绝不向第三方披露，严格保护问卷的私密性。本次调查共发放问卷 385 份，为保证问卷数据的有效性，筛选出问卷数据中同一答案填写超 10 个题项的问卷、出现漏答情况的问卷，予以删除。最终本次数据收集获得有效问卷 300 份，问卷的有效回收率为 77.92%。

具体而言，在调研对象中，男性占 60.00%，女性占 40.00%；25 岁及以下占比 25.33%，26~30 岁占比 57.67%，31~35 岁占比 14.67%，36~40 岁占比 2.33%；硕士研究生及以上占比 8.67%，本科学历占比 79.67%，中专或大专学历占比 10.00%，高中及以下学历占比 1.67%；在目前公司工作年限为 2 年及以下的占比 34.33%，3~5 年的占比 49.00%，6~10 年的占比 14.67%，10 年及以上的占比 2.00%。此外，在目前团队的工作时间在 3 个月及以下的占比 5.00%，4~6 个月的占比 15.00%，7~12 个月的占比 30%，1 年以上的占比 50%。据此，本章研究样本百分比数据对新生代员工在不同性别、年龄、学历水平及在目前公司和目前团队的工作年限方面进行了覆盖，为后续研究的科学性和普适性奠定了基础。

二、研究工具

本章使用李克特五点计分法来测量（1=非常不同意，5=非常同意）。

（1）创新行为。对于创新行为的测量，本章采用 Scott 和 Bruce（1994）开发的量表，共 6 个条目，该量表在中国和西方国家都有大量的运用，表现出良好的测量有效性，示例题项如“我会创造性地提出解决工作中相关问题的原创性且实用的方法”等。该量表的 Cronbach's α 值为 0.790。

（2）组织政治知觉。本章采用 Hochwarter 等（2003）开发的量表，共 6 个条目，示例题项如“我感知到组织中成员花费太多时间去奉承那些能帮助他们的人”等。该量表的 Cronbach's α 值为 0.911。

（3）心理资本。关于心理资本的测量，本章参考了 Luthans（2004）、温磊等（2009）的成熟量表，最终得到测量量表，该量表包括 16 个题项，示例题项如“在工作中，我总是看到积极的一面”等。该量表的 Cronbach's α 值为 0.843。

（4）创新过程投入。关于创新过程投入的测量，本章采用 Zhang 和 Bartol（2010）开发的包括 11 个条目的量表，该量表在 Amabile（1983）、Reiter 和 Illies（2004）研究成果的基础上开发获得，具有良好的信效度，示例题项如“我把一个困难的问题/任务分解成几个部分以获得更深入的理解”等。该量表的 Cronbach's α 值为 0.758。

（5）情绪智力。对于情绪智力的测量，本章采用 Wong 和 Law（2004）开发的 16 个测量题项量表，示例题项如“我对别人的感受和情绪很敏感”等。该量表的 Cronbach's α 值为 0.862。

（6）控制变量。借鉴以往的研究经验，本章将性别、年龄、受教育程度、工作年限（目前所在公司）、团队工作时间（目前所在团队）作为控制变量。

第四节 研究结果

一、区分效度检验

为了确保研究中各个变量之间具有足够区分度，本章使用 Mplus7.4 对创新

行为、组织政治知觉、心理资本、创新过程投入、情绪智力进行了验证性因子分析。如表 8-1 所示，相较于其他备选模型，五因子模型的拟合度最好，其中 χ^2 = 440.351，χ^2/df = 1.820，RMSEA = 0.052，CFI = 0.929，TLI = 0.919，CFI 值与 TLI 值均大于 0.9，表明五因子模型具有较好的区分效度。同时，根据 Malhotra 等的研究，同源误差可用验证性因子分析检验，检验结果显示尽管同源方差可能存在，但影响较小。

表 8-1　变量区分效度的验证性因子分析

模型	因子	χ^2	df	χ^2/df	CFI	TLI	RMSEA
五因子模型	OP，PC，IO，EI，IB	440.351***	242	1.820	0.929	0.919	0.052
四因子模型	OP，PC+IO，EI，IB	448.463***	246	1.823	0.927	0.918	0.052
四因子模型	OP，PC，IO+EI，IB	489.410***	246	1.989	0.913	0.902	0.057
三因子模型	OP，PC+IO+EI，IB	525.340***	249	2.110	0.901	0.809	0.061
二因子模型	OP，PC+IO+EI+IB	615.337***	251	2.452	0.869	0.856	0.070
单因子模型	OP+PC+IO+EI+IB	1237.564***	252	4.911	0.646	0.612	0.114

注：N = 300；OP = 组织政治知觉，PC = 心理资本，IO = 创新过程投入，EI = 情绪智力，IB = 创新行为；“+”代表前后两个因子合并；*** p<0.001。

二、描述性统计分析

如表 8-2 所示，组织政治知觉与心理资本显著负相关（r = -0.415，p<0.01）；组织政治知觉与创新过程投入显著负相关（r=-0.319，p<0.01）；组织政治知觉与情绪智力显著负相关（r=-0.435，p<0.01）；组织政治知觉与创新行为显著负相关（r = -0.358，p<0.01）；心理资本与创新过程投入显著正相关（r=0.449，p<0.01）；心理资本与情绪智力显著正相关（r = 0.613，p<0.01）；心理资本与创新行为显著正相关（r = 0.600，p<0.01）；创新过程投入与情绪智力显著正相关（r=0.464，p<0.01）；创新过程投入与创新行为显著正相关（r = 0.484，p<0.01）；情绪智力与创新行为显著正相关（r = 0.550，p<0.01），据此，本章研究假设得到初步支持。

三、假设检验

（一）主效应与中介效应检验

将控制变量放入模型 1 中，其中因变量为心理资本，模型 2 则在模型 1 的基础上加入自变量组织政治知觉。表 8-3 显示，组织政治知觉对心理资本（β=-0.338，

表 8-2　各变量描述性统计分析与相关性分析

变量	均值	标准差	1	2	3	4	5	6	7	8	9	10
性别	1.400	0.491	1									
年龄	1.940	0.701	-0.018	1								
受教育程度	2.950	0.502	-0.073	-0.036	1							
工作年限	1.840	0.740	-0.039	0.646**	0.007	1						
团队工作时间	3.250	0.889	-0.008	0.395**	0.109	0.446**	1					
组织政治知觉	2.491	0.976	-0.012	-0.087	-0.029	-0.035	-0.233**	1				
心理资本	4.158	0.476	-0.161**	0.186**	0.050	0.191**	0.244**	-0.415**	1			
创新过程投入	4.177	0.404	-0.189**	-0.007	0.045	-0.025	0.116*	-0.319**	0.449**	1		
情绪智力	4.097	0.559	-0.223**	0.208**	0.066	0.138*	0.254**	-0.435**	0.613**	0.464**	1	
创新行为	4.141	0.472	-0.166**	0.165**	0.011	0.126*	0.223**	-0.358**	0.600**	0.484**	0.550**	1

注：* $p<0.05$，** $p<0.01$。

p<0.001）呈负向显著影响。模型 3 中仅放入控制变量，该模型的因变量为创新过程投入，模型 4 则在模型 3 的基础上加入自变量组织政治知觉。数据表明，组织政治知觉对创新过程投入（β=-0.307，p<0.001）的负向效应显著。模型 5 中同样仅放入控制变量，其因变量为创新行为，模型 6 则在模型 5 的基础上放入组织政治知觉，发现组织政治知觉对创新行为（β=-0.326，p<0.001）的负向效应显著。在模型 6 的基础上分别加入中介变量心理资本与创新过程投入，得到模型 7 和模型 8，发现分别加入心理资本和创新过程投入后，组织政治知觉对创新行为的负向影响程度较模型 6 下降（β=-0.125，p>0.05；β=-0.205，p<0.001），假设 H1、假设 H2 得到验证。

表 8-3　层级回归分析结果

变量	心理资本		创新过程投入		创新行为				
	模型 1	模型 2	模型 3	模型 4	模型 5	模型 6	模型 7	模型 8	模型 9
性别	-0.155**	-0.159**	-0.190**	-0.194***	-0.165**	-0.169**	-0.086	-0.092	-0.052
年龄	0.076	0.052	-0.010	-0.030	0.108	0.087	0.060	0.099	0.072
受教育程度	0.020	0.018	0.014	0.012	-0.019	-0.020	-0.030	-0.025	-0.031
工作年限	0.052	0.099	-0.097	-0.060	-0.038	0.002	-0.049	0.025	-0.025
团队工作时间	0.187*	0.085	0.161*	0.080	0.199**	0.113	0.069	0.081	0.057
组织政治知觉		-0.388***		-0.307***		-0.326***	-0.125**	-0.205***	-0.085
中介变量									
心理资本							0.517***		0.423***
创新过程投入								0.394***	0.252***
R^2	0.096	0.237	0.058	0.146	0.084	0.184	0.389	0.317	0.436
ΔR^2	0.096	0.141	0.058	0.088	0.084	0.100	0.204	0.133	0.252
F	6.230**	15.163**	3.602**	8.347**	5.423**	11.028**	26.504**	19.343**	28.108**

注：* p<0.05，** p<0.01，*** p<0.001。

运用 Mplus7.4 进一步重复抽样 5000 次检验心理资本、创新过程投入在组织政治知觉与创新行为之间的中介效应，结果见表 8-4。“组织政治知觉→心理资本→创新行为”这一中介路径的 95%置信区间为［-0.424，-0.130］，不包含 0，说明中介效应显著，假设 H1 得到进一步支持；“组织政治知觉→创新过程投入→创新行为”这一中介路径的 95%置信区间为［-0.181，-0.043］，不包含 0，说明中介效应显著，假设 H2 得到进一步支持。这两条路径之间不存在显著差异（p=0.184），说明两条中介路径的中介效应相当。

表 8-4　中介效应检验结果

作用路径	估计值	标准误	95%的置信区间（上、下限）		显著性水平
			下限	上限	
组织政治知觉→心理资本→创新行为	-0.223	0.092	-0.424	-0.130	0.015
组织政治知觉→创新过程投入→创新行为	-0.096	0.035	-0.181	-0.043	0.007

（二）情绪智力的调节效应检验

为进一步探析情绪智力对组织政治知觉与心理资本、创新过程投入之间的调节效应，本章采用 SPSS 中的 Process 程序进行抽样 5000 次的 Bootstrap 分析，置信区间为 95%，结果见表 8-5。模型 10 的因变量为心理资本，情绪智力与组织政治知觉的交互项系数为-0.119（$p<0.05$），说明情绪智力在组织政治知觉与心理资本之间起负向调节作用，假设 H3a 得到验证；模型 11 的因变量为创新过程投入，情绪智力与组织政治知觉的交互项系数为-0.153（$p<0.01$），说明情绪智力在组织政治知觉与创新过程投入之间起负向调节作用，假设 H4a 得到验证。

此外，根据简单斜率分析结果（见图 8-2），当新生代员工情绪智力较低时，组织政治知觉对心理资本的简单斜率值不显著（$\beta=-0.017$，$p>0.05$），而当其情绪智力较高时，其简单斜率值显著（$\beta=-0.150$，$p<0.001$），假设 H3a 得到验证。同样地，数据结果（见图 8-3）表明，当新生代员工情绪智力较低时，组织政治知觉对创新过程投入的简单斜率值不显著（$\beta=0.34$，$p>0.05$），而当其情绪智力较高时，其简单斜率值显著（$\beta=-0.138$，$p<0.001$），假设 H4a 得到验证。

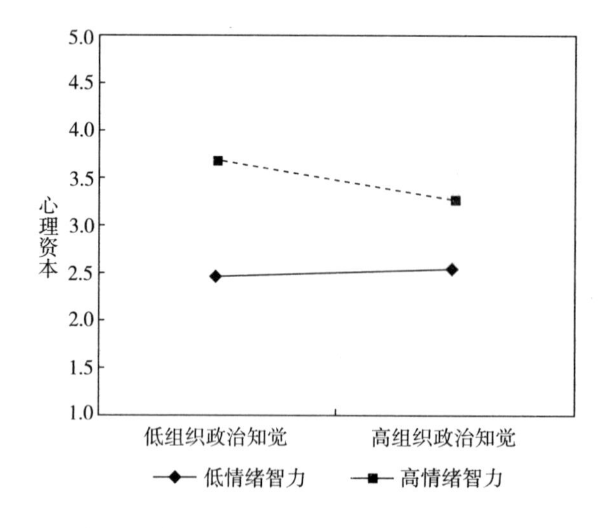

图 8-2　情绪智力对组织政治知觉与心理资本关系的调节效应

表 8-5　情绪智力的调节效应

变量	模型 10 心理资本						模型 11 创新过程投入					
	系数	标准误	T 值	显示性	LLCI	ULCI	系数	标准误	T 值	显著性	LLCI	ULCI
性别	-0. 038	-0. 045	-0. 845	0. 399	-0. 127	0. 051	-0. 078	0. 045	-1. 750	0. 081	-0. 166	0. 010
年龄	-0. 012	0. 042	-0. 292	0. 770	-0. 095	0. 071	-0. 047	0. 044	-1. 067	0. 286	-0. 134	0. 040
受教育程度	-0. 008	0. 049	-0. 157	0. 875	-0. 104	0. 089	-0. 013	0. 040	-0. 330	0. 742	-0. 092	0. 066
工作年限	0. 073	0. 038	1. 909	0. 057	-0. 002	0. 149	-0. 026	0. 038	-0. 687	0. 492	-0. 101	0. 049
团队工作时间	0. 011	0. 026	0. 419	0. 676	-0. 041	0. 063	0. 011	0. 026	0. 406	0. 685	-0. 041	0. 062
组织政治知觉	-0. 083	0. 027	-3. 132	0. 002	-0. 135	-0. 031	-0. 052	0. 028	-1. 874	0. 062	-0. 106	0. 003
情绪智力	0. 487	0. 059	8. 219	0. 000	0. 371	0. 604	0. 360	0. 054	6. 708	0. 000	0. 254	0. 465
情绪智力×组织政治知觉	-0. 119	0. 051	-2. 339	0. 020	-0. 219	-0. 019	-0. 153	0. 048	-3. 176	0. 002	-0. 248	-0. 058

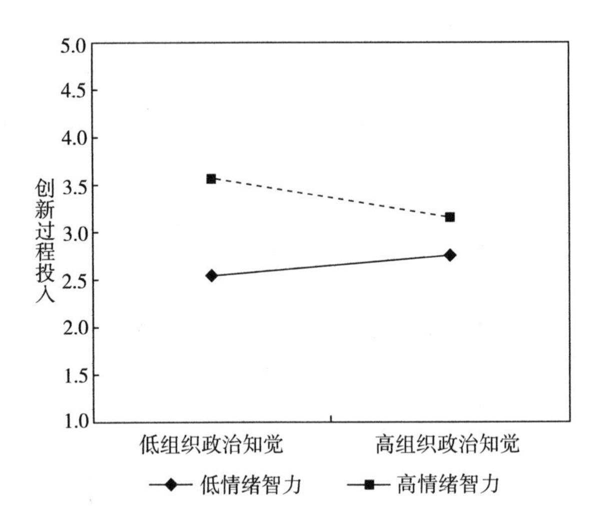

图 8-3 情绪智力对组织政治知觉与创新过程投入关系的调节效应

（三）被调节的中介效应检验

为了进一步检验情绪智力对心理资本和创新过程投入在组织政治知觉与创新行为之间的中介作用的调节效应，运用 SPSS25.0 软件中的 Process 插件进行 5000 次的 Bootstrap 法随机抽样检验，结果见表 8-6。当员工情绪智力较低时，组织政治知觉通过心理资本影响员工创新行为的间接效应值为-0.007，其置信区间为[-0.042，0.027]，包含 0；当员工情绪智力较高时，组织政治知觉通过心理资本影响员工创新行为的间接效应值为-0.063，其置信区间为[-0.103，-0.033]，不包含 0。此外，当员工情绪智力较低时，组织政治知觉通过创新过程投入影响员工创新行为的间接效应值为-0.010，其置信区间为[-0.011，0.037]，包含 0；当员工情绪智力较高时，组织政治知觉通过心理资本影响员工创新行为的间接效应值为-0.041，其置信区间为[-0.073，-0.020]，不包含 0。当中介变量为心理资本时，被调节的中介效应判定指标 INDEX 为-0.050，置信区间为[-0.102，-0.013]，不包含 0，进一步表明被调节的中介效应显著；当中介变量为创新过程投入时，被调节的中介效应判定指标 INDEX 为-0.045，置信区间为[-0.087，-0.018]，不包含 0，进一步表明被调节的中介效应显著。因此，情绪智力对心理资本、创新过程投入的中介效应均具有调节作用，假设 H3b、假设 H4b 成立。

表 8-6 被调节的中介效应检验结果

创新行为									
中介变量	调节的间接效应					被调节的中介效应			
	调节变量	效应	Boot SE	Boot LLCI	Boot ULCI	INDEX	Boot SE	Boot LLCI	Boot ULCI
心理资本	低(-1SD)	-0.007	0.017	-0.042	0.027	-0.050	0.022	-0.102	-0.013
	高(+1SD)	-0.063	0.018	-0.103	-0.033				
创新过程投入	低(-1SD)	-0.010	0.012	-0.011	0.037	-0.045	0.017	-0.087	-0.018
	高(+1SD)	-0.041	0.013	-0.073	-0.020				

第五节 结论与启示

一、主要结论

本章基于资源保存理论，检验了组织政治知觉对新生代员工创新行为的内在影响机理，以心理资本和创新过程投入为双重中介，并以情绪智力为调节变量，结果表明：

首先，组织政治知觉通过心理资本、创新过程投入负向影响新生代员工的创新行为。一方面，作为心理资源的状态，心理资本以静态的形式中介了组织政治知觉对新生代员工的创新行为。组织政治的“不公”和“权术”，结合新生代员工的情绪不稳、韧性不足、耐心不够、自我调控和激励能力不高等特性，导致其感知到组织政治浓厚时无法应对，从而加剧了他们的心理压力及心理资源的损耗，并影响其创新行为。另一方面，组织政治知觉通过创新过程投入负向影响新生代员工的创新行为。作为心理资源的一种过程，员工的创新过程投入可能在其感知到较高组织政治氛围的情况下减少或退出。由于感知到较高组织政治氛围会导致员工的情感资源消耗，员工会为了抵消该种资源消耗而选择减少或直接拒绝投入额外的资源到风险性较高的创新行为中。此外，由于感知到高组织政治氛围下的资源或利益分配并不完全依据其个人绩效和贡献，员工预期实施创新行为的结果并不能带来其资源增益，因此员工会拒绝创新过程投入，从而减少创新行为。

其次，心理资本在组织政治知觉对创新行为的关系中的中介效应受到情绪智力的调节作用。高情绪智力的新生代员工具有较强的情绪调控能力，当其处于政治氛围浓厚的组织中时，能够及时有效地采取适当措施以应对压力加剧和资源损耗的情形，减少其心理资源的流失，降低组织政治知觉对心理资本的负向影响，构建自信、坚韧、乐观的心理资本，从而不易受组织政治的消极影响，更可能利用外界资源实施创新行为。

最后，创新过程投入在组织政治知觉对创新行为的关系中的中介效应受到情绪智力的调节作用。当新生代员工处于较高情绪智力水平时，更能够通过积极归因的解释风格和政治技能的处事方式缓解心理资源损耗过程中所产生的消极情绪，从而能够继续维持或加大创新过程投入，并进一步实施创新行为。

二、研究启示

（一）理论启示

本章研究的理论启示具体如下：

首先，本章探析了中国“关系”情境中的组织政治氛围对新生代员工创新行为的内在机理。中国被认为是高度关系化的情境，这会增强组织政治的复杂性（刘军等，2008）。以往研究多关注个体所具备的政治技能（于静静、蒋守芬，2018）及组织的绩效考核政治（马伟、苏杭，2020）对其创新产出的影响，却鲜有关注员工的组织政治知觉对其创新的内在机制。因此，本章根植于中国文化，探析了组织政治知觉对新生代员工创新行为的作用机制。

其次，本章基于资源保存理论损耗视角构建了组织政治知觉对个体创新行为影响的双路径模型。以往研究多从单一路径探析个体认知、情绪及动机等对其创新行为的推动机制，尚未从新生代员工心理资源的状态和过程视角出发，探析心理资本和创新过程投入在其间所起的中介效应。由于个体心理资源的损耗会受其感知到的组织政治氛围的影响，本章研究发现并证实作为心理资源状态的心理资本和作为心理资源过程的创新过程投入将中介组织政治知觉对个体创新行为的关系。

最后，本章基于资源保存理论的增益视角丰富了组织政治知觉对个体创新行为的情境意义。已有研究认为，在组织创新支持（许慧等，2021）、差序管理氛围（邓玉林、王杰，2018）等组织情境下，个体的创新行为实施频率会有所不同，而忽略了个体所具备的能力如情绪智力等因素。鉴于新生代员工情绪管理能力特征与组织政治的特殊性，本章发现情绪智力在组织政治知觉对新生代员工心理资本、创新过程投入及创新行为之间的关系中具有调节效应。高情绪智力的个体对情绪的调控及对人际关系的处理能力较强，当处于组织政治氛围浓厚的组织中时，能够及时有效地调整自我情绪和寻求外界支持，以此维持或增强其心理资

源，从而推动其创新行为的实施，即情绪智力能够负向调节组织政治知觉对新生代员工心理资本、创新过程投入的消极影响，并负向调节其心理资本、创新过程投入在组织政治知觉对创新行为关系中的中介效应。

（二）实践启示

本章研究的实践启示具体如下：

第一，有利于构建组织政治新生态。在中国“差序格局”的传统文化中，组织政治敏感且复杂，如何构建有利于新生代员工创新行为的组织政治新生态成为重要命题。本章以组织政治知觉对创新行为的影响机理作为切入点，提示组织成员如何更清晰地审视组织政治对创新行为的影响，并指导管理者构建新形势下的组织政治生态。

第二，有利于加强员工心理资源的维持和获取。研究结果发现，消极的组织政治氛围可分别从静态和动态两方面降低员工的心理资源，即心理资本和创新过程投入，从而导致其创新行为的减少。因此，管理者应当关注员工的心理资源情况，协助调整其心理资源状态，并为其提供心理资源获取的途径。

第三，有利于开展新生代员工情绪智力创新实践。本章发现情绪智力能够调节组织政治氛围对新生代员工心理资本、创新过程投入和创新行为的关系，由于新生代员工情绪波动大、自我调控和激励能力较弱等特性导致其更容易受“不公”组织政治氛围的消极影响，因此管理者需提高对员工情绪智力方面的重视程度，加强员工尤其是新生代员工的情绪智力培训，提升其情绪调控能力和人际关系处理能力。

本章得出了一些有价值的结论，但未来研究还可进一步完善。首先，本章研究数据均为自我报告数据，可能存在员工填写问卷过程中主观性过强的情况，对于部分情况有所保留或过度夸大，缺乏多评价来源数据，未来研究可设置配对问卷以降低此类问题发生的可能性；其次，本章研究的核心变量均为个体层面，对于组织政治的测量使用的是个体层面的组织政治知觉，而未上升到组织层面，未来研究可对其进行跨层研究；最后，本章仅探讨并验证了情绪智力这一个体情境因素在组织政治知觉对新生代员工创新行为影响机制间的调节效应，未来研究可进一步挖掘其他个体认知、动机、能力或工作特征等情境因素，以不同研究视角完善组织政治知觉对创新行为的研究成果。

参考文献

[1] Abrantes A C M, Passos A M, Cunha M P, et al. Bringing team improvisation to team adaptation: The combined role of shared temporal cognitions and team learning behaviors fostering team performance [J]. Journal of Business Research, 2018, 84: 59-71.

[2] Amabile T M, Barsade S G, Mueller J S, et al. Affect and creativity at work [J]. Administrative Science Quarterly, 2005, 50: 367-403.

[3] Amabile T M, Conti R, Coon H, et al. Assessing the work environment for creativity [J]. Academy of Management Journal, 1996, 39 (5): 1154-1184.

[4] Amabile T M, Khaire M. Creativity and the role of the leader [J]. Harvard Business Review, 2008, 86: 100-109.

[5] Anderson C, Kilduff G J. Why do dominant personalities attain influence in face-to-face groups? the competence-signaling effects of trait dominance [J]. Journal of Personality and Social Psychology, 2009, 96 (2): 491-503.

[6] Andersson L M, Pearson C M. Tit for tat? The spiraling effect of incivility in the workplace [J]. Academy of Management Review, 1999, 24 (3): 452-471.

[7] Augsdorfer P. Bootlegging and path dependency [J]. Research Policy, 2005, 34 (1): 1-11.

[8] Avey J B, Reichard R J, Luthans F, et al. Meta-analy-sis of the impact of positive psychological capital on employee attitudes, behaviors, and performance [J]. Human Resource Development Quarterly, 2011, 22: 127-152.

[9] Baer M, Frese M. Innovation is not enough: Climates for initiative and psychological safety, process innovations, and firm performance [J]. Journal of Organizational Behavior, 2003, 24 (1): 45-68.

[10] Baer M, Leenders R T A, Oldham G R, et al. Win or lose the battle for creativity: The power and perils of intergroup competition [J]. Academy of Manage-

ment Journal, 2010, 53 (4): 827-845.

[11] Bakker A B, Albrecht S L, Leiter M P. Work engagement: Further reflections on the state of play [J]. European Journal of Work and Organizational Psychology, 2011, 20 (1): 74-88.

[12] Bakker A B, Demerouti E, ten Brummelhuis L L. Work engagement, performance, and active learning: The role of conscientiousness [J]. Journal of Vocational Behavior, 2012, 80 (2): 555-564.

[13] Balliet D. Communication and cooperation in social dilemmas: A metanalytic review [J]. Journal of Conflict Resolution, 2009, 54 (1): 39-57.

[14] Bar - On R. Emotional quotient inventory: Technical manaual [M]. Toronto: Multi-Health Systems Inc., 1997.

[15] Barsade S G, Gibson D E. Why does affect matter in organizations [J]. Academy of Management Perspectives, 2007, 21: 36-59.

[16] Bindl U, Parker S K. Proactive work behavior: Forward - thinking and change - oriented action in organizations [J]. American Psychological Association, 2010, 29 (6): 567-598.

[17] Bledow R, Rosing K, Frese M. A dynamic perspective on affect and creativity [J]. Academy of Management Journal, 2013, 56: 432-450.

[18] Bowling N A, Beehr T A. Workplace harassment from the victim's perspective: A theoretical model and meta - analysis [J]. Journal of Applied Psychology, 2006, 91 (5): 998-1012.

[19] Boyatzis R E, Mainemelis C. Assessing the distribution of learning and adaptive styles in an MBA program [M] //Style Differences in Cognition, Learning, and Management. Routledge, 2012: 99-114.

[20] Britt T W, Adler A B, Bartone P T. Deriving benefits from stressful events: The role of engagement in meaningful work and hardiness [J]. Journal of Occupational Health Psychology, 2001, 6 (1): 53-63.

[21] Brody, N. What cognitive intelligence is and what emotional intelligence is not [J]. Psychological Inquiry, 2005, 15 (3): 234-238.

[22] Burris E R. The risks and rewards of speaking up: Managerial responses to employee voice [J]. Academy of Management Journal, 2012, 55 (4): 851-875.

[23] Cai Z, Parker S K, Chen Z, et al. How does the social context fuel the proactive fire? A multilevel review and theoretical synthesis [J]. Journal of Organizational Behavior, 2019, 40 (2): 209-230.

[24] Carton A M, Tewfik B A. A new look at conflict management in work groups [J]. Organization Science, 2016 (5): 1125-1141.

[25] Castro F, Gomes J, de Sousa F C. Do intelligent leaders make a difference? the effect of a leader's emotional intelligence on followers' creativity [J]. Creativity and Innovation Management, 2012, 21 (2): 171-182.

[26] Cennamo L, Gardner D. Generational differences in work values, outcomes and person - organization values fit [J]. Journal of Managerial Psychology, 2008, 23: 891-906.

[27] Chen G, Bliese P D. The role of different levels of leadership in predicting self and collective efficacy: Evidence for discontinuity [J]. Journal of Applied Psychology, 2002, 87 (3): 549-556.

[28] Choi J N, Sung S Y, Lee K, et al. Balancing cognition and emotion: Innovation implementation as a function of cognitive appraisal and emotional reactions toward innovation [J]. Journal of Organizational Behavior, 2011, 32 (1): 107-124.

[29] Christian M S, Garza A S, Slaughter J E. Work engagement: A quantitative review and test of its relations with task and contextual performance [J]. Personnel psychology, 2011, 64 (1): 89-136.

[30] Cooper D, Patel P C, Thatcher S M B. It depends: Environmental context and the effects of faultlines on top management team performance [J]. Organization Science, 2014, 25 (2): 633-652.

[31] Criscuolo P, Salter A, Ter Wal A L J. Going underground: Bootlegging and individual innovative performance [J]. Organization Science, 2014, 25 (5): 1287-1305.

[32] Crucke S, Knockaert M. When stakeholder representation leads to faultlines a study of board service performance in social enterprises [J]. Journal of Management Studies, 2016, 53 (5): 768-793.

[33] Cullen K L, Fan J, Liu C. Employee popularity mediates the relationship between political skill and workplace interpersonal mistreatment [J]. Journal of Management, 2014, 40 (6): 1760-1778.

[34] Cuyper N D, Makikangs A, Kinnunen U. Cross - lagged associations between perceived external employ-ability, job insecurity, and exhaustion: Testing gain and loss spirals according to the conservation of resources theory [J]. Journal of Organizational Behavior, 2012, 33 (6): 770-788.

[35] Daus C S, Ashkanasy N M. The case for the ability-based model of emo-

tional intelligence in organizational behavior [J]. Journal of Organizational Behavior, 2005, 26 (4): 453-466.

[36] De Dreu C K W. Team innovation and effectiveness: The importance of minority dissent and reflexivity [J]. European Journal of Work and Organizational Psychology, 2002, 11 (3): 285-298

[37] Deutsch M. Cooperation and competition [M]//Deutsch M, Coleman P. The handbook of conflict resolution: Theory and practice. San Francisco, CA: Jossey-Bass, 2000.

[38] Dissanayake I, Zhang J, Yasar M, et al. Strategic effort allocation in online innovation tournaments [J]. Information and Management, 2018, 55: 396-406.

[39] Drazin R, Glynn M A, Kazanjian R K. Multilevel theorizing about creativity in organizations: A sensemaking perspective [J]. Academy of Management Review, 1999, 24 (2): 286-307.

[40] Duan J, Wang J, Zhu Y. Organizational climate: A review of conceptualization, theory and prospects [J]. Advances in Psychological Science, 2014, 22 (12): 1964-1974.

[41] Duan J Y, Fu Q, Tian X M, et al. Affective events theory: Contents, application and future directions [J]. Advances in Psychological Science, 2011, 19: 599-607.

[42] Duffy M K, Scott K L, Shaw J D. A social context model of envy and social undermining [J]. Academy of Management Journal, 2012, 55 (3): 643-666.

[43] Edmondson A. Psychology safety and learning behavior in teams [J]. Administrative Science Quarterly, 1999, 44 (2): 350-380.

[44] Eisenberger R, Huntington R, Hutchison S, et al. Perceived organizational support [J]. Journal of Applied psychology, 1986, 71 (3): 500-507.

[45] Ellis A P J, Mai K M, Christian J S. Examining the asymmetrical effects of goal faultlines in groups: A categorization-elaboration approach [J]. The Journal of Applied Psychology, 2013, 98 (6): 948-961.

[46] Festinger L. A theory of social comparison processes [J]. Human Relations, 1954, 7 (2): 117-140.

[47] Fletcher T D, Major D A, Davis D D. The interactive relationship of competitive climate and trait competitiveness with workplace attitudes, stress, and performance [J]. Journal of Organizational Behavior, 2008, 29 (7): 899-922.

[48] Frese M, Fay D, Hilburger T, et al. The concept of personal initiative: Op-

erationalization, reliability and validity in two German samples [J]. Journal of Occupational and Organizational Psychology, 1997, 70 (2): 139-161.

[49] Garcia S M, Tor A. Rankings, standards, and competition: Task vs. scale comparisons [J]. Organizational Behavior and Human Decision Processes, 2007, 102: 95-108.

[50] George J M, Zhou J. Dual tuning in a supportive context: Joint contributions of positive mood, negative mood, and supervisory behaviors to employee creativity [J]. Academy of Management Journal, 2007, 50: 605-622.

[51] Gilson J E, Shalley C E. A little creativity goes a long way: An examination of teams engagement in creative processes [J]. Journal of Management, 2004, 30 (4): 453-470.

[52] Gim G C W, Desa N M, Ramayah T. Competitive psychological climate and turnover intention with the mediating role of affective commitment [J]. Procedia-Social and Behavioral Sciences, 2015, 172: 658-665.

[53] Globocnik D, Salomo S. Do formal management practices impact the emergence of bootlegging behavior? [J]. Journal of Product Innovation Management, 2015, 32 (4): 505-521.

[54] Goleman D, Intelligence E. Why it can matter more than IQ [J]. Emotional intelligence, 1996, 24 (6): 49-50.

[55] Guy M E, Lee H J. How EI mediates emotional labor in public service jobs [J]. Public Administration Review, 2013, 64 (3): 289-298.

[56] Harrison D A, Klein K J. What's the difference? diversity constructs as separation, variety, or disparity in organizations [J]. Academy of Management Review, 2007, 32 (4): 1199-1228.

[57] Harter J K, Schmidt F L, Hayes T L. Business-unit-level relationship between employee satisfaction, employee engagement, and business outcomes: A meta-analysis [J]. Journal of Applied Psychology, 2002, 87 (2): 268-279.

[58] He H, Baruch Y, Lin C P. Modeling team knowledge sharing and team flexibility: The role of within - team competition [J]. Human Relations, 2014, 67 (8): 947-978.

[59] Hobfoll S E. Conservation of resource caravans and engaged settings [J]. Journal of Occupational and Organizational Psychology, 2011, 84 (1): 116-122.

[60] Hobfoll S, Halbesleben J, Neveu J P, et al. Conservation of resources in the organizational context: The reality of resources and their consequences [J]. Annual

Review of Organizational Psychology and Organizational Behavior, 2018, 5 (1): 103-128.

[61] Hochwarter W A, Kacmar C, Perrewe P L, et al. Perceived organizational support as a mediator of the relationship between politics perceptions and work outcomes [J]. Journal of Vocational Behavior, 2003, 63 (3): 438-456.

[62] Ho J L, Powell D M, Barclay P, et al. The influence of competition on motivation to fake in employment interviews [J]. Journal of Personnel Psychology, 2019, 18 (2): 95-105.

[63] Hou, X F., Yuan, Q, Hu, K L., Huang, R, Liu Y Q. Employees' emotional intelligence and innovative behavior in China: Organizational political climate as a moderator [J]. Social Behavior and Personality, 2020, 48 (11): e9476.

[64] Hou X, Li W, Yuan Q. Frontline disruptive leadership and new generation employees' innovative behaviour in China: the moderating role of emotional intelligence [J]. Asia Pacific Business Review, 2018, 24 (4): 459-471.

[65] Hou X. Multilevel influence of destructive leadership on the millennial generation employees' innovative behavior [J]. Social Behavior and Personality: An International Journal, 2017, 45 (7): 1113-1126.

[66] Hülsheger U R, Anderson N, Salgado J F. Team-level predictors of innovation at work: A comprehensive meta-analysis spanning three decades of research [J]. Journal of Applied Psychology, 2009, 94 (5): 1128-1333.

[67] Hwang A, Ang S, Francesco A M. The silent Chinese: The influence of face and kiasuism on student feedback-seeking behaviors [J]. Journal of Management Education, 2002, 26 (1): 70-98.

[68] Ivcevic Z, Brackett M A, Mayer J D. Emotional intelligence and emotional creativity [J]. Journal of Personality, 2007, 75: 199-235.

[69] Janssen O. The joint impact of perceived influence and supervisor supportiveness on employee innovative behavior [J]. Journal of Occupational and Organizational Psychology, 2005, 78 (4): 573-579.

[70] Josph D L, Newman D A. Emotional intelligence: An integrative meta-analysis and cascading model [J]. Journal of Applied Psychology, 2010, 95: 54-78.

[71] Kacmar K M, Andrews M C, Harris K J, et al. Ethical leadership and subordinate outcomes: The mediating role of organizational politics and the moderating role of political skill [J]. Journal of Business Ethics, 2013, 115 (1): 33-44.

[72] Kahn W A. Psychological conditions of personal engagement and disengage-

ment at work [J]. Academy of Management Journal, 1990, 33 (4): 692-724.

[73] Karimi L, Cheng C, Bartram T, et al. The effects of emotional intelligence and stress-related presenteeism on nurses' well-being [J]. Asia Pacific Journal of Human Resources, 2015, 53 (3): 296-310.

[74] Kataria A, Garg P, Rastogi R. Does psychological climate augment OCBs? The mediating role of work engagement [J]. The Psychologist-Manager Journal, 2013, 16 (4): 217-242.

[75] Kilduff G J, Galinsky A D, Gallo E, et al. Whatever it takes to win: Rivalry increases unethical behavior [J]. Academy of Management Journal, 2016, 59 (5): 1508-1534.

[76] Kimura T. The moderating effects of political skill and leader-member exchange on the relationship between organizational politics and affective commitment [J]. Journal of Business Ethics, 2013, 116 (3): 587-599.

[77] Kose S D, Kose T, Ugurlrogluö. The antecedent of organizational outcomes is psychological capital [J]. Health & Social Work, 2018, 43 (3): 155-164.

[78] Krasikova D V, Green S G, LeBreton J M. Destructive leadership: A theoretical review, integration, and future research agenda [J]. Journal of Management, 2013, 39: 1308-1338.

[79] Landy F J. Some historical and scientific issues related to research on emotional intelligence [J]. Journal of organizational Behavior, 2005, 26 (4): 411-424.

[80] Law K S, Wong C S, Song L J. The construct and criterion validity of emotional intelligence and its potential utility for management studies [J]. Journal of Applied Psychology, 2004, 89 (3): 483-496.

[81] Lehman W E, Simpson D D. Employee substance use and on-the-job behaviors [J]. Journal of applied Psychology, 1992, 77 (3): 309-321.

[82] Leimeister J M, Huber M, Bretschneider U, et al. Leveraging crowdsourcing: Activation-supporting components for IT-based ideas competition [J]. Journal of Management Information Systems, 2009, 26: 197-224.

[83] Liden R C, Wayne S J, Sparrowe R T. Leader-member exchange, differentiation, and task interdependence: Implications for individual and group performance [J]. Journal of Organizational Behavior, 2006, 27 (6): 723-746.

[84] Li J, Hou H, Li Y. Research on the nonlinear relationship between technology entrepreneurs' narcissism and team innovation performance from the perspective of entrepreneurial vision [J]. Business Management Journal, 2018, 40 (4): 69-83.

[85] Li J J, Mitchell T R, Lee T W, et al. Embeddedness and perceived oneness: examining the effects of job embeddedness and its trajectory on employee proactivity via an identification perspective [J]. The Journal of Applied Psychology, 2022, 107 (6): 1020-1030.

[86] Liu D, Liao H, Loi R. The dark side of leadership: A three-level investigation of the cascading effect of abusive supervision on employee creativity [J]. Academy of Management Journal, 2012, 55: 1187-1212.

[87] Li Y, Gong Y, Burmeister A, et al. Leveraging age diversity for organizational performance: An intellectual capital perspective [J]. Journal of Applied Psychology, 2021, 106 (1): 71-91.

[88] Li Y P, Hou X F. Structure of work values of the millennial generation and mechanism of their impact on work behavior [J]. Economic Management Journal, 2012, 34: 77-85.

[89] Luthans F, Avey J B, Avolio B J, et al. The development and resulting performance impact of positive psychological capital [J]. Human Resource Development Quarterly, 2010, 21: 41-67.

[90] Luthans F, Avolio B J, Walumbwa F O, et al. The psychological capital of Chinese workers: Exploring the relationship with performance [J]. Management and Organization Review, 2005, 1 (2): 249-271.

[91] Luthans F, Avolio B J. The point of positive organizational behavior [J]. Journal of Organizational Behavior, 2009, 30: 291-307.

[92] Lyubomirsky S, Ross L. Hedonic consequences of social comparison: A contrast of happy and unhappy people [J]. Journal of Personality and Social Psychology, 1997, 73 (6): 1141-1158.

[93] Madrid H P, Patterson M G, Birdi K S. The role of weekly high-activated positive mood, context, and personality innovative work behavior: A multilevel and interactional model [J]. Journal of Organizational Behavior, 2014, 35 (2): 234-256.

[94] Mainemelis C. Stealing fire: Creative deviance in the evolution of new ideas [J]. Academy of Management Review, 2010, 35 (4): 558-578.

[95] Maisel N C, Gable S L. The paradox of received social support the importance of responsiveness [J]. Psychological Science, 2009, 20 (8): 928-932.

[96] Maslach C, Jackson S E, Leiter M P. Maslach burnout inventory [M]. Scarecrow Education, 1997.

[97] Masoudnia Y, Szwejczewski M. Bootlegging in the R&D departments of

high - technology firms [J]. Research - Technology Management, 2012, 55 (5): 35-42.

[98] Matthews G, Emo A K, Funke G, et al. Emotional intelligence, personality, and task - induced stress [J]. Journal of Experimental Psychology: Applied, 2006, 12 (2): 96-107.

[99] Mauno S, Kinnunen U, Ruokolainen M. Job demands and resources as antecedents of work engagement: A longitudinal study [J]. Journal of Vocational Behavior, 2007, 70 (1): 149-171.

[100] Mayer I D, Salovey P, Caruso D R. Emotional intelligence: Theory, finding, and implications [J]. Psychological Inquiry, 2004, 15 (3): 197-215.

[101] Mikolajczak M, Menil C, Luminet O. Explaining the protective effect of trait emotional intelligence regarding occupational stress: Exploration of emotional labour processes [J]. Journal of Research in Personality, 2007, 41 (5): 1107-1117.

[102] Milliken F J, Martins L L. Searching for common threads: Understanding the multiple effects of diversity in organizational groups [J]. Academy of Management Review, 1996, 21 (2): 402-433.

[103] Miner A G, Glomb T M. State mood, task performance, and behavior at work: A within-persons approach [J]. Organizational Behavior and Human Decision Processes, 2010, 112 (1): 43-57.

[104] Miron E, Erez M, Naveh E. Do personal characteristics and cultural values that promote innovation, quality, and efficiency compete or complement each other [J]. Journal of Organizational Behavior, 2004, 25 (2): 175-199.

[105] Mitchell M S, Ambrose M L. Abusive supervision and workplace deviance and the moderating effects of negative reciprocity beliefs [J]. Journal of Applied Psychology, 2007, 92 (4): 1159-1168.

[106] Morgeson F P, DeRue D S, Karam E P. Leadership in teams: A functional approach to understanding leadership structures and processes [J]. Journal of Management, 2010, 36: 5-39.

[107] Myung-Ho C, Yumi K, Jee-Young K. Group power structure, inter-subgroup cross-dependency, and work group performance [J]. Asia Pacific Journal of Management, 2020, 37 (6): 297-323.

[108] Oboyle E H, Humphrey R H, Pollack J M, et al. The relation between emotional intelligence and job performance: A meta-analysis [J]. Journal of Organizational Behavior, 2011, 32 (5): 788-818.

[109] Offermann L R, Bailey J R, Vasilopoulos N L, et al. The relative contribution of emotional competence and cognitive ability to individual and team performance [J]. Human Performance, 2004, 17 (2): 219-243.

[110] Ogan C. Listserver communication during the gulf war: What kind of medium is the electronic bulletin board? [J]. Journal of Broadcasting & Electronic Media, 1993, 37 (2): 177-196.

[111] Padilla A, Hogan R, Kaiser R B. The toxic triangle: Destructive leaders, susceptible followers, and conducive environments [J]. The Leadership Quarterly, 2007, 18: 176-194.

[112] Paola C, Ammon S, Anne L. Going underground: Bootlegging and individual innovative performance [J]. Organization Science, 2014, 25 (5): 1287-1305.

[113] Parke M R, Seo M G, Sherf E N. Regulating and facilitating: The role of emotional intelligence in maintaining and using positive affect for creativity [J]. Journal of Applied Psychology, 2015, 100 (3): 917-934.

[114] Parker S K, Collins C G. Taking stock: Integrating and differentiating multiple proactive behaviors [J]. Journal of Management, 2010, 36 (3): 633-662.

[115] Peterson S J, Luthans F, Avolio B J, et al. Psychological capital and employee performance: A latent growth modeling approach [J]. Personnel Psychology, 2011, 64: 427-450.

[116] Petrides K V, Furnham A. Trait emotional intelligence: Psychometric investigation with reference to established trait taxonomies [J]. European Journal of Personality, 2001, 15 (6): 425-448.

[117] Rajah R, Song Z, Arvey R D. Emotionality and leadership: Taking stock of the past decade of research [J]. The Leadership Quarterly, 2011, 22 (6): 1107-1119.

[118] Reiter P R, Illies J J. Leadership and creativity: Understanding leadership from a creative problem solving perspective [J]. Leadership Quarterly, 2004, 15 (1): 55-77.

[119] Rhee S Y. Shared emotions and group effectiveness: The role of broadening-and-building interactions [J]. Academy of Management Proceedings, 2006 (1): B1-B6.

[120] Richard O C, Stewart M M, McKay P F, et al. The impact of store-unit-community racial diversity congruence on store-unit sales performance [J]. Journal of Management, 2017, 43: 2386-2403.

[121] Roberts R D, Maccann C, Matthews G, et al. Emotional intelligence: Toward a consensus of models and measures [J]. Social and Personality Psychology Compass, 2010, 4 (10): 821-840.

[122] Salovey P, Mayer J D. Emotional intelligence [J]. Imagination, Cognition and Personality, 1990, 9 (3): 185-211.

[123] Sameer Y M. Innovative behavior and psychological capital: Does positivity make any difference [J]. Journal of Economics & Management, 2018, 32: 75-101.

[124] Schaufeli W B, Bakker A B. Job demands, job resources, and their relationship with burnout and engagement: A multi-sample study [J]. Journal of Organizational Behavior, 2004, 25 (3): 293-315.

[125] Schaufeli, W B, Salanova, M, González - Romá, V, Bakker, A B. The measurement of engagementand burnout: A two sample confirmatory factor analytic [J]. Journal of Happiness Studies, 2002, (3): 71-92.

[126] Schippers M C, Den Hartog D N, Koopman P L, et al. Diversity and team outcomes: The moderating effects of outcome interdependence and group longevity, and the mediating effect of reflexivity [J]. Journal of Organizational Behavior, 2003, 24: 779-802.

[127] Schmitt A, Den Hartog D N, Belschak F D. Transformational leadership and proactive work behaviour: A moderated mediation model including work engagement and job strain [J]. Journal of Occupational and Organizational Psychology, 2016, 89 (3): 588-610.

[128] Schyns B, Schilling J. How bad are the effects of bad leaders? A meta-analysis of destructive leadership and its outcomes [J] . The Leadership Quarterly, 2013, 24: 138-158.

[129] Scott K L, Tams S, Schippers M C. Opening the black box: Why and when workplace exclusion affects social reconnection behavior, health, and attitudes [J]. European Journal of Work and Organizational Psychology, 2015, 24 (2): 239-255.

[130] Scott S G, Bruce R A. Determinants of innovative behavior: A path model of individual innovation in the workplace [J]. Academy of Management Journal, 1994, 37 (3): 580-607.

[131] Shalley C E, Gilson L L, Blum T C. Interactive effects of growth need strength, work context, and job complexity on self - reported creative performance [J]. Academy of Management Journal, 2009, 52 (3): 489-505.

[132] Shaw J B, Erickson A, Harvey M. A method for measuring destructive leadership and identifying types of destructive leaders in organizations [J]. The Leadership Quarterly, 2011, 22: 575-590.

[133] Smith E R, Seger C R, Mackie D M. Can emotions be truly group level? evidence regarding four conceptual criteria [J]. Journal of Personality and Social Psychology, 2007, 93: 431-446.

[134] Spoelma T M, Ellis A P J. Fuse or fracture? threat as a moderator of the effects of diversity fault lines in teams [J]. Journal of Applied Psychology, 2017, 102 (9): 1344-1359.

[135] Spreitzer G M. Social structural characteristics of psychological empowerment [J]. Academy of Management Journal, 1996, 39 (2): 483-504.

[136] Staw B M, Boettger R D. Task revision: A neglected form of work performance [J]. Academy of Management Journal, 1990, 33 (3): 534-559.

[137] Sy T, Côté S, Saavedra R. The contagious leader: Impact of the leader's mood on the mood of group members, group affective tone, and group processes [J]. Journal of Applied Psychology, 2005, 90: 295-305.

[138] Sy T, Tram S, O' hara L A. Relation of employee and manager emotional intelligence to job satisfaction and performance [J]. Journal of Vocational Behavior, 2006, 68 (3): 461-473.

[139] Tepper B J. Abusive supervision in work organizations: Review, synthesis, and research Agenda [J]. Journal of Management, 2007, 33 (3): 261-289.

[140] Tepper B J. Consequences of abusive supervision [J]. Academy of Management Journal, 2000, 43 (2): 178-190.

[141] Thomas K W, Velthouse B A. Cognitive elements of empowerment: An "interpretive" model of intrinsic task motivation [J]. Academy of Management Review, 1990, 15 (4): 666-681.

[142] Tierney P, Farmer S M. Creative self-efficacy: Potential antecedents and relationship to creative performance [J]. Academy of Management Journal, 2002, 45: 1137-1148.

[143] Tu Y, Lu X. How ethical leadership influence employees' innovative work behavior: A perspective of intrinsic motivation [J]. Journal of Business Ethics, 2013, 9: 1-15.

[144] Twenge J M, Campbell S M, Hoffman B J, et al. Generational differences in work values: Leisure and extrinsic values increasing, social and intrinsic values de-

creasing [J]. Journal of Management, 2010, 36 (5): 1117-1142.

[145] VandeWalle D. Development and validation of a work domain goal orientation instrument [J]. Educational and Psychological Measurement, 1997, 57 (6): 995-1015.

[146] Walter F, Cole M S, van der Vegt G S, et al. Emotion recognition and emergent leadership: Unraveling mediating mechanisms and boundary conditions [J]. The Leadership Quarterly, 2012, 23 (5): 977-991.

[147] Walumbwa F O, Schaubroeck J. Leader personality traits and employee voice behavior: Mediating roles of ethical leadership and work group psychological safety [J]. Journal of Applied Psychology, 2009, 94: 1275-1286.

[148] Warren D E. Constructive and destructive deviance tn organizations [J]. Academy of management Review, 2003, 28 (4): 622-632.

[149] Weiss, H M. Deconstructing job satisfaction separating evaluations, beliefs and affective experiences [J]. Human Resource Management Review, 2002, 12, 173-194.

[150] West M A. Sparkling fountains or stagnant ponds: An integrative model of creativity and innovation implementation in work groups [J]. Applied Psychology International Review, 2002, 51 (3): 355-424.

[151] Whiteoak J W, Crawford N G, Mapstone R H. Impact of gender and generational differences in work values and attitudes in an Arab culture [J]. Thunderbird International Business Review, 2006, 48 (1): 77-91.

[152] Wong C S, Law K S. The construct and criterion validity of emotional intelligence and its potential utility for management studies [J]. Journal of Applied Psychology, 2004, 89 (3): 483-496.

[153] Wright T A, Cropanzano R. Emotional exhaustion as a predictor of job performance and voluntary turnover [J]. Journal of Applied Psychology, 1998, 83 (3): 486-493.

[154] Xanthopoulou D, Bakker A B, Demerouti E, et al. The role of personal resources in the job demands-resources model [J]. International Journal of Stress Management, 2007, 14 (2): 121-141.

[155] Zhang X M, Bartol K M. Linking empowering leadership and employee creativity: The influence of psychological empowerment, intrinsic motivation and creative process engagement [J]. Academy of Management Journal, 2010, 53 (1): 107-128.

[156] Zheng X, Yang J, Ngo H Y, et al. Workplace ostracism and its negative

outcomes: Psychological capital as a moderator [J]. Journal of Personnel Psychology, 2016, 15 (4): 143-151.

[157] Zhou J, George J M. When job dissatisfaction leads to creativity: Encouraging the expression of voice [J]. Academy of Management Journal, 2001, 44 (4): 682-696.

[158] Zhu Y Q, Gardner D G, Chen H G. Relationships between work team climate, individual motivation, and creativity [J]. Journal of Management, 2018, 44 (5): 2094-2115.

[159] 常涛，刘智强，周苗．团队中成员间人际竞争维度解构：调节聚焦视角 [J]. 管理工程学报，2018，32 (4)：28-36.

[160] 陈建安，武雪朦．工作场所中“男女搭配”能否带来“干活不累”：基于资源保存理论的视角 [J]. 珞珈管理评论，2017 (3)：49-62.

[161] 陈猛，卞冉，王丽娜，车宏生，林绚晖．情绪智力与工作绩效的关系 [J]. 心理科学进展，2012 (3)：412-423.

[162] 陈梦媛，吴隆增．组织政治氛围与组织绩效的关系研究 [J]. 南开管理评论，2019，22 (1)：55-65.

[163] 陈伍洋，叶茂林，陈宇帅，彭坚．下属越轨创新对主管阻抑的影响——地位威胁感和权威主义取向的作用 [J]. 心理科学，2017，40 (3)：670-677.

[164] 陈星汶，崔勋，于桂兰．团队认知多样性如何影响团队创造力：一个有调节的中介模型 [J]. 科技管理研究，2015，35 (19)：112-118.

[165] 程德俊，吴金璇，张如凯．创造性团队中的地位冲突及其对知识共享的影响 [J]. 经济管理，2018 (10)：106-121.

[166] 丁越兰，徐显航，覃鹏．新生代员工工作价值观、企业性质对创新绩效的影响 [J]. 商业研究，2016 (9)：159-166.

[167] 段锦云，傅强，田晓明，孔瑜．情感事件理论的内容、应用及研究展望 [J]. 心理科学进展，2011，19 (4)：599-607.

[168] 方雯，王林雪，冯耕中，等．内在动机、管理者情绪智力与员工创造力关系研究：基于 3 类所有制企业 R&D 背景的实证 [J]. 科技进步与对策，2014，31 (7)：142-148.

[169] 冯玢珊．保险营销人员的情绪智力与其工作绩效关系的实证研究 [D]. 吉林大学，2009.

[170] 高日光．破坏型领导会是组织的害群之马吗？——中国组织情境中的破坏型领导行为研究 [J]. 管理世界，2009 (9)：124-132.

［171］高中华，赵晨，李超平，等．高科技企业知识员工心理资本对其离职意向的影响研究：基于资源保存理论的调节中介模型［J］．中国软科学，2012（3）：138-148.

［172］顾霏雨，汤琪．新生代员工特点及管理策略——以江苏省农业科学院为例［J］．农业科技管理，2022，41（4）：72-74.

［173］郭萌．何以激发越轨创新：双元领导与责任知觉的作用［J］．科技进步与对策，2020，37（9）：49-54.

［174］韩杨，罗瑾琏，钟竞．双元领导对团队创新绩效影响研究：基于惯例视角［J］．管理科学，2016，29（1）：70-85.

［175］韩翼，刘竞哲．管理学研究中的多维构念模型分类与研究应用差异甄别［J］．外国经济与管理，2009，31（12）：1-7+15.

［176］韩翼，杨百寅．真实型领导、心理资本与员工创新行为：领导成员交换的调节作用［J］．管理世界，2011（12）：78-86+188.

［177］侯敏，江琦，陈潇，朱梦音，闫秀峰，向岭．教师情绪智力和工作绩效的关系：工作家庭促进和主动行为的中介作用［J］．心理发展与教育，2014，30（2）：160-168.

［178］侯烜方，黄蓉，刘蕴琦，周彦杉．组织政治知觉对新生代员工创新行为的影响机制：情绪智力的调节效应［J］．金融教育研究，2022，35（3）：49-61.

［179］侯烜方，李燕萍，涂乙冬．新生代工作价值观结构、测量及对绩效影响［J］．心理学报，2014，46（6）：823-840.

［180］侯烜方，卢福财．新生代工作价值观、内在动机对工作绩效影响：组织文化的调节效应［J］．管理评论，2018，30（4）：157-168.

［181］胡进梅，沈勇．工作自主性和研发人员的创新绩效：基于任务互依性的调节效应模型［J］．中国人力资源开发，2014（17）：30-35.

［182］胡少楠，王詠．工作投入的概念、测量、前因与后效［J］．心理科学进展，2014，22（12）：1975-1984.

［183］胡文安，罗瑾琏．双元领导如何激发新员工创新行为？一项中国情境下基于认知：情感复合视角的模型构建［J］．科学学与科学技术管理，2020，41（1）：99-113.

［184］黄俊，贾煜，桂梅等．公仆型领导对员工主动创新行为的影响——基于领导部属交换与员工工作投入的中介作用［J］．科技进步与对策，2015，32（21）：145-150.

［185］黄玮，项国鹏，杜运周，等．越轨创新与个体创新绩效的关系研

究：地位和创造力的联合调节作用［J］. 南开管理评论，2017，20（1）：143-154.

［186］纪乃文，古思婕. 见贤思齐或嫉贤妒能？探讨良性与恶性妒羡与任务绩效，人际反生产力行为的关系：个人与情境面因素的干扰效果［J］. 管理学报，2019，36（3）：245-277.

［187］江红艳，孙配贞，何浏. 工作资源对企业研发人员工作投入影响的实证研究——心理资本的中介作用［J］. 科技进步与对策，2012，29（6）：137-141.

［188］孔祥西，王新新，刘德文. 顾客参与对员工创新行为的影响：创造性自我效能和内部动机的链式中介模型［J］. 软科学，2020，34（1）：97-102.

［189］李超平，田宝，时勘. 变革型领导与员工工作态度：心理授权的中介作用［J］. 心理学报，2006（2）：297-307.

［190］李珲，丁刚，李新建. 基于家长式领导三元理论的领导方式对员工创新行为的影响［J］. 管理学报，2014，11（7）：1005-1013.

［191］李燃，王辉，赵佳卉. 真诚型领导行为对团队创造力的影响［J］. 管理科学，2016，29（5）：71-82.

［192］李树祥，梁巧转，杨柳青. 团队认知多样性和团队沟通对团队创造力的影响研究［J］. 科学学与科学技术管理，2012（12）：155-161.

［193］李旭培，王桢，时勘. 组织认同对公务员组织公民行为的影响：上级信任感的调节作用［J］. 软科学，2011，25（8）：82-85+95.

［194］李燕萍，侯烜方. 新生代员工工作价值观结构及其对工作行为的影响机理［J］. 经济管理，2012，34（5）：77-86.

［195］李燕萍，刘宗华，郑馨怡. 组织认同对建言的影响：基于组织的自尊和工作价值观的作用［J］. 商业经济与管理，2016（3）：46-55.

［196］李燕萍，涂乙冬，高婧. 领导-部属交换对员工工作压力的影响及其中介机制研究［J］. 管理学报，2012，9（8）：1170-1177.

［197］李一苇. "90后"新生代员工的人力资源管理问题与对策研究［J］. 农村经济与科技，2021，32（3）：158-159+181.

［198］李永占. 幼儿园教师情绪智力与工作投入的关系研究［J］. 环境与职业医学，2016，33（8）：763-767.

［199］梁明辉，易凌峰. 组织政治氛围对员工疏离感的影响：自我决定动机的中介作用［J］. 心理科学，2018，41（2）：397-402.

［200］梁庆国，张玮. 知识型员工组织支持感对工作投入的影响——心理资本的中介作用［J］. 经营与管理，2015（9）：135-137.

[201] 梁潇杰，于桂兰，付博．与上级关系好的员工一定会建言吗？基于资源保存理论的双中介模型［J］．管理评论，2019，31（4）：128-137.

[202] 林叶，李燕萍．前摄性行为情境化研究：一个理论整合框架［J］．科技进步与对策，2016，33（5）：156-160.

[203] 刘得格，时勘，王永丽等．挑战-阻碍性压力源与工作投入和满意度的关系［J］．管理科学，2011，24（2）：1-9.

[204] 刘景龙．组织公正、组织支持感知与反生产力行为的关系研究［D］．华南理工大学，2012.

[205] 刘军，宋继文，吴隆增．政治与关系视角的员工职业发展影响因素探讨［J］．心理学报，2008，40（2）：201-209.

[206] 刘小禹，章凯．情绪智力影响工作倦怠机制中工作压力的中介作用研究［J］．西南师范大学学报（自然科学版），2008（3）：148-154.

[207] 刘晓琴．非伦理领导与员工创新越轨行为：多重中介效应分析［J］．科研管理，2019，40（3）：188-196.

[208] 刘智强，邓传军，廖建桥等．组织支持、地位认知与员工创新：雇佣多样性视角［J］．管理科学学报，2015，18（10）：80-94.

[209] 卢家楣．对情绪智力概念的探讨［J］．心理科学，2005（5）：1246-1249+1242.

[210] 卢敬路．“90 后”新生代员工管理难题及对策［J］．中小企业管理与科技，2018，17（3）：9-10+58.

[211] 栾贞增，杨东涛，詹小慧．代际差异视角下工作价值观对员工创新绩效的影响研究［J］．管理学报，2017，14（3）：355-363.

[212] 罗瑾琏，胡文安，钟竞．悖论式领导、团队活力对团队创新的影响机制研究［J］．管理评论，2017，29（7）：122-134.

[213] 罗瑾琏，李树文，梁阜．领导者情绪智力一致性对员工建言影响的路径与边界［J］．管理评论，2022（3）：198-208.

[214] 马璐，纪建伟．团队中地位威胁真能“威胁”个体创造力吗：创新自我效能感和内在动机的作用［J］．科技进步与对策，2021，38（2）：145-152.

[215] 彭坚，王霄．与上司“心有灵犀”会让你的工作更出色吗？——追随原型一致性、工作投入与工作绩效［J］．心理学报，2016，48（9）：1151-1162.

[216] 钱士茹，徐自强，王灵巧．新生代员工心理契约破裂和离职倾向的关系研究［J］．现代财经（天津财经大学学报），2015，35（2）：102-113.

[217] 曲如杰，康海琴．领导行为对员工创新的权变影响研究［J］．管理评论，2014，26（1）：88-98.

[218] 屈晓倩，刘新梅，雷宏振．外部视角下信息型断裂影响团队创造力的作用机理研究［J］．管理学报，2020，17（4）：536-543.

[219] 容琰，隋杨，杨百寅．领导情绪智力对团队绩效和员工态度的影响：公平氛围和权力距离的作用［J］．心理学报，2015，47（9）：1152-1161.

[220] 孙健敏，焦海涛，赵简．组织支持感对工作投入与工作家庭冲突关系的调节作用［J］．应用心理学，2011，17（1）：31-35.

[221] 孙健敏，陆欣欣，孙嘉卿．组织支持感与工作投入的曲线关系及其边界条件［J］．管理科学，2015，28（2）：93-102.

[222] 孙敏．供电企业绩效管理存在的问题与改进策略［J］．人力资源管理，2012（9）：54-55.

[223] 汤超颖，伊丽娜．知识基础与合作网络对企业知识创新的交互影响研究［J］．科学学与科学技术管理，2017，38（4）：85-95.

[224] 田喜洲，谢晋宇．心理资本对接待业员工工作态度与行为的影响效应与机理［J］．软科学，2010，24（5）：111-114.

[225] 田晓明，李锐．自我牺牲型领导能促进员工的前瞻行为吗？——责任感知的中介效应及其边界条件［J］．心理学报，2015，47（12）：1472-1485.

[226] 屠兴勇，赵紫薇，王泽英，等．情绪智力如何驱动员工角色内绩效？中介作用的调节效应模型［J］．管理评论，2018，30（7）：173-182.

[227] 王宏蕾，孙健敏．授权型领导与员工创新行为：结构正式化的调节作用［J］．管理科学，2018，31（3）：29-39.

[228] 王宏蕾，尹奎．谦逊型领导与组织公民行为：竞争氛围的调节作用［J］．管理科学，2021，34（3）：53-62.

[229] 王黎萤，陈劲．研发团队创造力的影响机制研究：以团队共享心智模型为中介［J］．科学学研究，2010，28（3）：47-56.

[230] 王明旋，马艳茹，张勇，等．性别及年龄多样化与团队创造力：基于自我表现理论的双路径研究［J］．中国人力资源开发，2019，36（12）：22-36.

[231] 王仙雅，林盛，陈立芸．科研压力对科研绩效的影响机制研究：学术氛围与情绪智力的调节作用［J］．科学学研究，2013，31（10）：1564-1571+1563.

[232] 王璇．团队创新氛围对团队创新行为的影响：内在动机与团队效能感的中介作用［J］．软科学，2012，26（3）：105-109.

[233] 王艳子．教练型领导对员工创新行为的影响：差错管理氛围的跨层次效应［J］．科学学与科学技术管理，2018，39（8）：115-129.

[234] 王艳子，罗瑾琏，史江涛．任务互依性对团队创造力影响机理研究［J］．科技进步与对策，2014，31（24）：146-150.

［235］王桢，陈乐妮，李旭培．变革型领导与工作投入：基于情感视角的调节中介模型［J］．管理评论，2015，27（9）：120-129+212.

［236］王桢，李旭培，罗正学，林琳．情绪劳动工作人员心理授权与离职意向的关系：工作倦怠的中介作用［J］．心理科学，2012（1）：186-190.

［237］王震，孙健敏，赵一君．中国组织情境下的领导有效性：对变革型领导、领导—部属交换和破坏型领导的元分析［J］．心理科学进展，2012，20（2）：174-190.

［238］魏峰，袁欣，邸杨．交易型领导、团队授权氛围和心理授权影响下属创新绩效的跨层次研究［J］．管理世界，2009（4）：135-142.

［239］魏巍，彭纪生，华斌．资源保存视角下高绩效人力资源系统对员工突破式创造力的双刃剑效应［J］．管理评论，2020，32（8）：215-227.

［240］翁清雄，席酉民．职业成长、组织承诺与离职倾向：集群内外比较［J］．预测，2013，32（1）：23-30.

［241］吴士健，杜梦贞，张洁．真实型领导对员工越轨创新行为的影响：组织自尊与建设性责任认知的链式中介作用及差错反感文化的调节作用［J］．科技进步与对策，2020（6）：1-10.

［242］吴士健，孙专专，刘新民，等．家长式领导有助于员工利他行为吗？——基于中国情境的多重中介效应研究［J］．管理评论，2020，32（2）：205-217.

［243］吴伟炯，刘毅，路红，谢雪贤．本土心理资本与职业幸福感的关系［J］．心理学报，2012（10）：1349-1370.

［244］肖志明．“将在外，君命有所不受”：远程岗位真的有利于员工越轨创新行为吗？［J］．外国经济与管理，2020，42（4）：36-47.

［245］许慧，郭丕斌，暴丽艳．组织创新支持对科研人员创新行为的影响：基于创新自我效能感、知识共享的链式中介效应［J］．科技管理研究，2021，41（8）：124-131.

［246］许勤，席猛，赵曙明．基于工作投入与核心自我评价视角的辱虐管理与员工主动行为研究［J］．管理学报，2015，12（3）：347-354.

［247］许远理，郭德俊．情绪与认知关系研究发展概况［J］．心理科学，2004（1）：241-243.

［248］许远理，李亦菲．情感智力“9要素”理论建构及量化研究［J］．信阳师范学院学报（哲学社会科学版），2000（2）：47-50.

［249］杨陈，唐明凤．竞争氛围感知对员工知识隐藏行为的影响机制［J］．科学进步与对策，2018（17）：132-138.

［250］杨春江，逯野，杨勇．组织公平与员工主动离职行为：工作嵌入与公平敏感性的作用［J］．管理工程学报，2014（1）：16-25.

［251］杨付，张华．团队成员认知风格对创新行为的影响：团队心理安全感和工作单位结构的调节作用［J］．南开管理评论，2012，15（5）：13-25.

［252］杨慧芳，顾建平．企业管理者的情绪智力、自我效能感、成就动机研究［J］．心理科学，2007（3）：719-722.

［253］杨丽伟．新生代员工心理行为及管理对策研究［J］．现代商贸工业，2021，42（7）：68-69.

［254］杨婷婷，钟建安．组织内社会交换关系与工作投入：心理资本的中介效应［J］．人类工效学，2013，19（1）：51-54.

［255］余琼，袁登华．员工及其管理者的情绪智力对员工工作绩效的影响［J］．心理学报，2008（1）：74-83.

［256］俞彬彬，钟建安．情绪智力、组织公平和组织公民行为关系的研究［J］．心理科学，2008（2）：475-478.

［257］袁凌，张磊磊，涂艳红．谦卑型领导与员工知识隐藏曲线关系研究［J］．软科学，2018，32（11）：86-88+92.

［258］张辉华，黄婷婷．情绪智力对绩效的作用机制：以团队信任感知和朋友网络中心为连续中介［J］．南开管理评论，2015（3）：141-150.

［259］张辉华，凌文辁．管理者情绪智力行为模型及其有效性的实证研究［J］．南开管理评论，2008（2）：50-60.

［260］张辉华，凌文辁，方俐洛．“情绪工作”研究概况［J］．心理科学进展，2006（1）：111-119.

［261］张辉华，王辉．个体情绪智力与工作场所绩效关系的元分析［J］．心理学报，2011（2）：188-202.

［262］张进辅，徐小燕．大学生情绪智力特征的研究［J］．心理科学，2004（2）：293-296.

［263］张君，孙健敏，尹奎．90后新生代员工的特征：基于社会表征的探索［J］．企业经济，2019（8）：111-117.

［264］张莉，林与川，张林．工作不安全感与情绪耗竭：情绪劳动的中介作用［J］．管理科学，2013，26（3）：1-8.

［265］张少峰，程德俊，李菲菲，等．创造性团队中地位关注动机、竞争行为与知识共享［J］．经济管理，2019，41（9）：109-124.

［266］张文勤，石金涛，刘云．团队成员创新行为的两层影响因素：个人目标取向与团队创新气氛［J］．南开管理评论，2010，13（5）：22-30.

［267］张兆国，向首任，曹丹婷．高管团队异质性与企业社会责任：基于预算管理的行为整合作用研究［J］．管理评论，2018（4）：120-131.

［268］赵斌，古睿，李瑶．员工越轨创新成功的情境化研究［J］．科学学研究，2019（11）：2102-2112.

［269］赵红丹，郭利敏．双元领导与员工前瞻行为：认同与中庸的作用［J］．企业经济，2018，37（6）：84-90.

［270］赵燕梅，张正堂，刘宁，等．自我决定理论的新发展述评［J］．管理学报，2016，13（7）：1095-1104.

［271］赵宜萱，徐云飞．新生代员工与非新生代员工的幸福感差异研究——基于工作特征与员工幸福感模型的比较［J］．管理世界，2016（6）：176-177.

［272］周飞，陈钦兰，何美贤．包容型领导与员工创新行为的关系研究［J］．科研管理，2018（6）：22-29.

［273］朱雷．网站影响力的定量评价指标——网络影响因子述评［J］．情报科学，2006，24（8）：1269-1274.

［274］朱仁崎，陈晓春，彭黎明．情绪智力影响工作绩效机制中工作压力的中介效用研究［J］．统计与信息论坛，2013，28（2）：104-108.

［275］宗文，李晏墅，陈涛．组织支持与组织公民行为的机理研究［J］．中国工业经济，2010（7）：104-114.